政談

정
담

정담政談
동아시아의 군주론, 일본의 근대를 열다

초판 1쇄 인쇄 2020년 5월 15일
초판 1쇄 발행 2020년 5월 27일

지은이 　오규 소라이
옮긴이 　임태홍
펴낸이 　이영선
책임편집 이민재

편집 　　김선정 김문정 김종훈 이민재 김영아 김연수 이현정 차소영
디자인 　김회량 이보아
독자본부 김일신 김진규 정혜영 박정래 손미경 김동욱

펴낸곳 서해문집 | 출판등록 1989년 3월 16일(제406-2005-000047호)
주소 경기도 파주시 광인사길 217(파주출판도시)
전화 (031)955-7470 | 팩스 (031)955-7469
홈페이지 www.booksea.co.kr | 이메일 shmj21@hanmail.net

ⓒ서해문집, 2020
ISBN 978-89-7483-026-7 93300

이 도서의 국립중앙도서관 출판예정도서목록(CIP)은 서지정보유통지원시스템 홈페이지(http://
seoji.nl.go.kr)와 국가자료공동목록시스템(http://www.nl.go.kr/kolisnet)에서 이용하실 수
있습니다.(CIP제어번호: CIP2020019077)

정담

동아시아의 군주론, 일본의 근대를 열다

오규 소라이 지음
임태홍 옮김

서해문집

오규 소라이의 생애

오규 소라이荻生徂徠[1](1666~1728)는 에도 시대(1603~1868)에 활동한
유학자로, 일본 사상사 최고의 인물로 평가된다. 우리나라 사상가로
는 율곡 이이나 다산 정약용에 비견할 만한 인물이다. 소라이의 학
문적 업적은 중국의 유학을 독자적으로 재해석해 고문사학이라고
일컫는 독특한 유학 사조를 창시했다는 데 있다. 고문사학은 이후
일본 유학의 주류로 떠올라 시대를 풍미했고, 나중에 등장하게 되는

---

[1] 본명은 모노노베 시게노리物部茂卿이다. 모노노베는 성씨이고, 시게노리는
이름이면서 자다. 다른 이름으로 나베마쓰双松도 있다. 보통은 소에몬惣右衛門
이라고 불렸으며, 소라이徂徠는 그의 호다. 그는 중국 문화를 매우 좋아해서 자
신의 이름을 세 글자로 압축해 부쓰모케이物茂卿, 부쓰소라이物徂徠 등으로 부
르기도 했다.

국학파에도 적잖은 영향을 미쳤다. 20세기 일본 정치사상계의 좌장 마루야마 마사오丸山眞男(1914~1996)는 이런 '소라이 사상'이 '일본의 근대를 배태'했다고 평가함으로써, 소라이의 학문적 위상과 시효를 재정립한 바 있다.

소라이는 1666년 에도, 즉 지금의 도쿄에서 태어났다. 이때는 에도 막부가 성립된 지 60여 년이 지나 일본 사회가 정치적, 경제적, 사회적으로 급속한 발전을 이루어가던 시기였다. 당시 막부의 정치 이념은 조선에서 받아들인 주자학이었다. 농업 생산력 발전을 기초로 도시에서는 조닌町人(상인과 수공업자)이라 불리는 시민 세력이 활발한 경제활동을 통해 부를 모으며 성장하고 있었다. 특히 5대 쇼군 도쿠가와 쓰나요시(1646~1709, 재위 1680~1709) 시대에는 문예, 학문, 예술 등 각 분야가 전례 없는 발전을 이루었다. 일본 역사상 최고의 호황을 구가한 이 시기를 일본에서는 겐로쿠 호황기(1688~1704)라고 하며, 당시의 예술과 생활양식을 겐로쿠 문화라고 한다. 소라이는 이 시기에 20대를 보냈다.

소라이의 아버지는 궁정에서 일하는 의사였다. 그가 14세가 되던 1679년 아버지가 쇼군 도쿠가와 쓰나요시의 문책을 받아 유배를 가게 된다. 소라이도 가족을 따라 어머니의 고향이기도 한 가즈사로 가서 1692년(27세)까지 살았다. 그는 어려서부터 주자학을 배웠는데, 이 시기에는 독학으로 하야시 라잔林羅山의 유학 사상을 익히며 중국 고전에 심취했다. 하야시 라잔의 학문은 기본적으로 주자학이지만, 도덕의 수양이나 실천보다는 한문을 읽고 쓰는 일을 중시하고 박학한 지식을 추구했다.

아버지가 유배에서 풀려나자 가족과 함께 에도로 돌아온 소라이는 학당을 열고 젊은이들을 가르쳤다. 그러다 1696년(31세) 쇼군 도쿠가와 쓰나요시의 측근 야나기사와 요시야스柳澤吉保에게 발탁돼 출셋길을 밟았다. 그는 야나기사와의 자문단에 소속돼 500석의 녹봉을 받는 가신이 됐으며, 1703년경 야나기사와가 학당을 열자 그곳의 교수가 되어 유교 경전을 강의하기 시작했다.

그러나 1709년(44세) 쇼군 쓰나요시가 사망하자 소라이를 지원해주던 야나기사와도 실각했고, 그에 따라 소라이의 공직 생활도 중단됐다. 한편 소라이와 동시대에 활약한 유학자 아라이 하쿠세키新井白石는 정치적 격변기에 신임 쇼군의 측근이 되어 막부에서 활발한 활동을 했다. 그는 중국의 고대를 중시한 소라이와 달리 자국 중심적이었는데, 특히 역사와 일본의 고대 문화에 관심이 많았다. 7대 쇼군 도쿠가와 이에쓰구德川家継(1709~1716, 재위 1712~1716) 때는 쇼군의 각별한 총애 속에서 쇼군의 시강侍講을 담당하고 막부의 정치에도 깊이 관여했다. 소라이는 이러한 아라이 하쿠세키를 탐탁지 않게 여겼는데, 《정담》 곳곳에서 소라이의 그러한 생각을 읽을 수 있다.

순식간에 기반을 잃은 소라이는 야나기사와의 저택에서 나와 니혼바시 가야바초茅場町에 '겐엔주쿠蘐園塾'라는 학당을 열고 학생을 모아 가르쳤다. 이것이 소라이 학파, 즉 겐엔 학파蘐園學派가 탄생하는 계기가 됐다. 소라이의 제자로는 경제 이론에 밝은 다자이 슌다이太宰春台, 시문으로 이름난 핫토리 난카쿠服部南郭 등이 있었다. 조선의 다산 정약용은 다자이 슌다이의 책을 통해 소라이의 존재를 알고 그의 학문을 상찬하기도 했다.

1717년경(52세) 소라이는 폐결핵과 싸우면서 대표 저작들을 하나하나 집필하고 완성한다. 《학칙學則》《변도弁道》《변명弁名》 등의 초고를 마무리하고 다음 해에 《논어징論語徵》을 탈고했으며, 《대학해大學解》《중용해中庸解》의 집필에 착수했다.

1722년경(57세) 만년에 이른 소라이는 8대 쇼군 도쿠가와 요시무네(1684~1751, 재위 1716~1745)의 신임을 얻어 쇼군의 자문역을 맡는다. 이와 대조적으로 그동안 잘나가던 아라이 하쿠세키는 이 시기에 이미 실각한 뒤 귀향해 은거하고 있었다. 소라이는 당시 《육유연의六諭衍義》의 훈점訓点[2]과 서문 집필의 공을 인정받아 의복을 하사받기도 하고, 쇼군의 비밀스러운 자문에 응하기 위해 매달 세 차례씩 막부에 나가기도 했다. 이런 활동을 바탕으로 1727년 쇼군에게 헌정할 《정담》을 완성하고, 이어 《학칙》《문답서(問答書)》 등을 간행한 소라이는 이듬해인 1728년 작고했다. 향년 63세였다.

---

2 한문을 읽는 일본식 표기법. 독해 순서에 따라 기호를 표시해 문장을 쉽게 읽을 수 있게 돕는다.

오규 소라이의 사상과《정담》

《정담》은 소라이가 사망하기 직전 탈고한 저작으로, 앞서 언급한 대로 쇼군 도쿠가와 요시무네의 비밀 자문에 응한 정견이 담긴 작품이다. 소라이 사상의 정점에 놓인 책이자 그의 세계관과 학문적 방법론이 잘 드러난 작품이지만, 최고 권력자에게 건네는 진언인 만큼 완성 즉시 봉인되었고, 세간에 상재된 것은 메이지 유신이 일어나던 1868년에 이르러서였다. 격변기 일본의 정치·경제·사회를 안정시키기 위한 개혁안과 이를 위한 인재 등용·관리 방안으로 짜여진 이 책은 근대로의 진입이라는 또 한 번의 격변을 맞이한 일본 사회에 커다란 파급을 일으켰다.

　《정담》은 총 4부로 구성되어 있다. 1부에서는 에도의 인구 폭증으로 시가지가 사방으로 팽창하면서 무질서와 각종 범죄가 증가하는 사회상이 펼쳐진다. 이에 대응책으로 소라이는 호적과 여행증명서 제도 도입을 제안하고, 사람들을 각자의 고향이나 영지에 묶어둠으로써 사회를 안정시킬 방책을 제시한다. 그는 특히 무사들이 에도가 아닌 각자의 영지에 거주할 때 사회가 더 안정되며, 무사의 경제적 어려움도 해결될 것으로 보았다.

　2부에서는 재정과 금융 등 경제문제를 예법제도의 도입과 관련지어 논한다. 당시 일본 사회는 상품경제가 발달하고 화폐가 널리 활용되면서 상업이 크게 번창하고 있었다. 에도를 중심으로 한 도회지 시민은 갈수록 사치스러운 풍습에 젖어 소비가 늘었으며, 상인은 경제적 부를 획득한 반면, 사회의 지도층인 무사는 오히려 궁핍한 생활로 내몰리고 있었다. 이에 소라이는 예법을 엄격하게 세움으로써 경제적 안정과 질서를 되찾는 방안을 두루 제시한다.

3부는 1·2부에서 제시된 개혁안을 입안·수행할 막부 관리들의 인사에 관한 이야기다. 정부 조직을 합리화하고, 관직의 세습에 따른 문제를 극복하기 위한 인재 등용과 관리 방안이 상세히 서술된다. 4부는 당대 풍속의 변화에 따른 문제점들을 살피고 개선책을 이야기한다.

소라이는 주자학으로 학문을 시작했지만 차츰 자신만의 입장을 구축하며 일본 유학에 독특한 색깔을 입혔다. 다른 학자와 달리 그는 개인의 도덕보다는 정치적 상황과 제도를 중시했다. 경전 이해에 있어서도 윤리적 관점보다는 정치적 해석을 우선시했다. 젊은 시절의 소라이가 야나기사와 요시야스에게 건의한 정책들은 기본적으로 이러한 태도에서 나온 것들이다.

예컨대 이 책에도 소개돼 있듯이, 고향에서 기근이 발생해 늙은 어머니를 버리고 떠난 농민에 대한 처벌을 논하는 자리에서, 야나기사와의 다른 가신들은 이 사건을 인륜과 윤리적 차원에서만 바라보았다. 반면 소라이는 매우 '정치적인' 답변을 제시했다. 부모를 버린 죄보다 그러한 상황(기근)을 야기한 정치가의 책임이 더 무거움을 강조한 것이다. 이러한 견해는 야나기사와에게 깊은 인상을 남겼고, 소라이가 중용되는 계기가 됐다.

이렇듯 소라이 사상의 특징은 사사로운 개인의 도덕보다는 정치적 상황과 제도를 중시했다는 점에 있다. 책의 서두에 그는 '국가를 다스리는 근본적인 방법'을 이렇게 말한다.

"나라를 다스리는 일은 바둑판의 치수를 재서 종횡으로 선을 긋는 일과 같다. 전체를 조망하는 계획에 따라 모든 일을 추진해 나가는 것이다. 선이 그어져 있지 않은 바둑판에서는 아무리 고수라도 제대로 바둑을 둘 수 없다. 그와 마찬가지로 계획 없는 정치는 불가능하다."

이런 입장에서 그는 추상적인 이론과 도덕에 매몰된 주자학을 비판하고, 유학 사상의 원류에 해당하는 공자·맹자의 유학과 그 이전의 텍스트, 말하자면《시경》《서경》《예기》《춘추》《주역》《악경》의 육경六經을 중시했다. 특히 육경을 바탕으로 공자와 유교 사상을 규명하고자 했는데, 그 성과를 담은 저작이 1718년 완성한《논어징》이다.

또한 그는 격변하는 일본 사회가 모범으로 삼아야 할 이상적인 사회를 중국 고대에서 찾았다. 그의 사상적 기반이《육경》에 있음을 감안하면 이는 자연스러운 일이다. 예컨대 '에도 시가지와 무사의 거주지 관리' 문제에 대해서 그는 이렇게 지적했다.

"일본이나 중국 고대의 법제를 돌아보면 도둑이나 범죄자를 체포하는 것은 궁성 수비대의 역할이었다. 이들은 현재 치안 업무를 담당하는 요리키나 도신에 해당한다. 하지만 수비대에서 형벌을 집행하는 일은 일본에서도, 중국에서도 선례가 없다."

'계약직 하인 관리'에 대해서는 다음과 같이 말했다.

"정치의 근본으로 돌아가 법을 재정비한다는 것은 어떤 의미인가? 중국의 고대, 즉 하·은·주 시대에도 그리고 새로운 시대에도 혹은 일본의 고대에도 같은 일이 있었다. 정치의 근본은 백성을 토지에 정착시키는 것이다. 그것이 국가를 평화롭게 통치하기 위한 바탕이다."

또 소라이는 '정치' 자체를 학문의 목표로 삼을 필요는 없다고 보았다. 그에 따르면 학자의 본분은 오로지 옛 문헌을 잘 지키고, 그것을 후세에 전하는 것뿐이다. 스스로 수양하거나 도덕적 성인이 될 필요는 없다고 본 것이다.

예를 들면 그는 '고대의 성인聖人이 말한 정치의 도道'에 대해서 "(성인의 도는) 유학자로 하여금 '효와 공경의 덕목을 가르치는 것이 으뜸'임을 백성에게 강론하게 함으로써, 그들의 도덕심을 일깨워 효와 공경을 실천하게 하는 것이 아니다. 이렇게 해석하는 것은 큰 잘못이다. 앞에서 말한 것처럼 동네, 마을마다 주민이 서로 화목하고 민간의 풍조가 올바르게 서도록 행정 책임자, 곧 수령이 잘 지도해나가는 것이야말로 효와 공경의 덕목을 백성에게 가르치는 일이다"라고 말한다. 백성을 이끄는 주체는 학자가 아니라 정치가이며, 정치가 또한 백성에게 효와 공경을 가르칠 게 아니라 '주민이 서로 화목하고 민간의 풍조가 올바르게 서도록' 질서를 조성하는 게 중요하다고 본 것이다.

본디 중국의 주자학은 천하의 정치를 염려하고 자신의 덕을 닦아 성인의 경지에 오름으로써 세상 사람에게 덕치를 펼 수 있도록 노력해야 한다고 한다. 이에 견주면 소라이학學은 전혀 다른 사상인 셈이다. 소라이의 해석에 따르면 '유학자'는 정치가가 아니기 때문에 엄밀히 따져 정치에 책임이 없다. 그래서 소라이의 제자들은 다양한 분야에서 자유롭게 스스로를 계발하려는 경향이 강했다. 학자라고 굳이 힘들게 수양하거나 도덕적 생활을 감내할 필요는 없다고 본 것이다. 도덕에 대한 경시가 소라이 사상의 한 특징이기도 하나, 달리 생각해보면 이러한 관점은 매우 근대적이며, 오늘의 현실에도 한결 부합한다. 이러한 대목이 소라이 사상이 높게 평가받는 까닭이기도 하다.

소라이는 또 스스로 엄격주의에서 벗어나 풍류와 문예를 즐겼기 때문에 그의 제자들도 문예를 중시하는 학풍을 이루었다. 아울러 문장을 쓰고 읽을 때도 도덕주의를 배제한 채 예술 그 자체의 가치를 우선했다. 시를 배우는 일의 중요성에 대해 소라이는 이런 말을 남긴 바 있다.

"주자학자는 시 따위는 무익한 것이라고 말한다. 일반 시민은 정말로 그렇게 생각할지도 모른다. 하지만 한자를 자유롭게 사용할 수 있으면 한시도 쓸 수 있고, 자연히 경서나 역사서도 읽을 수 있다. 그래서 일본 고대에 사도四道, 즉 기전도, 명경도, 명법도, 산도의 학자를 둘 때도 시나 문장 같은 학문을 다루는 기전도를 경학을 다루는 명경도보다 상위에 두었다."

《정담》 곳곳에는 이러한 오규 소라이만의 독특한 사상이 점점이 박혀 있다. 이를 알아가는 것은 커다란 즐거움이다. 무엇보다 최고

조의 호황을 맞이한 에도 중기 이후 일본 사회의 역동을 엿보고, 그에 대한 당대 최고 지식인의 시각을 살피는 일은, 시시각각 격변하는 현대의 독자들에게도 귀한 지혜를 선사할 것이다.

임태홍

옮긴이 서문 • 4

1부   정치에 관하여   19

국가를 다스리는 근본적인 방법 | 에도 시가지와 무사의 거주지 관리 |
계약직 하인 관리 | 여행자의 체류에 대한 관리 | 호적 | 여행증명서 | 실
직한 무사와 수도승 관리 | 기녀, 배우 그리고 거지 관리 | 세습 하인 |
무사의 생활 방식을 바꿔야 한다 | 해상교통 관리

2부   경제에 관하여   113

경제정책의 중요성 | 조급한 경향의 풍습을 바꿔야 한다 | 예법제도가
없다 | 막부의 재정 | 영주의 빈곤을 구제하는 방법 | 무사의 빈곤을 구
제하는 방법 | 물가 문제 | 금은화의 수량 감소 | 금전의 대차거래 | 예법
제도 | 무가의 미곡 저장

3부 관리의 등용과 처우에 관하여 201

관리의 처우와 직위, 봉록 그리고 위계 | 사등관제도 도입 | 관리의 조직과 직무 분담 | 관리의 재능을 판별하는 일 | 대관의 직책 | 하타모토 등 관리의 인재 등용 | 관리는 기량 있는 자를 선발해야 한다 | 근무 시간은 여유가 있어야 한다 | 관직은 문무의 구별이 있어야 한다

4부 사회질서에 관하여 275

경비병의 행동에 대한 제약 | 법령을 통일해야 한다 | 양자 | 몰락한 영주의 가신은 향사로 삼아야 한다 | 규모가 큰 영지는 분할해야 한다 | 결혼한 여자는 남편의 가풍에 따라야 한다 | 귀천에 상관없는 여자의 일 | 첩에 대한 호칭 | 첩을 부인으로 삼는 일 | 첩을 숨기는 일 | 밀고 | 싸움 당사자의 쌍방 처벌 | 도박 | 강도 | 천주교도 문제 | 농지 매매 | 막부 서고의 서적 | 학문 | 유학자 | 의사

마치면서 • 330

일러두기

1 이 책은 고단샤의 현대어 번역본《오규 소라이 '정담'荻生徂徠 '政談'》(2013)을 저본으로
삼았다. 이 밖에도 주석 참고, 원문 확인, 내용 보충 등을 위해 이와나미 서점의《정담》
(1973)과 헤이본샤 동양문고의《정담-복부본服部本》(2011)을 참고했다. 이와나미 서점
의《정담》과 헤이본샤의《정담》은 저본이 서로 다르며, 내용은 크게 차이가 없으나 오기
나 탈자, 의도적 수정이 약간 포함돼 있다. 이 책의 저본인 고단샤의《정담》(문고본)은 일
반인을 대상으로 출판된 것으로, 1부에서 3부까지는 거의 전문이 소개돼 있으나, 4부는
내용 중 지나치게 번잡스러운 부분이 생략돼 있다.

2 《정담》은 소라이가 교호 연간(1716~1736)에 제8대 쇼군 도쿠가와 요시무네(재위 1716~
1745) 측의 자문에 응하는 형식으로 집필한 정책 건의서다. 막부 정치의 전반적인 내용
이 포함돼 있는데, 특히 정치론과 경제·사회론이 주를 이룬다. 에도 시대 최고의 호황기
였던 겐로쿠 시기를 거치면서 드러난 정치, 경제, 사회 문제를 어떻게 극복할 것인가 하
는 문제를 집중적으로 검토한 것이다.

3 《정담》은 막부의 통치자인 쇼군에게 올리는 글이기 때문에 원문의 문장 곳곳에는 막부
와 쇼군에 대한 존경의 표현이 적지 않다. 오늘날 독자들에게는 그러한 대목이 의미 전
달에 불필요하다고 판단해 평어체와 일반적인 표현으로 바꾸었다.

4 이 책에는 전통적으로 일본 사회에서 발생해 사용된 매우 다양한 단어와 고유 개념이
등장한다. 가능하면 읽기 편하게 친숙한 우리 개념으로 번역하고자 했으나, 일부 개념은
일본어 발음을 직접 표기하기도 했다.

5 이 책의 모든 주석은 역자 주이다.

1

· 국가를 다스리는 근본적인 방법

· 에도 시가지와 무사의 거주지 관리

· 계약직 하인 관리

· 여행자의 체류에 대한 관리

호적

· 여행증명서

· 실직한 무사와 수도승 관리

· 기녀, 배우 그리고 거지 관리

· 세습 하인

· 무사의 생활 방식을 바꿔야 한다

· 해상교통 관리

정 치 에   관 하 여

국가를 다스리는
근본적인 방법

나라를 다스리는 일은 바둑판의 치수를 재서 종횡으로 선을 긋는 일과 같다. 전체를 조망하는 계획에 따라 모든 일을 추진해 나가는 것이다. 선이 그어져 있지 않은 바둑판에서는 아무리 고수라도 제대로 바둑을 둘 수 없다. 그와 마찬가지로 계획 없는 정치는 불가능하다.

또 홍수 피해를 방지하기 위해서는 지형을 고려해 강물이 잘 흐르도록 우선 물줄기를 만들지 않으면 안 된다. 그러지 않고 단지 하천의 범람을 막으려고만 해서는 설사 우왕禹王과 같은 치수治水의 달인이 다시 태어난다 하더라도 성공할 수 없다.

최근에 있었던 사례로 에도江戶에서 시행한 화재 예방 조치가 있다.[1] 막부가 상가 건물에는 네 면의 벽에 흙을 발라 흙벽으로 지은

---

[1] 8대 쇼군將軍인 도쿠가와 요시무네德川吉宗(재위 1716~1745) 때 막부가 화

곳간(토장土藏)처럼 만들라고 지도했기 때문에, 화재가 그 이전과 비교해 자연스럽게 줄어들었다. 이것은 매사에 계획이 필요하다는 분명한 증거다.

그런데 막부의 정치에 관해서는 그런 의견을 제시하는 사람이 없어서 그런지 간과하는 점이 많다. 이에 일본이나 중국의 옛 시대에 행해진 정치 방법에 근거해 내 생각을 상세하게 제시하고자 한다.

재를 예방하기 위해 에도 시가지 가옥의 벽에 흙을 바르게 한 일을 말한다.

에도 시가지와
무사의 거주지 관리

근래에 도적이 여기저기 나타나 사람을 죽이거나 물건을 훔치고 다닌다. 이들은 또 불을 지르거나 밤에 사람이 잘 다니지 않는 곳에 숨어 있다가 강도짓을 한다. 한편 나어린 부랑자가 칼을 빼들고 사람을 위협해 도망가는 것을 보고 즐기기도 한다. 아니면 아이를 길에 버리거나 사람의 시체를 버리기도 한다. 그런데 이러한 행위를 제지하는 일은 어렵다.

"사체를 버리는 사람이 있다"는 소문이 들리면, 사람들은 야단법석을 떨면서 서로 자기 집 앞에는 못 버리게 한다. 그런데 그것뿐이다. 버리는 행위 자체를 제지하는 사람이 없다. 각 집의 담장 바깥은 사람이 왕래하는 도로인데, 그곳을 책임지고 관리하는 사람이 없는 것이다.

도로 담당 관리가 있지만 에도 시가지 전체의 광범위한 지역에 걸쳐 있는 도로를 겨우 한두 명의 담당자가 두루두루 통제하기는 불가능하다. 치안 담당 관리, 즉 방화나 도둑 사건을 조사하는 공무원도 배치돼 있지만, 에도 시가지의 엄청나게 많은 거리를 한두 조직의 공무원으로 구석구석 통제할 수는 없는 것이다.

과거에 치안 담당 관리였던 나카야마 가게유中山勘解由(1633~1687)는 아주 엄격한 사나이로, 도둑을 체포하면 곧바로 사형시켜 버렸다. 그러자 처벌을 두려워한 도둑들이 자취를 감추었다고 한다. 그러나 이것은 에도에 막부를 설치한 초기의 지배 방법이었다. 말하자면 무력과 권위를 보여줌으로써 나쁜 사람이 두려움에 떨며 조심하도록 한 조치였다.

그러나 이런 방법으로 도둑을 모두 소탕할 수는 없다. 지금도 이때의 제도가 남아 있기는 하다. 하지만 그때와 비교해보면 막부의 정무政務 방침도 변했으며, 나카야마 가게유와 같은 담당자도 드물다. 또 무슨 일이든지 세심한 주의를 기울이는 분위기가 형성돼 있기 때문에 지금처럼 적은 인원으로는 에도 구석구석에 손길이 다 미치지 못하는 것이다.

그 외에 일본이나 중국 고대의 법제를 돌아보면 도둑이나 범죄자를 체포하는 것은 궁성 수비대의 역할이었다. 현재 치안 업무를 담당하는 요리키与力나 도신同心이 이에 해당한다. 하지만 수비대에서 형벌을 집행하는 일은 일본에서도, 중국에서도 선례가 없다.

왜 그런가 하면, 어떤 공무원이 체포와 형벌 권한을 독점하고 있다고 하면 그에게 뇌물을 주어서라도 죄를 면하려고 하는 것이 서민의 당연한 심정이기 때문이다. 그러므로 수비대는 체포하는 일만을 임무로 하고, 체포자는 형벌을 관장하는 다른 공무원에게 넘겨 그 공무원이 죄를 조사해 살리든지 죽이든지 조치를 취하게 하는 것이다. 그런데 나카야마가 그랬듯 현재는 요리키나 도신이 형벌까지 집행하기 때문에 죄인에게 뇌물을 받아서 자기 멋대로 조치를 취할 수 있게 돼 있다. 이것은 원래 법제와 다르다.

게다가 에도 시가지가 넓어서 무가武家(무사)의 거주지나 일반 시민의 거주지에 숨어 있는 범죄자를 찾아낼 방법이 없다. 이 때문에 범죄자를 단속하는 전담 관리를 양성해 임무를 맡기는 것 외에는 달리 방법이 없는 실정이다.

또한 범죄에 밝다는 이유로 범죄자 출신을 치안 담당으로 선발했기 때문에 이들의 일탈은 처음부터 자명한 일이었다. 하지만 원래의 제도가 불완전하기에 그 직책에 임명된 자가 하는 수 없이 그런 일을 하게 되는 점도 있다.

또 다른 면에서 살펴보면, 요리키나 도신의 급료가 아주 적다는 문제가 있다. 옛날에는 그래도 편하게 생활할 수 있었지만, 최근에는 물가가 크게 올랐기 때문에 누구나 생활이 곤란하다. 특히 도신과 같은 하급 관리는 급료만으로 가족을 부양할 수 없다. 그래서 부업으로 여러 가지 세공물을 만들어 팔아서 그 수입과 급료를 합해 아내와 자녀를 부양하며, 집을 보유하고 자기가 맡은 당번 근무를 수행한다. 당번 근무는 한 달에 3일 정도인데, 이렇게 가벼운 근무를 수행하는 것조차 이런 실정이다.

그런데 일반적인 요리키나 도신과 달리 도둑 담당 조직에 소속된 경우라면, 겨우 한 조직이나 두 조직만으로 도둑을 체포해야 하기 때문에 일이 매우 바쁘다. 매일 밤낮으로 여기저기를 순회하지 않으면 안 된다. 외출하려면 의복도 갖춰 입어야 하고, 짚신이나 도시락 등에 들어가는 경비도 필요하다.

이렇게 매일 나가서 돌아다녀야 하니 안에서 일할 틈이 없다. 급료는 부족한데 더 들어오는 수입이 없으니 부모와 처자식을 부양할 수 있겠는가? 이런 처지의 관리에게 형벌의 권한을 맡기기 때문에 아무리 정직한 사람이라도 부정을 저지르지 않고 버틸 수 없는 것이다.

사태가 이렇게 된 것은 막부의 중요한 직책을 담당하는 사람이 모두 다이묘大名(영주)이기 때문이다. 그들은 태어나면서부터 부귀해서 아무리 재능이나 지혜가 뛰어나더라도 민간의 실정이나 아랫사람의 생활이 어떤지 잘 알지 못한다. 또 학문을 익히지 않았기 때문에 일본이나 중국의 옛 법제와 비교, 고찰하는 것도 할 수 없다. 단지 예로부터 전해오는 관례의 형식만을 지키고 정무를 수행할 뿐이다. 결국 이치를 앞세워 살펴본다면 무리한 정책이라고 할 수 있으나, 그러한 점을 깨닫지 못하는 것이다.

따라서 바둑판에 질서 정연하게 선을 긋는 것처럼 에도 전체를 확실하게 장악, 관리하자는 것이 내 의견이다. 구체적인 방법으로는 무가의 거주 지역에도 일반 시민(조닌町人)²의 거주지처럼 거리마다

---

2 조닌이란 일본 에도 시대에 도시에 살던 상인과 장인(기술자나 수공업자)을

나무로 만든 출입구(기도木戶)를 설치해 지키는 사람, 즉 '기도 담당'을 둔다. 또 거리마다 담당자를 임명해 각 거리에서 갖가지 일을 상담토록 하고, 도둑이나 사체를 유기하는 자가 있다면 출입문을 닫는다. 만약 그런 일이 밤에 일어나면 각목을 부딪쳐 소리를 내거나 대나무 피리를 불어 인접한 거리에 알린다.

지금도 초소가 있고 담당자도 있지만 실제로는 아무런 도움이 되지 않는다. 게다가 초소 담당자에게 들어가는 비용을 해당 거리의 주민, 즉 거주지의 주인이 각각 분담하는데, 그 액수가 상당하다. 그런 비용을 전용한다면 출입구를 설치해 파수꾼을 두는 일 정도는 가능할 것이다.

에도성에 가까운 에도 중심지의 수로 근처에도 출입구를 설치하면 좋을 것이다. 또 에도 시가지에서 좀 떨어진 농촌 지역과 인접한 경계 구역에도 출입구가 없어서는 안 된다. 고대 일본이나 중국에서는 이런 문을 설치해 야간 통행을 금지하는 것이 법이었다. 도시에서 떨어진 농촌과 접하는 지역에는 원래 외곽外郭, 즉 바깥 성곽이라고 하여 땅을 빙 둘러 파고 둑을 쌓는 것이 군사상 방어책 중의 하나였다. 그 정도까지는 못하더라도 출입구를 설치해 경계로 삼는 일

뜻한다. 이들은 통치자에 속한 무사 계급과 다르고, 농촌에 사는 농민과도 구별되는 존재로, '일반 시민' 혹은 '도시민'이라고 할 수 있다. 막부는 에도성을 중심으로 한 주변 지역을 마치町(거리)라 부르고 이곳에 상인과 장인을 거주시켰는데, 조닌은 이들을 지칭하는 말이다. 실제로는 압도적 다수였던 상인을 뜻하는 경우가 대부분이다.

정도는 필요하다.

원래 그러한 경계가 없었기 때문에 어디까지가 에도인지, 어디서부터 농촌인지 구분할 수 없었다. 그래서 멋대로 집을 지어 에도의 범위는 매년 넓어져갔다. 누가 허가한 것도 아니다. 공무원이나 관련 업무 담당자 중 누구도 이 일을 심각하게 여기지 않았다. 그러는 사이 어느 틈엔가 북쪽으로는 센주千住까지, 남쪽으로는 시나가와品川까지 집이 계속해서 지어져버린 것이다. 이 또한 옛 법제를 알지 못했기에 발생한 패착이다. 도농의 경계가 없어지면 농민은 점차 도시의 상인으로 변해간다. 그러면 농작물 생산자가 감소하고 국가는 가난해진다. 예로부터 나라를 다스릴 때 농민이 상인으로 변하는 것은 크게 기피했던 일로, 이는 매우 중요한 문제다.

한편 무사의 거주지마다 출입문을 설치해 야간 통행을 금지해야 한다. 영주 혹은 하인에게 창이라도 쥐어줄 수 있는 정도의 신분이 못 되는 사람은 특히 엄중하게 통행을 금지해야 한다. 시가지에서도 마찬가지다. 공무로 통행하는 사람이나 임신부·응급 환자를 돌보러 가는 산파나 의사 등은 절차에 따라 통과시키면 된다. 이런 식으로 거리 통행을 통제한다면 앞에 언급했던 여러 가지 나쁜 일은 자연히 사라질 것이다.

또 도둑을 체포하는 일은 선수조先手組나 지통조指筒組(갑옷에 깃발을 꽂을 수 있는 통을 매단 무사들. 선수조가 돌격대라면 지통조는 본대에 해당한다 – 옮긴이)에 소속된 관리 전체의 임무다. 이들로 교대조를 구성해 에도 전역을 순회시켜야 한다. 그 밖에 무가에서도 도둑이나 범죄자를 체포했을 때는 형벌을 관장하는 관리에게 넘겨야 한다. 자신의 손으로 형벌을 집행하는 일이 있어서는 안 된다. 단지 체포 중 저항을 받아 살해한 경우는 예외다.

무가의 거주지도 원래는 직무상 하나의 조직에 속한 사람들을 한곳에 모아서 거주시키려고 한 것이었다. 대번大番(에도성 경비대)이 원래 열두 조직으로 나뉘어 있는 것에 대응해, 거리도 1번番 거리에서 6번 거리까지 각각 바깥쪽과 안쪽으로 나뉘어 있었다. 열두 번의 거리가 그 거주 구역이었던 셈이다. 이전에는 이다초飯田町 위에 둑이 있어서 그것을 경계로 삼아 표시했다.

그때는 대번조大番組의 번사番士(당번 무사)뿐 아니라, 그 아래에 소속된 요리키나 도신 등 하급 관리도 조직별로 함께 모여 살고 있었다. 하지만 전근하는 사람도 생기고, 새롭게 조직에 들어오거나 직무상 과실로 면직되는 사람도 생기면서 혼란이 커진 것이다. 특히 높은 지위에 오른 사람들이 자기 마음에 맞는 거주지를 선택하는 바람에 혼란이 가중되어 지금은 같은 직책이나 조직에 속한 관리가 서로 다른 곳에 흩어져 사는 형편이다.

결과적으로 다른 직책이나 조직의 사람끼리 이웃이 됐기 때문에 무사로서의 인품이나 집안 살림살이에 대해 서로 살펴볼 도리가 없다. 같은 거리에 살면 상세한 집안 사정까지 이웃에 알려지게 마련이다. 하지만 직책과 조직이 다르면 간섭하지 않게 되니 한집 한집이 모두 제멋대로 살아간다. 그래서 무사는 매우 버릇없고 이기적이며, 무슨 일에나 속박받지 않고 방탕하게 행동하게 됐다. 우시고메

牛込나 혼고本郷, 혼쇼本所 등 여기저기에 뿔뿔이 거주하게 해서는 어떤 사람의 평소 행실을 같은 조직에 소속된 사람도 모르기 때문에 나쁜 짓을 하더라도 조사할 방법이 없다.

어떻게든 옛날의 법과 제도처럼 번사나 요리키, 도신 등 같은 조직에 속한 자는 모두 한곳에 살게 해야 한다. 그 조직의 대표자도 함께 거주하며 다른 직책으로 전근하거나 새로 들어오는 자가 있을 때는 조직원의 거주지를 바꾸어주는 것이 좋다. 그러면 대표자가 자기 조직에 속한 자의 됨됨이를 비롯해 무엇이든지 상세히 알 수 있게 되므로 치안 담당 관리 등이 자기 부하가 저지르는 나쁜 일을 모르는 경우는 사라질 것이다.

이러한 제도를 시행했는데도 자기 조직을 잘 통제하지 못한다면 이는 책임자가 능력이 없는 것이다. 거꾸로 이러한 제도를 실시하지 않으면 누가 책임자가 되든 결코 훌륭하게 조직을 통솔해 나갈 수 없을 것이다.

하지만 거주지를 개편하고 조직의 책임자까지 한곳에 거주하게 하는 일은 대단히 힘들기 때문에 금방 실행할 수는 없을 것이다. 그러므로 충분하지는 않지만, 거리마다 담당자를 정해두고 해당 구역에서 발생하는 일을 조직이나 직책에 상관없이 그 담당자가 모두 취급하게 하면 좋을 것 같다.

같은 지역에 거주하는 사람은 서로 친하게 교류하는 것이 좋다. 지금처럼 서로 허세를 부리고 집집마다 제멋대로 생활해서는 노름이나 시문詩文을 이용한 도박꾼 등을 찾아낼 수가 없다. 상속이나 양자에 관해서 거짓이 있는지도 조사할 수 없으며, 개인의 행실이나 살림살이가 엉망이어도 알 수가 없다.

직급이 낮은 무사의 경우 집에 가족이나 하인이 많지 않으면 화재가 발생하거나 도둑이 들었을 때, 혹은 부하가 싸움을 벌일 때 상황을 장악하고 처리할 사람이 없어 매우 불편하다. 그러나 이런 제도를 만들어둔다면, 바둑판에 미리 줄을 그어놓는 것과 같기 때문에 일을 쉽게 처리해 나갈 수 있는 것이다.

또 이런 제도가 없으면 막부 직속 무사, 즉 하타모토旗本나 그 아래 직급인 고케닌御家人의 풍속을 올바른 방향으로 교정해 나갈 수가 없다. 처음에 얼마간은 자유롭지 않다고 싫어하는 사람도 많을 것이다. 지금까지의 습관대로 자기 멋대로 하고 싶기 때문이다. 그래서 지장이 생기는 일도 있겠지만, 나중에는 결국 평온해지고 치안도 잘 유지될 것이다.

계약직
하인 관리

요즘 계약직 피고용인[3], 즉 하인이나 점원이 실종되거나 금품을 가지고 도망가는 사건이 많다. 그 때문에 고용인, 즉 '주인'이 힘들어한다. 30~40년 전에는 사라져버린 하인이 미리 받은 급여나 가지고 도망간 물건 혹은 부채는 모두 하인의 보증인의 책임이었다. 그 보증인까지 사라졌을 땐 보증인의 집 소유주나 토지 소유주가 책임을 지게 돼 있었다. 그래서 하인이나 점원을 고용한 사람으로서는 어떤 상황이든 대처하기가 좋았다.

---

3 원문은 '봉공인奉公人'으로 돼 있다. 하인이나 점원 혹은 피고용인이라는 뜻으로, 여기서는 주로 '하인'으로 지칭하기로 한다. 봉공인은 공인公人을 모시는 사람이라는 뜻인데, 원래는 주군을 받들어 모시는, 즉 봉사하는 하인을 뜻했다. 그러나 에도 시대에 이르러 고용 관계에 있는 모든 피고용인을 뜻하게 됐다. 그 종류로는 무사 집안에서 일하는 무가 봉공인, 농민 집안에서 일하는 농민 봉공인, 상점에서 일하는 계약직 봉공인 등이 있다. 메이지 유신 이후 봉공인은 임금을 받는 피고용인을 뜻하게 됐다.

하지만 보증인의 책임을 남에게 전가할 수 있다는 점을 악용한 사례가 번져 에도의 집주인들이 곤란에 처하기도 했다. 그래서 지금은 보증인의 재산 몰수라는 규칙을 새로 정했다. 보증인이 피고용인과 짜고 함께 자취를 감추거나, 자기 집 물건을 미리 다른 곳으로 옮기고 냄비나 아미타불의 이름이 적힌 족자 정도만을 남긴 후 사라져버릴 경우, 재산 몰수 판결을 받아서 보증인의 남은 재산을 경매에 붙이는 것이다. 그런데 이런 경우에도 도망간 보증인의 동료가 아주 낮은 가격에 입찰해 그 재산마저 매입하기 때문에 주인이 받는 것은 푼돈에 지나지 않는다. 결국 이미 지급한 월급도, 가지고 달아난 물건도 모두 주인의 손실이 되는 것이다.

이 경우 관청에서는 어딘가에서 셋집을 얻어 살고 있는 보증인을 찾아 신고하라고 한다. 그러면 그때 손해 본 금액을 받아주겠다는 재판 선고를 주인에게 전한다. 하지만 하인을 고용한 사람은 대개 그 보증인의 얼굴을 모른다. 그리고 담당 관리가 이런 후속 조치를 취할 수 있을 것 같지도 않다. 관리로서는 별다른 방법이 없어 그렇게 말만 할 뿐이다.

주인은 보통 보증인과 아는 사이가 아니다. 단지 보증서에 보증인의 서명이 있어야 법규상 요건이 갖춰지므로 그런 식으로 하인을 고용하는 것이다. 보증서에는 어떤 마을의 어떤 셋집에 사는 사람이라고 기록돼 있을 뿐이다. 그것만이 유일한 증거인데, 보증인이 그 셋집에서 사라지면 어쩔 도리가 없다. 이렇게 된 것은 원래부터 이 제도가 좋지 않기 때문이다.

원래 보증인이란 농촌에서 시작된 개념이었다. 농민은 어떤 마을에 사는지, 어떤 영주의 영지에 소속돼 있는지 신분이 확실하다. 논밭이나 집터를 가지고 있기 때문에 그것을 버리고 도망가는 일도 없다. 게다가 부근에는 친척도 많이 살고 있다. 조상 대대로 한 지역에서 거주해온 것이다. 그러므로 농촌에서는 에도에서와 같은 일은 결코 일어나지 않는다.

이러한 제도를 그대로 에도에 가지고 와서 실시하려다 보니 충분히 보증이 되지 않는 것은 당연하다. 에도에 거주하는 시민은 거리마다 호적부에 기재돼 있기는 하지만, 집주인이 세입자를 쫓아내거나 세입자가 스스로 이전하는 일은 자유로웠다. 원래 에도는 지방에서 올라온 사람들이 모여 살면서 형성된 곳이므로 주민들은 에도에 친척도 없고 가계家系나 경력도 서로 모른다.

하인은 모두 농촌에서 올라온 사람으로, 원래 보증인과 아는 사이가 아니다. 단지 도장을 찍어주는 대가로 돈 몇 푼을 내고 보증인으로 세운 것뿐이다. 그러니 보증인을 믿을 수 없어 따로 '하인의 원 주인(히토누시人主, 하인이 직전에 소속된 집이나 직장의 주인·고용주―옮긴이)'을 세워 신분을 보증하게 됐다. 그런데 그런 '원 주인'조차 주소가 명확하지 않거나 혹은 이름만 있고 실재는 없거나 했다.

그런데도 고용주는 어느 마을 어느 집의 세입자라고 쓰인 보증서 한 장만 믿고 하인을 고용하는데, 왜 그런 것일까? 원래 보증이 불확실하다는 것을 알면서도 막부의 법규에 따를 수밖에 없기 때문이다. 그러므로 책임은 그 법규에 있다.

쇼군 도쿠가와 쓰나요시德川綱吉[4] 치세 때는 앞서 말했듯 보증인의 집주인에게 책임을 지게 했다. 그것은 다소 무리한 제도였다. 하지만 한편으로는 고용주에게 어느 마을, 어느 집의 세입자라는 기록을 근거로 삼도록 했기 때문에 그렇게 무리한 제도라고 단정하기 힘든 구석도 있다.

물론 집주인으로서는 불만을 제기할 수 있다. 세입자가 보증을 섰다고 하더라도 그것은 집주인이 알 수 있는 일이 아니기 때문이다. 하지만 집주인은 집세를 받기 위해서 잘 알지 못하는 사람에게 집을 빌려준 것이고, 바로 이 점이 불행의 발단이기 때문에 막부로서는 법규 준수라는 원칙에서 집주인에게 책임을 물었다고도 할 수 있다.

하지만 근본적으로는 이 법규의 짜임새가 허술하기 때문에 여러 가지 나쁜 일이 발생한 것이다. 그러므로 요즘처럼 사건 처리 방법을 바꿔보아도 기껏해야 집주인이 억울한 피해를 보는 것에서 벗어나는 정도에 그칠 뿐이다. 보증인이 흉계를 꾸미는 일은 막을 수 없다. 법규는 그대로 놔두고 운용 방법만 이렇게 저렇게 바꿔볼 뿐이니, 근본적인 개선이 되지 않는 것이다.

그렇다면 좋은 제도란 어떤 것일까? 다음과 같이 정리해볼 수 있

---

4 도쿠가와 쓰나요시(1646~1709)는 제5대 쇼군(재위 1680~1709)이다. 동물의 생명을 중시해 살생금지령을 내리고 개의 도살을 전면 금지해 '개 쇼군'이라는 별명이 붙었다. 이전까지의 무력통치를 반대하고, 주자학에 기반한 덕치와 문치를 강조했다.

다. 농촌에서 에도로 올라와 남의 집에 하인으로 고용된 사람은 출신지가 막부 직할지인 경우 대관代官에게, 직할지가 아닌 경우 영주에게, 마을 이장을 통해 신고하도록 한다. 이장은 매년 누가 하인으로 일을 나가는지 보고해야 한다. 신고 없이 멋대로 일을 나가는 것은 엄격히 금지된다. 이를 어긴 사람은 그 마을에서 도망쳤다는 죄를 물어 엄중히 처벌한다.

한편 무사든, 일반 시민이든 고용주는 모두 하인의 출신지를 통치하는 영주나 대관에게 연락해서 보증서를 받아두어야 한다. 이 보증서에 하인의 이름 및 연령과 출신 마을을 기록하고 급여액을 써넣어 소재지 관청이나 지역 관리에게 '틀림없음'이라는 확인 서명을 받아두면 충분할 것이다.

예를 들어 고용주에게 피해를 끼친 하인이 이후 이름을 바꾸고자 해도 보증서에는 출신지에서 호적부에 등록한 것과 같은 이름을 써야 한다. 이렇듯 임의로 이름을 바꾸는 일은 전국적으로 금지하고, 일생 동안 하나의 이름으로 살도록 해야 한다. 만약 금령을 어기고 멋대로 이름을 바꾸는 자가 있다면 역시 전국에서 동일하게 처벌해야 한다.

호적부는 호적戶籍에 준하며 국가 행정상 매우 중요한 장부다. 천황이라도 호적은 조심스럽게 살펴봐야 하기 때문에 조금이라도 내용이 누락되지 않도록 조심해서 기재해야 한다. 어떤 종파에 속한 절의 단가檀家[5]인가 하는 것도 출신지 호적부에 기재돼 있다면 하인이 따로 이에 대한 보증서를 지참할 필요는 없을 것이다. 처음에는 자기가 속한 종파의 사찰을 쉽게 바꾸지 못하도록 하인 한 사람 한 사람마다 보증인에게 종파 보증서를 제출하도록 했으나, 그것이 너무 번잡했기 때문에 신원 보증서에 함께 기재토록 한 것이다. 하지만 보증인이 에도에 산다는 이유로 편의상 에도에 있는 사찰이 조상 대대로 그 하인 가문의 단가라고 운운하는 경우가 있다. 이는 완전히 거짓말이다. 법규를 지키기 위해서 백성에게 허위 사실을 기재하도록 가르친 결과가 되고 말았다. 거짓 여부를 따지지 않고 보증서 제출만을 엄격하게 시행함으로써 종파 변경을 열심히 실천하는 체제를 만들어낸 것은 참으로 바보 같은 일이다.

한편 하인이 물건을 가지고 도망가거나 몰래 사라지거나 주인의 돈을 모두 써버리거나 혹은 사정이 생겨서 계약 기간에 해고하는 일이 있다면 영주나 대관에게 통보해야 한다. 이때 주인이 무사가 아니라 일반 시민이더라도 영주나 대관은 그 통지를 무시해서는 안 된다. 가령 하인이 도주한 경우, 마을 이장에게 명해서 사라진 자의 집안 친척에게 반드시 그 하인을 찾아내게끔 해야 한다. 만약 그를 발견하면 주인의 의향에 따라 다시 고용을 해도 좋고, 또 주인이 무사라면 참수형에 처해도 상관없을 것이다. 주인이 일반 시민이라면 먼저 지급한 급료를 돌려받거나, 주인이 원하는 다른 처분을 하

5 사찰에 시주하는 집. 에도 시대에는 기독교 선교를 막고 백성을 효율적으로 관리하기 위해서 '단가제도'를 만들었다. 단가제도에 따르면 모든 사람은 일정한 종파와 사찰에 속했는데, 사찰은 그들의 장례와 묘지를 관리해주고 대가를 받아 절을 운영했다.

면 될 것이다.

도망간 사람을 대신해서 다른 사람을 하인으로 강제 고용하는 일은 금지해야 한다. 하인 일을 하기 위해 마을을 나간 사람은 자신의 생계를 위해서 그렇게 한 일이기 때문이다. 같은 마을에서 하인 일을 하고 싶어 하는 자가 반드시 있을 것이라고는 할 수 없다. 그럴 경우 강제할 수는 없기 때문이다.

단지 몸만 사라진 것이 아니라, 물건을 가지고 도망 갔거나 주인의 돈을 다 써버렸거나 했다면 무가의 경우

주인을 시중드는 무가의 하인(우타가와 구니사다, 제목 미상, 1849). 대대로 세습되며 주인 가문과 운명공동체적 성격을 띠었던 무가의 하인들은 에도 시대 이후 점차 계약에 근거한 고용직으로 전환되었고, 이는 사회상에 적잖은 변화를 가져왔다.

주인이 직접 참수형에 처해야 한다. 주인이 일반 시민이라면 관청에 넘겨서 역시 참수형에 처해야 한다. 다만 주인이 입은 물적·금전적 손실을 하인의 가족이나 친척에게 변상하게 해서는 안 된다. 왜냐하면 그것은 하인이 행한 범죄이지, 그 가족이나 친지가 함께 모의한 일이 아니기 때문이다. 범인은 죽음으로 죗값을 이미 치른 것이기 때문에 주인에게 손실이 남아 있더라도 어쩔 수 없다.

하인이 병에 걸렸다면 주인이 요양을 시켜주는 것이 좋다. 만약 하인이 죽으면 사찰에 보내 장례식을 치러주어야 한다. 요양이든 장례든 가족이나 친척이 떠맡겠다고 요청한다면 그렇게 해도 된다. 일정기간만 계약직 하인으로 고용했더라도 마찬가지인데, 하인의 생사가 주인에게 달린 이상, 병이든 죽은 뒤의 일이든 주인이 배려를 하는 게 도리이기 때문이다.

모든 영주나 대관의 임무가 소작료를 징수하는 데서 그치는 것이 아니다. 그 지역을 다스리는 것도 직무이기 때문에 스스로 나서서 지역 주민에게 도움을 주지 않으면 안 된다. 하인이 갑자기 사라진다는 것은 주인의 의사에 반한 도망이기 때문에 모반죄에 해당한다.

물건을 가지고 도망가거나 주인의 돈을 사적으로 써버리는 행위는 도둑질이다. 이런 자를 참수하는 것은 고대의 법률 규정과는 다른데, 당시의 법률은 군현제도[6]하의 법률이었다. 지금은 봉건제도[7]가 정착된 무가 정치의 시대이기 때문에 참수형에 처하는 것이 당연하다.

이에 대해 얼마 전부터 '사람을 죽이는 것은 어질지 못한 행동'이라는 미숙한 논리가 유행했다. 그리고 무가에서 있어서는 안 될 물욕이나 계산적 고려를 우선시해 이미 지급한 급료를 변상하면 도망

---

6 강력한 중앙정부가 군현郡縣 단위까지 관리를 보내 직접 통치하는 방식이다. 중국의 진나라, 조선, 일본의 나라·헤이안 시대가 이에 해당한다.

7 최고 통치자가 중앙의 일정 지역만을 직접 통치하고 나머지 영토는 제후에게 맡겨 통치하는 방식이다. 중국의 주나라, 일본의 에도 시대가 이에 해당한다.

간 죄가 사면된다고 하여 법규가 혼란스러워졌다. 심지어 최근에는 몰래 도망가는 것이 하인으로서 당연한 일인 양 일종의 유행이 돼버렸다. 그러므로 이처럼 엄격하게 처리하지 않으면 나쁜 풍속을 결코 없앨 수 없다.

현재는 영주나 대관도 자신의 통치 구역에서 발생한 사건이 바깥으로 알려지는 것을 꺼려, 마을 사람이 하인으로 나가도 모르는 척하는 풍조가 널리 퍼져 있다. 하지만 아무리 눈감아도 그가 자기 영토에 속한 백성임은 틀림이 없다. 자기 백성이 어디 사는지도 모른다면 영주나 대관의 직분을 잊은 것이다.

또 외양을 꾸며서 남에게 뽐내고 싶어 하는 것이 요즘의 풍속이다. 영주나 대관도 자신의 구역에 속한 백성과 남의 구역 백성을 비교하고 우열을 가르려는 마음에서 나쁜 소문이 바깥으로 나가는 것을 한사코 숨기려고 한다. 그 때문에 에도 거리에서 막부의 법규를 무시하는 결과가 나타나고 있다. 자기만 생각하는 이기심 때문에 막부에 무례를 범하는 셈이다. 이러한 풍속은 차츰 없애 나가는 것이 좋다.

한편 하인이 농촌이 아니라 에도에서 출생했다고 생각해보자. 이 경우 고용주는 직접 그 가족에게 보증서를 요구하고 모든 것을 앞서 언급한 대로 하면 된다. 영주든 대관이든 혹은 가족이든 하인의 신분을 보증하는 자는 막부의 법규를 중시해야 한다. 엄격하게 주의를 기울이고 결코 소홀히 취급해서는 안 된다. 이렇게 제도를 세운다면 하인은 분명한 인간이 되어 지금처럼 발칙하고 무엄한 행동은 결코 하지 않을 것이다.

게다가 영주나 대관도 마을 이장에게 무책임한 자를 하인으로 내보내지 말도록 주의하라는 명을 내릴 것이고, 이장은 자기가 책임지고 보살펴야 하기 때문에 틀림없이 한 사람 한 사람 엄격하게 조사할 것이다. 농촌에서도 지금까지처럼 부모나 친척과 사이가 좋지 않은 자, 혹은 나쁜 짓을 범한 자가 에도로 나가 숨을 집을 찾아 하인이 되는 일은 없어질 것이다. 아울러 농촌도 그만큼 다스리기 쉬워질 것이다.

결국 이렇게 된다면 무가는 각각 자신의 영토 출신인 자를 하인으로 고용할 것이다. 그리고 자기 집만으로 그들을 모두 고용하기 어려울 경우, 즉 하인으로 고용할 사람이 많을 경우 친척이나 친하게 지내는 지인에게만 그들을 소개할 것이다. 대관의 지배 구역에서 하인이 되고자 에도로 나온 자는 영토를 갖지 못한 무사나 일반 시민의 집에 고용될 것이다. 지체 높은 영주가 신분도 알 수 없는 뜨내기를 하인으로 고용하는 일은 자연히 사라질 것이다.

그렇게 되면 무사 집안에서는 아시가루足輕(최하급 무사)나 가신, 혹은 하인을 구하려고 해도 자신의 영지만으로는 인원을 확보할 수 없으므로 자연히 다른 지역에 나가 하인으로 활동하는 자기 백성들을 귀향시키게 될 것이다. 각지의 영주가 모두 그렇게 하면 에도 시가지에 사는 미천한 자의 수는 줄어들 것이 틀림없다. 덧붙여 에도에서 고용된 계약직 하인의 출신지는 관동팔주[8]에 한정해야 한다. 거리가 먼 지방의 경우 영주나 대관이 조치를 취하고자 할 때 불편함이 많기 때문이다.

　최근에는 도망가거나 갑자기 몸을 감춘 하인의 행방을 알지 못하는 일이 많아졌다. 대개 찾으라는 명령이 내려지고 무기한 수색이 원칙이지만, 실제로는 담당자가 바뀌면 잊히고 만다. 그때쯤 되면 에도로 나와 상점을 차리거나 하인으로 재취업하는 경우가 헤아릴 수 없이 많다.

　막부에서 수배된 자도 그런데, 하물며 종적을 감춘 뒤 수사 대상이 되지 않은 하인은 대놓고 에도에 거주하면서 활동한다. 단지 자기가 도망 나온 원래의 마을이나 집안에서 자취를 감추었을 뿐이다. 이렇게 법규가 지켜지지 않고 있다. 악질적인 사람에게는 어찌 됐든 마음 편한 세상이 된 것이다. 이는 정치적으로 바람직하지 않은 일 중 첫 번째다. 이렇게 된 이유는 원래부터 제도가 분명히 확립돼 있지 않았기 때문이다.

　옛날에는 갑자기 종적을 감춘다든지 도망간 사람을 그대로 방치하지 않았다. 주인의 손으로 찾아내서 처벌했다. 발견하는 즉시 맨손으로 구타라도 하는 것이 무가의 풍습이었다. 지방의 영주가 통치하는 영지에서는 급히 추적해서 목을 베지 않으면 안 됐다. 그래서 무사는 평소 허리에 차는 주머니에 쌀과 돈을 넣고 짚신을 챙겨 거

8　에도 인근의 여덟 개 지방, 즉 사가미相模, 무사시武藏, 고즈케上野, 시모쓰케下野, 아와安房, 가즈사上總, 시모우사下總, 히타치常陸를 말한다. 현재의 관동 지방에 해당한다.

실에 걸어놓는 것을 제대로 된 무사의 소양으로 여겼다. 도망자가 생길 경우 즉시 추격할 수 있게 하기 위해서였다.

에도에서라면 하코네箱根 고개나 우스이碓氷 고개에 가신을 파견해 그곳에서 도망자를 체포했다. 내 기억에도 간분寬文(1661~1673) 시기까지는 그런 식으로 처리하는 것이 무사의 풍습이었다. 무사의 위세가 이렇듯 엄했고 본래의 법규가 이러했기 때문에 옛날에는 하인이 도망가는 일이 흔치 않았다. 또 도망자가 에도 시가지에 숨어들 정도로 최고 통치자인 쇼군을 무시하는 행위는 하지 않았다. 무사 또한 막부의 명령을 기다리지 않고 도망자를 찾아내 그의 목을 베어버렸다. 이는 주인 된 자가 무사로서의 수치심을 분별할 수 있었기에 가능했다.

그런데 쓰나요시 쇼군의 시대가 되자 가신을 때려죽이거나 처벌하는 무사에 대한 평판이 나빠지고 입신출세에도 지장을 받게 됐다. 그래서 무사의 풍속이 나약해졌는데, 요즘은 직접 구타하거나 처벌하는 일이 매우 적다. 시중에 그런 소문이 도는 일도 거의 없다.

따라서 하인을 고용할 때도 되도록 염가에 계약하는 데만 골몰하고, 하인이 갑자기 도망가도 보증인에게 책임을 물어 미리 지급한 봉급을 환불받고 죄송하다는 말만 들으면 끝이다. 돈만 손해 보지 않는다면 문제 될 일은 없다고 생각하는 것이다. 이렇듯 무사로서의 규범은 뒷전으로 미루고 손실과 이득 계산만을 우선시하는 풍조가 만연해 있다.

도망가거나 갑자기 몸을 감춘 하인을 찾아내 돈을 받아내는 것도 본래는 목을 베지 않는 대신 받는 죗값이었다. 그런데 지금은 그러한 사실을 잊고 미리 지급한 봉급만 변제받으면 죄는 묻지 않는 것이 당연한 일처럼 돼버렸다.

보증인 중에는 악질적인 자도 있다. 그들은 에도에 오랫동안 살아서 물정에 밝고 치안 담당 관리가 어떻게 일을 처리할지 잘 안다. 그래서 주인의 요구를 받아들이지 않고 오히려 주인에게 소송을 거는 일도 적잖다. 송사를 잘 모르는 관리는 이에 적절한 조치를 취하기는커녕 어찌 됐든 원만하게만 정리하면 된다고 생각해 앞뒤가 맞지 않는 판결을 내리는 일이 빈번히 일어난다.

어쨌든 요즘 무사는 나약하고, 게다가 바보가 됐다. 그들은 세상 물정을 몰라 일처리에 요령이 없다. 또 그들은 자기보다 높은 사람의 집은 물론이고 자신과 대등한 신분을 가진 자의 집에 문제의 도망자가 들어가 살고 있어도 그를 넘겨달라는 요구를 하지 못한다. 대부분 그런 행동을 삼간다.

혹 도망친 하인을 모르고 고용한 무사가 사실을 알게 돼도 "그는 오늘 아침 우리 집에서 사라졌습니다"라는 등 얼버무리며 지나간다. 우선 귀찮은 일은 피하는 것이 좋다고 생각하는 사람이 많다. 도망자를 고용하는 것은 막부의 법에도 어긋나며, 게다가 동료 무사인 원래의 주인에게도 무례를 범하는 것이기 때문이다. 하지만 무례를 적당히 감추고 넘어가려고 할 뿐, 이미 자신의 명예가 떨어졌다는 사실은 꿈에도 생각하지 않는다.

요즘은 이와 같이 이기적이고 제멋대로 하는 경박함을 으뜸으로

치는 풍조가 유행이다. 옛날 무사에게는 위험을 무릅쓰고라도 약자를 숨겨주고자 하는 임협任俠의 기풍이 있었다. 하지만 현재의 풍조는 전혀 다르다. 약삭빠른 처신만을 우선시한다. 곤란한 상황을 얼버무리거나 교묘하게 빠져나감으로써 자기에게 책임이 돌아올 일은 절대로 하지 않는다. 이런 세상이 돼버렸다.

풍조가 이러하니 범죄자가 도망하거나 몸을 숨긴 경우조차 공무원이나 관리는 "미천한 서민 사이에서 그런 일은 흔하다. 그렇게 이치에 딱딱 맞은 판결은 할 수 없다"라면서 미숙하고도 부당하게 일을 처리한다. 옛날에는 법이 불완전했지만 무용武勇의 기풍이 강했기 때문에 지금 같은 폐해는 없었다. 하지만 시대가 변하면서 세상의 풍속도 변했다. 무용의 기풍이 희미해져 이렇듯 무엄한 상황이된 것이다.

그렇다면 이제 와서 무용의 풍조를 다시 일으켜 세울 것인가? 하지만 옛날처럼 하려 해도 태평스러운 세상이 계속된 결과 상황이너무도 달라져버렸다. 과거로 되돌릴 수는 없다. 오히려 사회를 혼란스럽게 만들 뿐이다. 사실 옛날에도 법은 미비했기 때문에 해결되지 않는 일이 많았다.

지금 취할 수 있는 방법은 정치의 근본으로 되돌아가는 것뿐이다. 현재의 나약한 풍조를 고려하고 고대의 법제를 감안해 법을 재정비하는 것이 무엇보다 중요하다.

정치의 근본으로 돌아가 법을 재정비한다는 것은 어떤 의미인가? 중국의 고대, 즉 하·은·주 시대에도 그리고 새로운 시대에도 혹은 일본의 고대에도 같은 일이 있었다. 정치의 근본은 백성을 토지에 정착시키는 것이다. 그것이 국가를 평화롭게 통치하기 위한 바탕이다.

사람을 토지에 정착시키기 위해서는 호적과 여행증명서(노인路引) 두 가지면 된다. 이것으로 세상에 소속이 불분명한 자는 없어진다. 나아가 세상 사람의 행동을 단속하고 감독, 관리할 수 있다. 그렇게 하면 만백성이 하나하나 모두 윗사람(쇼군)의 손안에 들어간다. 말하자면 윗사람이 생각하는 대로 따르게 할 수 있다. 이를 실행하지 않으면 일본 백성은 뿔뿔이 흩어져버리고 말 것이다. 한 사람 한 사람이 제멋대로 행동하기 때문에 윗사람의 손안으로 들어가지 않는 것이다. '세상의 모든 백성을 손안에 넣을 수 있을 것인가, 없을 것인가'의 차이는 바로 이 점에 있다. 이것이 바로 정치의 근본임을 알아야 한다.

여행자의
체류에 대한 관리

원래의 거주지에서 신원을 증명하는 소개서를 지참하고 연고緣故를 찾아온 여행자는 이장에게 신고한 뒤 체류시켜도 좋다. 여행자가 친척이나 지인이라면 소개서를 지참할 필요는 없으나, 역시 이장에게 신고를 하고 머물게 하는 것이 좋다.

여행자가 거주지를 떠날 때도 마을 이장에게 신고해야 한다. 사건이 발생했을 때 소개서가 있는 경우 이를 작성한 자에게 책임이 있다. 소개서가 없는 경우 쌍방의 합의에 따르나, 원칙은 그 여행자를 받아들인 사람의 책임이다. 어찌 됐든 이장이 여행자를 상세히 조사할 필요는 없다. 그저 요청을 듣고 허가를 해주면 된다. 여행자가 상인이라 잠시 동안 점포를 열고 싶다고 한다면 그 소개서를 받은 사람을 보증인으로 세워야 한다.

어느 경우에도 타지에 체류하는 기간은 3년을 초과하면 안 된다. 또 여행자가 부인과 함께 체류하게 해서도 안 된다. 사람이 고향을 떠나는 것은 모두 여행지에서 재산을 모으고 가정을 꾸리기 때문이다. 그러므로 이 두 가지는 이장이 주의해서 굳게 금지해야 한다.

그 외에 고향에서 양자養子 계약을 하고 사위가 돼 찾아오는 사람은 고향의 호적부에서 제적하고 새 거주지의 호적부에 이름을 올린 후 관청에 신고해야 한다.

여행자는 1박 이상 여정이 소요될 경우 반드시 여행증명서를 지참해야 한다. 여행증명서가 없다면 체류할 수 없다. 또 원 거주지에서 소개서를 받은 사람은 체류하던 곳에서 새로운 소개서를 작성해 그다음 여행지로 갈 수 없다. 다만 원 거주지에서 작성한 소개서에 그리 하도록 했다면 가능하다. 또한 원래의 거주지에서도 여행자가 떠난 지 3년이 지났다면 관청에 신고해야 한다.

이렇게 법을 세우는 것은 일본 전역에서, 즉 에도든 농촌이든 모두 거주지를 정해서 원 정주민 외에는 타지방 사람이라는 것을 분명히 하기 위해서다. 즉 자손 대대로 그 거주지에 정착하게 되고, 지금처럼 타지방 사람과 섞이지 않게 되며, 제멋대로 타지의 거주민이 되는 일도 막을 수 있다. 그러면 일본 전역의 백성은 모두 각기 주소가 정해지고 각 토지에 정착하게 되기 때문에 자연스레 각 지역의 지배 체제에 편입된다. 그리하여 지배 체제에서 떨어져 고립된 사람은 한 사람도 없게 된다. 정체가 불분명한 사람은 완전히 없어지는 것이다.

호적

호적이란 우선 호적부(닌베츠초 人別帳)를 의미한다고 생각하면 된다. 하지만 지금 세상의 호적부와 같은 것은 아니다. 현재 호적부는 원래의 호적부가 아니라, '출근부(착도초着到帳)'의 성격을 갖는다.

본디 호적부는 한 마을의 집을 하나하나 기록한 것이다. 그 집의 세대주는 물론이고 대대로 함께 살아온 하인까지 포함한 식솔 수를 남김없이 기재한다.

양자를 들일 때도 등재하는데, 딸이 시집을 가면 제적한다. 아이가 태어나면 생년월일을 기록해 등재하고, 죽은 사람이 있으면 죽은 날짜를 기록한 후 제적한다. 승려가 된 자가 있다면 그 이유를 기록하고 제적한 다음, 그 출가자의 스승이 사는 사찰의 호적부에 새로 기재한다. 계약직 하인은 기재하지 않는다. 이는 그 사람의 출신지 호적부에 이미 등재돼 있기 때문이다.

이름을 함부로 바꾸는 것은 불가하다. 나이도 태어날 때 기입하기 때문에 허위로 적을 수 없다. 무가든, 사원이든 마찬가지다. 다만 다른 사찰에서 제자가 와서 잠시 머물 때는 기재하지 않지만, 그 사찰의 제자가 된다면 기재한다.

이와 달리 출근부는 교대로 당번을 정해 근무할 때 출근한 사람을 기록해두는 장부다. 전쟁이 일어났을 때는 진영 안에서도 출근부를 기록한다. 우선 거기에 있는 사람을 기록하는 것이다. 불교의 도량인 단림檀林에 모인 승려나 이곳을 찾은 여행자의 호적부는 원래의 사찰이나 거주지에 있다. 그러므로 임시로 거주하는 곳에서 등록하는 것은 모두 출근부 형식이다.

타지에 체류하는 사람도 언젠가는 돌아올 것이기 때문에 그 사람의 원래 마을 호적부에서 제적하지 않는다. 그뿐 아니라 고향 마을에는 친척도 살고 있고, 어릴 적 친구도 많기 때문에 자연스럽게 친척이나 친구의 눈을 의식하게 되어 나쁜 짓은 하지 않게 된다. 마을에서 이장이 모르는 사람은 없다. 마을 사람끼리는 조상 때부터 서로 안면이 있고 어릴 때부터 같이 자라기 때문에 서로 좋은 점, 나쁜 점을 모두 알고 있다. 게다가 '오인조五人組'9라는 법에 따라 조사하기 때문에 무슨 일이든 결코 숨길 수 없다.

현재도 호적부가 있고, 이장도 있고, 오인조도 있다. 하지만 지금 사람들은 자유롭게 기록을 이전하고, 타지방에도 마음대로 간다. 또

9 에도 시대 영주의 명령에 따라 조직된 상호 부조 조직. 나중에는 통치의 말단 조직으로 운영됐다.

타지방에 가서 사는 것도 자유이기 때문에 전국의 사람들이 서로 섞여 무질서해지고 말았다. 결국 어디든지 모두 임시 거처처럼 됐으며, 누구도 그 토지에 영원히 정착해 살려는 마음이 없다. 따라서 주변 사람의 일은 간섭하려 하지 않고, 자신도 간섭받지 않기를 바라며, 주변 사람의 내력을 모르면 모르는 대로 지나가버린다. 결국은 이장을 비롯해 누구든 자기와는 관계없는 사람이라고 여긴다. 그래서 매사를 제멋대로 하게 된 것이다. 말하자면 지금 호적부는 당장 있는 인원만을 기록한 것으로, 때때로 제적하거나 기입하거나 해두는 것일 뿐이다. 그래서 호적부라고 하지만 아무런 기능을 하지 못한다.

그러나 옛날처럼 법을 세워서 바꾼다면 앞에서 설명한 것처럼 어디에도 숨을 장소가 없어진다. 그뿐 아니라 농촌이든 도시든 한동네에 살면서 자연스럽게 친숙해지기 때문에 어려운 일은 서로 충고를 주고받을 수 있다. 또 그런 충고 덕분에 서로 방치하는 일도 없고, 관계는 더욱 가까워질 것이다. 나아가 행정관청의 우두머리, 즉 수령(부교奉行)이 정치에 관심을 기울여 이장에게 지시나 명령을 잘 내린다면 한 마을, 한 동네 사람은 서로 친밀한 관계가 유지돼 나쁜 풍속은 자연히 고쳐지고 악한 사람은 자연히 멀어지게 될 것이다. 고대에 실현된 성인聖人의 정치가 이와 같은 것이다.

정전법井田法이 왕도王道의 근본이라고 하는 것도 사실은 이렇듯 친밀한 협동 사회를 만들고자 하는 데 주안점이 있었다. 이를 단지 정전井田이라고 하는 형태에 주목해, 논밭을 바둑판에 그어진 격자

에도 말기에 출생한 모리타 쇼타로의 신분증명서(호패). 출생지(기이국 나가고모리 이치바무라)와 생년월일(1862년 8월 11일생), 부친의 신상정보(모리타 츄우베, 상인)가 기재되어 있다. 뒷면(오른쪽)에는 이를 증명하는 담당 신관의 날인과 발행연도(메이지 6년)가 표기돼 있다.

처럼 나누어 평등하게 배분하기 위한 방법이라고만 생각하는 것은 큰 잘못이다.

　한편 정치를 본격적으로 실시하기에는 여러 가지 문제가 있다. 그 요점을 정리해보자. 농촌에서는 농업, 도시에서는 공업이나 상업에 종사하지 않는 자가 한 사람도 없게 하는 것이 근본이다. 모두가 가업을 잇는다면 사람들은 모두 성실하고 정직한 마음으로 돌아갈 것이고, 그리 되면 사악한 일도 없어질 것이다. 근본을 잊고 지엽적인 것만을 좇아 눈앞에서 일어나는 사악한 일을 금지하고 탄압하려고만 해서는 안 된다. 그리하면 아무리 탁월한 사람이 정치를 한다고 해도 그 재능과 지혜가 사회에 골고루 미치지 못하게 된다.

이런 관점에서 장사를 하다가 폐업한 '시모타야仕舞屋'(현대의 임대사업자 또는 임대사업용 건물 – 옮긴이)를 주목할 필요가 있다. 그들 중에는 상업으로 재산을 축적한 뒤 이후 아무런 일도 하지 않고 단지 자기가 소유한 집이나 토지를 빌려주고 그 수입으로 생활하는 자도 있다. 그들은 다른 곳에 거주하면서 빌려준 집이나 땅은 관리인에게 맡기고, 관청에 일이 있을 때도 관리인을 보낸다. 자신은 아무것도 하지 않으면서 안락함을 즐긴다. 이런 사람은 평범한 공무원의 눈에는 아무런 해도 끼치지 않는 것처럼 보이지만, 사회의 풍속 측면에서 보면 바람직하지 않다. 따라서 이들을 그들 소유의 집이나 토지가 있는 곳에 거주하게 하고, 무엇이든 좋으니 공업이나 상업에 종사하도록 해야 한다.

농촌에서도 많은 논밭을 소유한 농민 가운데 직접 농사를 짓지 않고 모두 소작인에게 맡기는 경우가 있다. 에도의 시모타야 흉내를 내는 것인데, 차츰 많아져 눈에 띄게 됐다. 이들의 행태도 모두 금지해야 한다. 또 가업에 종사하는 사람 중에도 이러저러한 사악한 일을 가업이라고 생각하는 자가 많다. 이들도 어떻게 해서든 성실한 가업에 종사하도록 인도해야 한다.

요즘 치안 담당 수령 가운데 일부는 공식적으로 제기된 소송 사건만 처리한다. 그렇지 않은 일은 방치한다. 또 지나치게 법규만을 존중하는 까닭에 현실과 맞지 않은 경우에도 어떻든지 이유를 붙여서 법규에 합치되도록 만든다. 어떻게 하면 백성을 잘 다스릴 수 있을까에 대해서는 전혀 주의를 기울이지 않는다. 이러니 사악한 자가 없어지지 않는 것이다.

백성 중에도 흉악한 자는 법규를 잘 이용해 그 그늘에 숨어서 나쁜 일을 서슴없이 저지른다. 법규만으로는 그들을 관리, 감독할 수 없다. 또 앞에서 설명한 것처럼 이기적이고 제멋대로 하는 것이 요즘의 풍조이기 때문에 이장이나 오인조 제도가 있어도 결국 아무런 도움도 되지 않는다.

그뿐만 아니라 요즘 수령은 세상의 풍조에 끌려서 매우 권위적인 태도를 취한다. 그래서 일반 시민을 친절하게 대하지 않고 단지 법규를 내세워 응대하려고 한다. 그래서 상하 간에 마음이 통하지 않게 된 것이다. 이렇게 해서는 백성을 잘 다스릴 수 없다.

막부로부터 위임받은 영지 내 마을을 제집처럼 보살피고, 그곳에 사는 백성이 서로 친목을 도모하게 하며, 민간의 풍습이 좋아지도록 하는 데 주안점을 두고 이장에게 그 의도를 잘 납득시켜 백성이 위정자를 경멸하거나 의심하는 일이 없도록 하는 것이 진정한 정치다. 이것이 바로 고대 성인이 말한 정치의 도道다. 유학자로 하여금 '효와 공경의 덕목을 가르치는 것이 으뜸'임을 백성에게 강론하게 함으로써, 그들의 도덕심을 일깨워 효와 공경을 실천하게 하는 것이 아니다. 이렇게 해석하는 것은 큰 잘못이다. 앞에서 말한 것처럼 동네, 마을마다 주민이 서로 화목하고 민간의 풍조가 올바르게 서도록 행정 책임자, 곧 수령이 잘 지도해 나가는 것이야말로 효와 공경의 덕목을 백성에게 가르치는 일이다.

농촌에서라면 군 단위에 해당하는 전체 지역을 한 사람의 수령이 다스리더라도 온 힘을 쏟아 열심히 노력하면 진정한 정치를 실현하는 것이 불가능한 일은 아니다. 하지만 에도처럼 주민 수가 많고 넓은 지역에서는, 특히 풍속까지 매우 문란한 상태라면, 한 사람의 힘만으로 개선을 이루어낸다는 것은 굉장히 어려운 일이다. 따라서 에도 시가지를 네다섯 구역으로 나누어, 구역마다 수령을 두고 다스리게 하면 좋을 것이다. 다만 이렇게 진정한 정치를 실현하려 해도, 앞서 설명한 호적제도가 확립돼 있지 않으면 어찌할 도리가 없다.

호적제도를 확립하기 위해서는 에도든 농촌이든 그리고 각 영주가 통치하는 지방이든 해당 지역에 사는 사람 수를 정해야 하기 때문에, 우선 인구수와 토지의 생산고를 미리 예측하고 계획을 세울 필요가 있다. 고대의 제도에는 '토지를 계산해서 백성을 둔다'고 하는 말이 있다. 예컨대 일본 전체 60여 지역의 인구를 조사하고, 에도 인근의 여덟 지방(관동팔주─옮긴이)에서 생산한 곡식으로 에도와 그 인근의 사람들이 1년간 먹고살 수 있을지 계산해야 한다. 그 결과를 기준으로 에도의 인구수를 결정하는 것이다. 다만 관동팔주 외에 다른 여러 지방에서 온 여행자나 영주의 가신으로 에도에 거주하는 자는 이 셈법에서 제외한다. 그들은 자기 지방에서 보내온 곡식을 먹는다고 간주하면 되기 때문이다.

지금 에도에 거주하는 사람 대부분은 지방 출신이다. 그러므로 적정 인구수가 정해지면 나머지는 각자 고향으로 돌아가게 해야 한다. 출신지의 영주로 하여금 소환 명령을 내려 귀향을 실시하는 것이다.

백성은 어리석어서 장래에 대해 생각이 없다. 에도 생활이 힘들어도 어떡하든 그날그날의 생활을 잘 보낼 수 있는 곳은 에도뿐이다. 그런 습관이 몸에 배이다 보면 에도를 떠나 고향으로 돌아가려는 생각은 결코 들지 않는다. 또 에도에서 오랫동안 지냈기 때문에 고향에 남겨둔 약간의 논밭도 없어지고 원래 살던 집에도 다른 사람이 살게 되어 돌아가고 싶어도 엄두가 나지 않는다. 막부가 돌아가라고 명해도 에도에서 쫓겨난다고 생각해 반발심을 가질 것이다. 결국 그런 조치를 내린 영주에 대한 세간의 소문도 좋지 않을 것이며, 인도人道에 반하는 정치라는 비난을 초래할 뿐이다.

영주의 의무는 자기 지역을 잘 다스리는 것이다. 중국에서도 고대의 하·은·주 세 나라는 봉건제 사회로, 지금의 영주에 해당하는 제후가 임명돼 각 지역을 다스렸다. 그들은 군현제도하의 군수나 현령과 같은 지방 행정관이었다. 그 삼대三代 시기에도 제후들은 자기 백성이 다른 지방으로 이주해 인구가 감소하는 것을 수치로 여겼다. 중국의 역대 법제나 일본의 고대 제도에 따르면, 당시에도 각 지역 주민 수의 증감 실태를 조사했다. 인구가 증가하면 정치가 잘 이루어지는 것이고, 감소하면 정치가 나쁘다고 판단했다. 그 실적에 따라 지방이나 지역의 수령에게 상벌을 내렸다. 이는 중국의 역대 문헌이나 일본의 법령 규정을 보면 분명히 알 수 있다.

따라서 이러한 취지를 막부가 영주에게 설명하고, 다음과 같은 명령을 전해야 한다.

"소작료를 징수하는 것만이 수령의 역할이 아니다. 각자에게 토지를 맡기고 그 토지에서 살아갈 백성을 맡긴 이상, 백성이 편안히 살지 못하고 다른 지방으로 흩어져 나가는 일이 있어서는 안 된다. 반복해 백성의 소환을 실시하고, 백성이 각 지역에서 잘 생활할 수 있게 해야 한다."

이러한 명령을 엄중하게, 지속적으로 반복해야 한다. 지금도 기슈번紀州藩이나 미토번水戸藩에서는 백성의 소환을 시행한다. 히젠肥前, 즉 사가번佐賀藩에서는 출가한 승려라도 타지방에 가서 10년간 돌아오지 않을 경우 일가친척이 모두 벌을 받는다고 들었다. 사쓰마번薩摩藩이나 그 외 규슈九州의 여러 번에서는 대개 자기 백성이 타지방으로 나가는 것을 금지한다. 이렇게 영주가 권위를 가지고 자기 백성을 불러들이면 에도에 사는 백성을 소환하는 일도 어렵지 않게 정착될 것이다.

요즘 농민은 경작을 싫어한다. 쌀밥을 먹고 싶어서 농민 신분을 버리고 상인이 되려고 한다.(농사를 지어서는 쌀밥을 먹지 못하기 때문이다-옮긴이) 이 때문에 쇠락한 농촌이 많다는 소문이 파다한 시국에 백성의 소환은 지방의 영주에게도 이로운 일이다. 그런데도 학식이 부족하고 고대 제도에 어두운 많은 영주들은 백성을 소환할 필요성을 이해하지 못한다. 그래서 결국 이렇게까지 세상을 나쁘게 만들어 버린 것이다.

또 여러 지방을 조사해보면 토지는 넓은데 주민은 적은 곳이 있고, 반대로 토지는 좁은데 주민은 많은 곳이 있다. 그러한 곳을 서로 조정해 고르게 만들어야 한다. 틀림없이 좋은 해결 방법이 있을 것이다. 가령 옛날 고토五島의 번주가 막부에 요청해 에도의 거지를 모아 고토로 데리고 간 일이 있다. 고토 지방은 인구가 적었기 때문이다.

최근 각지에서 새로운 농지 개발이 이루어지고 있다. 그중 대부분은 에도의 상인이 하청을 받아 개발하는 것이다. 그런데 개발을 해도 이를 경작할 농민이 없다. 인구가 적어 그 지방 사람을 고용하기도 곤란하다. 이래서는 개발이 성공하기 힘들다. 당연한 이야기다. 일반적으로 데와出羽¹⁰나 오슈奥州¹¹는 토지가 광활한 데 비해 인구는 아주 적다고 한다. 그러한 곳에 농민을 정착시키는 방법도 있을 것이다.

나아가 농촌 사람은 대체로 잡곡밥을 먹는다. 그래서 인구가 많아도 먹을 것이 부족할 일은 없다고 한다. 에도의 인구-식량 관계와는 다르다. 이 점도 주의할 필요가 있다. 에도 시가지에는 수백만 명이 살고 있다. 여러 지방의 쌀을 에도로 운송해와 식량으로 소비하는데, 이는 우선 크게 번창하는 것처럼 보이기에 감탄하고 칭찬할 만하다.

하지만 만약 오슈 방면에서 문제가 발생한다면 센다이仙台의 쌀은 에도에 들어오지 못할 것이다. 또 서쪽 지방에 사건이 생긴다면 교토나 오사카의 쌀 역시 들어오기 힘들어진다. 그러면 에도는 당장

---

10 지금의 아키타현秋田縣과 야마가타山形縣현.
11 지금의 일본 동북부 지방.

기근에 빠질 것이다. 굶주림으로 인한 혼란은 진정하기가 매우 어렵다. 어떤 대책을 세워야 할지 알 수가 없다.

'7년의 질병, 3년의 쑥'이라는 속담이 있다.[12] 준비 없이 어려운 상황에 빠진다면 어찌할 도리가 없다는 말이다. 영주가 지배하는 각 영지의 쌀도 이미 모두 상인의 손에 팔아 넘겨졌을 테니 백성들은 심각한 어려움에 직면할 것이다.

현재는 어려움이 없다 해도 후세에 이런 일이 일어나지 않는다고는 장담할 수 없다. 멀리 내다보는 대책이 없다면 얼마 못 가 걱정스러운 일이 일어나는 법이다. 여하튼 호적의 법을 세워서 백성을 토지에 정착시켜야 한다. 이것이 고대 성인의 깊은 지혜에서 나온 방책임을 유념하지 않으면 안 된다.

고대의 성인은 근본을 중시하고 지엽적 문제를 억제하는 것을 원칙으로 삼았다. 여기서 근본이란 농업을, 지엽적인 것은 공업이나 상업을 뜻한다. 공업이나 상업이 융성해지면 농업이 쇠퇴한다는 것은 역사를 돌아볼 때 대체로 자명한 사실이다.

앞에서 설명한 계획에 근거해 에도 시민의 호적을 정했다면, 이를 바탕으로 에도에 집을 가진 사람과 그렇지 않은 세입자를 분명히 구별해야 한다. 집주인은 농촌의 지주(혼뱌쿠쇼本百姓)[13]와 같은

---

12 《맹자》〈이루〉에 나오는 말로, 원문은 "今之欲王者, 猶七年之病求三年之艾也"다. 지금 왕이 되려고 하는 자는 마치 7년째 질병을 앓는 사람이 병을 고치기 위해 3년간 말려야 하는 약쑥을 당장 구하려는 것과 같다는 뜻이다. 갑자기 구하려면 이미 때가 늦었다는 것이다.

존재이며, 세입자는 소작농(미즈노미뱌쿠쇼水呑百姓)[14]과 같은 존재다. 그들이 마을을 떠나지 않고 대대손손 살 수 있도록 거주지로 정하고, 세입자의 자유로운 이주는 제한하는 것이 진실로 좋은 방법이다.

에도 시가지가 잘 다스려지고 지역사회와 교류도 친밀하게 이루어져 풍속이 잘 교정된다면, 예컨대 집세를 체납하는 자가 생겨도 쫓아내기보다 이장이나 오인조의 중재에 따라 어떡하든지 해결을 꾀할 수 있을 것이다. 만약 마을에서 포기할 정도로 나쁜 사람이라면 관청에 호소해 조치를 취할 수도 있다. 그러면 앞서 언급한 '진실로 좋은 방법'을 시행할 수 있게 된다.

구체적인 방안을 들자면 먼저 한 마을에서 다른 마을로 멋대로 나갈 수 없게 정해둔다. 혹은 앞서 소개한 대로 에도를 네다섯 구역으로 구분하고 각각에 행정책임자를 둔다. 그리고 그 위에 한 명의 최고 책임자를 두어 그의 승인에 한해 세입자의 이전을 허가한다. 집주인도, 세입자도 몇 년 몇 월 며칠이면 영구히 에도 주민이 된다는 허가 사실을 호적부에 기재해둔다. 한편 세입자가 이사할 때는 어느 마을에서 왔다는 것을 그 연월일까지 상세히 적어놓는다. 물론 이름이나 성을 바꾸는 것은 완전히 금지해야 한다.

---

13 논밭을 소유하고 각종 세금을 부담하며 마을 구성원으로서 권리와 의무를 지닌 농민을 말한다.
14 전답을 소유하지 못한 소작인이나 일용직 농민을 뜻한다.

여행증명서

노인路引은 여행 중 휴대해야 하는 증명서다. 일본에서는 호적에 따라 사람들의 주소가 결정되므로 타지인이 뒤섞여 들어와 사는 일은 원칙적으로 있을 수 없다. 하지만 증명서가 없다면 여행지를 왕래하는 동안 몰래 먼 지방으로 도망갈 우려가 있다.

중국의 고대 하·은·주 시기에는 제후가 다스리는 나라마다 관문이 있었다. 그 관문을 통과하려면 '수繻'[15]라는 증명서가 필요했다. 일본의 고대에도 지방마다 관문이 있었는데, 유명한 스즈카鈴鹿, 후와不破, 오사카逢坂 외에도 다수의 관문이 존재했다. 그래서인지 와카和歌(헤이안 시대에 유행한 일본의 전통 시가 – 옮긴이)에 나오는 지명에도 관문 이름이 많다. 그 시대에도 관문을 통과하기 위해서는 과소過所라고 하는 증명서가 필요했다. 지금도 교토에 과소선過所船이

15 명주로 만든 증표.

라는 선박이 있는데, 이 명칭은 과소를 미리 제출하고 자유롭게 관문을 통행하게 한 선박에서 유래한 것이다.

여행증명서는 중국 명나라의 제도에 따른 것이다. 명나라에도 지방의 경계마다 관문이 있었는데, 증명서를 제시해야 통과할 수 있었다. 지금 우리도 이 방법을 채용해야 한다. 에도 변두리와 농촌의 경계에 문을 세우고 당번 관리를 두어 에도로 들어오려는 자는 자유롭게 통과시키고 나가려는 자는 여행증명서를 검사하도록 하는 것이다.

에도에서 나가려는 자의 여행증명서에는, 그 사람이 무가 구역에서 거주하는 자라면 시가지마다 배치한 구역장의 도장을 받게 한다. 영주 구역에서 거주하는 자라면 그 구역의 도장을, 일반 시민이라면 관할 구역마다 당번 이장을 정해두고 그 도장을 찍게 한다. 특히 인원, 성명과 화물 종류, 출발지와 목적지는 꼭 기재해야 한다.

여행 중에는 명나라의 파발꾼에 관한 법규에 따라 1박을 할 때마다 차례로 숙박지에서 도장을 받으면 된다. 그렇게 제도화하면 우선 에도에서 나가는 관문에서는 처음 거주지에서 받아온 인감을 조사하면 된다. 중간 숙박지, 예를 들면 도카이도東海道라면 시나가와品川, 나카센도中山道라면 이타바시板橋, 오슈카이도奧州街道라면 센슈千住와 같은 곳에서는 최초의 숙박 장소, 즉 에도에서 나가는 관문의 도장을 미리 알아두면 된다.[16] 이런 식으로 모든 숙박 장소에서

---

16 에도 시대에는 에도를 기점으로 일본 각지로 뻗어나가는 다섯 개의 주요

는 각각 인접한 숙박지의 도장을 파악해두고, 그것을 점검만 하면 된다.

물론 미리 여행증명서에 도장을 받아두지 않은 자는 결코 숙박할 수 없다는 규칙을 정해두어야 한다. 각 숙박 장소의 근처 마을끼리는 인감을 서로 교환해두면 점검이 가능하다. 또 에도 인근에서 에도로 오는 사람은 돌아갈 때만 증명서가 필요하기 때문에 마을 이장에게서 나무패라도 받아 증명서 대신 사용하면 좋다.

이렇게 제도를 만들어두면 사람들이 샛길로 관문을 몰래 빠져나가는 일은 결코 발생하지 않을 것이다. 다만 이것은 모두 호적제도를 완비해놓은 뒤에야 가능한 일이다. 현재의 각종 폐해는 여행이 너무도 자유롭다는 데서 출발한다. 지금 하코네箱根의 관문에서 검사하는 통행증이라는 것도 에도에서 나가는 여성의 통행증 이외에는 완전히 제멋대로 돼버렸다. 따라서 호적제도가 정비되면 이런 문제는 상당히 개선될 것이다. 가령 호적이 분명하다면 몰래 관문을 빠져나가더라도 숙박할 수 있는 장소가 없기 때문에 여행증명서를 제시해야 하는 법이 없어도 어느 정도까지는 잘 관리될 것이다.

도로가 있었다. 이를 오가도五街道라고 한다. 도카이도, 나카센도, 고슈카이도甲州街道, 오슈카이도, 닛코카이도日光街道를 말한다. 이러한 도로 중간의 숙박 장소에서 검문을 해야 한다는 것이다.

실직한 무사와
수도승 관리

사회에는 여러 종류의 사람이 존재하는 만큼 호적제도를 정비할 때 고려해야 할 것들이 많다. 우선 실직한 무사에 대해 이야기해보자. 이들은 원래 무가에서 고용살이를 하던 사람이다. 지금은 주인집을 떠난 상태이므로 다시 고용될 때까지는 거주지가 불분명하다. 그들은 농민도 상인도 아니며, 사실상 여행자에 가깝지만 돌아갈 집이 없으므로 딱히 여행자로 분류하기도 애매하다. 그래서 실직 무사로 분류해 어디에 살더라도 세입자로 대우하면 된다. 즉 친척이나 지인을 보증인으로 삼아 거주를 허가하는데, 이 점은 특별히 현재의 제도와 다를 것이 없다.

수도승[17]은 지배하는 우두머리도 없고, 소속도 없다. 하지만 이들도 홀아비나 과부, 고아 그리고 자식 없는 노인처럼 의지할 데가 없

---

17 사찰에 소속되지 않은 '고지키보즈乞食坊主(걸식 승려)'의 한 부류.

다는 점은 같다. 말하자면 궁핍한 백성이 어쩔 수 없이 수도승이 된 것이다. 이들도 삭발하고 출가할 때의 스승을 보증인으로 삼아 보통의 세입자와 같은 취급을 하면 된다.

사찰에 은거한 사람이나 여행하는 승려는 사찰 정문 앞 땅에 한 해 거주를 허가하면 된다. 원래 불법佛法에서도 승려가 민간에 거주하는 일은 계율로 금한다. 고대로부터 내려오는 법률에 따른다 해도 마찬가지다. 이렇게 하면 불교와 혼동되는 사교邪教의 부류가 민간에 혼재하고 있어도 판별하기 용이할 것이다.

음양사陰陽師나 '가시마의 점치는 사람鹿島の事触れ' 혹은 미야스즈메宮雀[18] 같은 부류는 작은 칼 한 자루만 지니도록 한다. 야마부시山伏[19]는 칼을 지녀서는 안 된다. 이들이 크고 작은 칼 두 자루를 지닌 채 무사와 구분되지 않는 모습으로 다니는 것은 근거가 없는 일이다. 중세, 즉 헤이안 시대에 히에이잔比叡山의 산 법사山法師나 고후쿠지興福寺의 나라 법사奈良法師, 혹은 네고로지根來寺의 네고로 법사와 같은 승병은 큰 칼을 허리에 차고 갑옷을 입고 투구를 썼지만, 오늘날 승병은 모두 원래의 승려 위치로 돌아갔다.

지금 야마부시가 무장을 하는 것도 그 시대의 풍속이 남아 있기

---

18 음양사는 일본 중세 이후 민간의 병이나 재앙을 막고 소원을 이루기 위해 신에게 비는 일을 주관하던 사람, 가시마의 점치는 사람은 근세에 한 해의 길흉을 점치며 신탁을 받아 봄마다 전국 곳곳을 돌아다니던 사람, 미야스즈메는 신사에서 일하는 미천한 신분의 신관을 말한다.

19 산속에서 수행하는 불교 수험도修驗道의 수도자.

때문이다. 그들은 깊은 산속으로 수행하러 들어갈 때 잡초를 베어 길을 열어야 하기 때문에 날카로운 칼을 소지한다. 그것이 옛 법이라고 한다. 그렇다면 산속 깊이 들어갈 때만 옛 법에 따르면 될 것이다. 하지만 야마부시가 평소에도 시가지나 농촌을 돌아다니는 것은 권진勸進을 위해서다.

권진이란 출가자의 예식으로, 사람들에게 불법을 전하고 기부를 요청하는 것이다. 거지가 걸식을 하는 것과 다름없다. 그것은 굴욕을 감수하고 모욕을 참아내는 마음을 기르기 위한 행동이다. 그런데 권진을 한다면서 크고 작은 칼을 차고 다니다니, 있을 수 없는 일이다. 또 그들은 시골길을 걷다가 여자나 아이만 있는 곳에서는 칼을 뽑아 위협해서 금품을 갈취하기도 한다. 밤에 남의 집에 들어가 도둑질을 하거나 강도짓도 가끔 한다. '가시마의 점치는 사람' 중에도 다른 사람을 위협해서 금품을 요구하는 경우가 적지 않다.

민요 〈화월花月〉이나 《의경기義經記》 같은 이야기책을 읽어보면, 야마부시는 사동을 데리고 다니면서 승려와 다름없이 행동한다. 본래 야마부시는 승려와 함께 진언종이나 천태종의 교리에 따라 학문을 익히는 사람이었다. 하지만 어느 사이엔가 승려와는 완전히 다른 사람이 돼버렸다. 불상 앞에서 경을 읽거나 예배를 올리는 근행勤行의 예법도, 가지기도加持祈禱[20]의 방법도 달라졌다. 단지 진언종이나 천태종의 사찰을 본산으로 하고 거기에 소속돼 있을 뿐이다.

20 불상 앞에서 올리는 주술적 의례.

요시노야마吉野山²¹의 승려도 중세에는 모두 대처帶妻 생활을 했다. 하지만 최근 40~50년간 세상 사람들의 불교에 대한 이해가 깊어졌기 때문에 지금은 모두 대처 관행을 버리고 품행이 깨끗한 승려가 됐다고 한다. 이처럼 야마부시 등도 그들의 본산이 주도해 대처 습속을 버리고 청렴한 수도자가 되게 하는 방법이 있을 것이라고 생각한다.

사찰에서는 잡일하는 하인에게 칼을 소지하게 한다든지, 승려가 외출할 때 동행하는 자에게 칼을 지니게 하기도 하는데, 이는 품격이 아주 높은 문적門跡²² 사찰만의 특권이다. 그 외의 사찰에서는, 예를 들면 원가院家²³라 해도 모두 금지해야 한다.

어떤 사찰은 사찰이 소유한 땅을 지배하기 위해 관리를 대신하는 대관을 두기도 한다. 이것도 있어서는 안 될 일이다. 사찰 인근의 막부나 개인 소유지의 대관 혹은 영주에게 지배를 위임하고 대신 소작료를 그 사찰이 받도록 하면 될 것이다. 지금은 사찰 앞에 형성된 마을 관리를 사찰 담당자가 하고 있으나, 이것도 모두 행정관리의 지배하에 두어야 한다. 그 이유는 다음과 같다.

방대한《대장경》에도 국가를 통치하는 방도에 대한 이야기는 전

---

21 수험도의 근원이 되는 도량.
22 일본 불교에서 한 종파의 법통을 계승하는 사찰이나 황족, 귀족의 자제가 법통을 잇는 사찰을 말한다.
23 문적 사찰 다음 등급의 사찰, 혹은 황족과 귀족 출신 승려가 있는 사찰을 말한다.

혀 기록돼 있지 않으며, 불교에서는 계율 가운데 살생계殺生戒를 으뜸으로 친다. 게다가 지금의 승려는 막부의 법률에 의거해 죄인이 된 사람이라도 자비를 베풀어 목숨을 부지하도록 하거나, 처벌돼 추방된 사람이라도 용서하여 부모나 주군의 곁으로 돌아가도록 하는 일을 임무로 여긴다. 하지만 사찰이 땅을 소유하고 백성을 지배할 경우 단호한 형벌이 아니고서는 법질서가 서지 않는다. 또 하인도 칼을 지니고 다니기 때문에 무사와 마찬가지로 할복을 명해야 될 경우가 생긴다. 하지만 그러한 일은 계율에 반하는 일이다.

칼을 지닌 자를 데리고 다닌다고 승려에게 무슨 도움이 될 것인가? 가쿠겐 비구覺彦比丘²⁴라는 유명한 승려는 일생 동안 자신을 따라다니는 하인에게 작은 칼조차 지니지 못하게 했다고 한다. 이런 풍습은 단지 무사를 흉내 내고 싶은 것뿐으로, 불법이 쇠퇴했음을 보여주는 증거에 지나지 않는다. 그러므로 불법을 숭상하고 존경한다면 이러한 풍습은 금지해야 한다.

또 사찰이 직접 소유지를 지배하기 때문에 죄를 지은 사람이 이곳에 몸을 숨기는 일이 많다. 사찰 소유지에 영주의 경찰권, 정치력이 미치지 못하므로 문제가 생겨도 해결이 어렵다. 이런 문제 때문에라도 사찰 소유지의 지배권은 막부나 인근의 영주에게 위임해야 한다.

24 진언종 소속 승려. 본명은 가쿠겐 조곤覺彦淨嚴(1639~1702). 에도 시대 초기의 승려로, 계율을 부흥시키기 위해 노력했다.

기녀, 배우 그리고
거지 관리

기녀나 배우를 천한 부류로 여기는 것은 일본에서든 중국에서든, 고금을 막론하고 다르지 않다. 이들은 원래 그 혈통이 특별하기 때문에 평민보다 천한 신분으로 취급되며, 단자에몬彈佐衛門[25]이 관리한다. 하지만 최근 예부터 내려오던 법제가 사라지고 평민의 딸을 기녀로 팔거나 배우가 물건을 파는 상인이 되기도 하는데, 이런 일은 무엇보다도 바람직하지 않다.

남의 집 딸을 사서 기녀 거리에 파는 자를 뚜쟁이(제겐女衒)라고 한다. 뚜쟁이는 사람을 유괴해 팔기도 한다. 심지어 부모가 딸을 기녀로 파는 일도 있다. 비천한 자라도 결코 하지 않을 일을 태연하게

---

25 에도 시대 하층천민의 우두머리 노릇을 하면서 그들을 지배, 관리하던 인물. 에도 아사쿠사浅草에 살면서 막부의 공인을 받아 세습하여 하층민을 지배했다. 당시의 하층천민이란 소나 말의 사체를 처리하는 에다穢多, 거지나 죄인, 출가승 등의 히닌非人을 말한다.

1부 정치의 본회요

저지르게 된 것은 신분이 높은 사람이 기녀의 몸값을 치르고 부인으로 삼는 일에서 비롯됐다. 이런 경우가 드물지 않았기 때문에 점차 기녀와 평민 간에 별 차이가 없다는 통념이 생겼고, 결국 평민의 딸을 기녀로 파는 일이 흔해져 버린 것이다.

이렇게 기녀나 배우가 평민과 혼동되면서 그들의 풍속이 평민층으로 번졌다. 지금은 영주나 고관도 기녀가 있는 게이세이傾城 거리나 남자 배우가 많은 야로野郎 거리를 아무렇지 않게 언급한다. 무사의 부인이나 딸도 기녀나 배우의 흉내를 내면서 부끄러워하지 않는다. 이런 것이 지금 유행하는 현상이다. 유행을 따르지 않는 사람을 촌놈이라고 경멸할 정도다. 좋지 않은 일이다. 이렇게 세상의 풍속이 나빠지게 된 것은 모두 혈통의 혼란 때문이다.

고대의 법제와 마찬가지로 혈통을 바르게 구별해 기녀나 배우의 아들은 배우로, 딸은 기녀로 키워야 한다. 이렇게 정해서 평민과의 혼동을 확실히 막는다면 나쁜 풍속은 자연히 사라질 것이다. 또 평민의 여식은 승려의 모습을 한 하급 창녀가 될 수 없도록 단단히 금지해야 한다. 그런 창녀의 자식은 창녀로서 그 혈통을 명확히 해야 한다.

거지나 하층천민인 히닌非人은 원래 그런 혈통이 아니라 일반 평민이 전락한 경우다. 그런데도 밥을 지을 때 평민과 같은 장소에서 불을 사용하지 못하게 하고 하층천민을 지배하는 단자에몬의 부하처럼 취급하는 관행은 원래 나병 환자를 그렇게 취급한 데서 시작된 것이다.

세속적 관점에서 나병 환자는 불법승 삼보佛法僧 三寶에서 버려진 사람이다. 이렇게 생각하게 된 것은 교토에서 이들을 한곳에 수용해 평민의 거주지에서 떨어뜨려두었기 때문이다. 나병 환자는 시골에서 거지라고 불리는데, 에도에서는 구루마 젠시치車善七[26]를 이들의 우두머리로 본다. 이는 도쿠가와 이에야스(1543~1616) 때부터 정해놓은 것으로, 에도의 거지 관리는 이대로 좋을 듯하다.

다만 근년에 호적이 없는 노숙자(무슈쿠모노無宿者), 즉 거적을 쓴 거지(아라고모카부리新薦被)까지도 구루마 젠시치의 부하로 삼고 있는데, 이 문제는 어떠한가? 그들은 대개 시골에 사는 농민이었는데, 사치에 빠지면서 고생스러운 농사일을 꺼리고 잡곡을 먹기 싫어해 에도로 하인 일을 찾아 나온 이들이다. 주소도 일정치 않고 여기저기 떠돌아다니는데, 나이를 먹어도 고향으로 돌아갈 생각을 하지 않는다. 하급 관리의 짐꾼이 되는 이도 있고, 도중에 하인 생활을 그만두고 긴 막대기에 짐을 걸어 메고 다니면서 물건을 파는 보테후리棒手振가 되어 하루하루 근근이 생활하는 이도 있다.

어떤 사람은 젊어서 방탕한 생활을 하다 보니 부모나 친척과 절연하고 이런 삶을 살기도 한다. 또 실직한 무사 가운데 말로가 좋지 않아 이렇게 사는 이도 있다. 어느 경우나 생활을 유지할 만한 능력

---

26 에도 아사쿠사에 살면서 히닌의 우두머리 역할을 했던 인물. 막부의 공인을 받아 그 이름과 역할이 대대로 세습됐다. 한때는 단자에몬과 세력 다툼을 했으나, 나중에 막부의 중개로 단자에몬의 부하가 됐다.

다이묘 행렬 앞에서 생선을 운반하는 보테후리(멜대 행상)들. 우타가와 히로시게,
'도카이도53경' 중 〈니혼바시 아침의 풍경〉, 1832~1833년경.

이 없기 때문이지만, 이들은 원래부터 어리석은 자다. 몸가짐을 조
심하지 않고 흐트러진 생활을 했기 때문에 이런 사정에 이르렀다.
그러나 한편으로 이들은 세상의 풍속에 이리저리 끌려 다니다 이렇
게 된 것이다. 게다가 최근에는 불경기로 생활을 유지해 나가기가
더 어려워졌기 때문에 이런 사람이 더욱 늘었다.

사실은 국가가 정치를 잘못했기 때문에 세상의 풍속도 나빠지고
경기도 나빠진 것이다. 결국 이런 상황에서 생겨난 이들의 어려움은
위정자인 막부의 책임이라고 해야 할 것이다.

최근에는 무가의 기풍이 나빠져서 무사가 사람들에게 믿음을 주지 못하고 있다. 무엇보다 그들은 점차 이익을 챙기고 계산부터 하려는 마음이 강해졌다. 이런 상황에서 실직 무사는 상공업에 종사할 줄도 모르고 친척이나 지인의 도움으로 근근이 생활한다. 마땅히 원조해줄 사람이 없어서 생활이 곤궁해진 실직 무사들은 나빠진 풍속에 이끌려 사기 등 악행도 저지르게 됐다. 이러다가 오랫동안 병이라도 앓거나 불행을 계속 겪으면 결국 거지와 같은 부류가 되는 것이다.

무사가 장사를 해서는 안 된다는 것은 본래 고리대금업과 같은 일을 해서는 안 된다는 뜻이었다. 실직한 무사가 나이 든 부모를 부양하기 위해 보따리 상인이 되거나 날품팔이하는 것은 어쩔 수 없다. 그런 일이 무사의 절개를 더럽히는 것은 전혀 아니지만, 세상 사람은 풍속에 구애돼 견식이 없기 때문에 그렇게 생각하지 않는다. 무사다운 치장만을 으뜸으로 치는 세상의 폐해 속에서 위선이나 거짓 그리고 나쁜 일을 벌이게 되는 것이다.

하지만 거지나 하층천민은 말하자면 환과고독鰥寡孤獨[27]처럼 의지할 사람이 없는 자들로, 천하에서 가장 궁핍한 부류다. 어떠한 성인의 치세에도 환과고독은 있었다. 주 문왕의 인정仁政은 환과고독을 불쌍히 여겨 그들을 구제하는 일을 으뜸으로 삼은 정치였다. 하물며 지금의 거지나 하층천민 문제는 세상의 나쁜 풍속과 오래된

---

27 홀아비와 과부와 고아 그리고 자식 없는 노인.

불경기가 결합해 발생했기 때문에, 그 책임은 제대로 이루어지지 못한 막부의 정치로 귀착된다. 따라서 이들을 구하는 방법을 먼저 강구해야 한다.

그러한 점을 충분히 고려하지 않고 그저 구루마 젠시치로 하여금 그들을 관리하게 한 것은 궁색한 일처리다. 말하자면 행정관리로서 재능이나 지혜가 부족한 것이 아닐 수 없다.

젠시치의 부하가 되려면 우선 부랑 생활을 오래 한 이들에게 터무니없고 파렴치하며 심술궂은 짓을 당해야 한다. 원래 거적을 뒤집어쓴 거지나 노숙자는 삶이 죽음과 종이 한 장 차이인 상태에 놓여 있기 때문에 부끄러움을 모른다. 형벌도 두려워하지 않고 제멋대로 행동한다. 그런데 그런 사람에게 고참 거지가 심술궂은 행동을 일삼으면 본래의 착한 심성을 잃고 오히려 점점 더 나쁜 사람이 된다. 게다가 이들은 처형된 죄인이나 길거리에 쓰러진 자 혹은 하천에서 익사한 자 등의 뒤처리를 담당하기 때문에 그 마음이 점점 더 잔학무도해진다. 하지만 이것도 말하자면 윗사람이 그렇게 유도한 것이다.

이런 부류를 모두 구루마 젠시치의 부하로 들어가게 했기 때문에 지금은 거지가 아주 많아졌다. 더욱이 취사용 불도 같이 사용하지 못하게 하는 등 평민 사회에서 격리함으로써 평민 쪽에서는 그들의 사정을 전혀 알 수 없는 상황이 돼버렸다.

한 예로, 최근 방화를 저지르는 거지가 많아졌다. 적발된 자는 불 속에 집어넣어 화형에 처한다. 하지만 그들이 언제부터 이런 나쁜 짓을 해왔는지 아는 사람도, 미리 눈치를 챈 사람도 없었다. 이는 그들이 사는 세계가 완전히 동떨어진 다른 세계이기 때문이다. 평민과 다른 세계에 사는 자가 많다는 것은 외국인을 많이 데리고 와서 에도 시가지에 풀어놓는 것과 같다. 아주 위험한 일이다. 이런 상태가 계속되면 시간이 흐를수록 거지가 늘어날 것이다. 그들이 어떤 일을 벌일지도 예측하기 어려워질 것이다.

원래 구루마 젠시치의 조상은 우에스기 가게카쓰上杉景勝(1556~1623)[28]의 하인으로 구루마 단바車丹波라는 인물이다. 젠시치는 풀로 만든 거적을 뒤집어쓰고 몸을 초라해 보이게 만들어 도쿠가와 이에야스의 목숨을 노렸다. 그는 하인까지 모두 에도로 데리고 와서 거지 무리 가운데 섞여 있게 했는데, 그만 암살 계획이 발각되고 말았다. 하지만 도쿠가와의 광대하고 성스러운 배려로 용서를 받았다. 그 뒤 거지 무리의 우두머리가 됐다고 전해진다. 하지만 이러한 사람은 정치적으로 각별히 경계하지 않으면 안 된다.

한편 하층천민과는 불을 함께 사용하지 않는다는 것은 어리석은 생각이지만, 옛날부터 내려오는 풍습으로 어쩔 수 없다. 하지만 나병 환자와 불을 함께 쓰지 않는다는 것은 논리가 궁색하다. 공자의 문인 중에도 나병 환자가 있었다. 덕행德行으로 이름이 높은 염백우冉伯牛라는 제자다. 이렇듯 병은 아무리 높은 신분의 사람이라도 걸

---

28 에도 시대 초기의 영주. 센고쿠戰國 시대의 장수이며, 도요토미 히데요시 때에는 핵심 무장 중 한 사람이었다.

리지 않는다는 법이 없다. 그러니 나병에 걸렸다고 히덴인悲田院[29]에 수용해 불을 함께 사용하지 않는다는 옛 풍속은 어리석으며 무지하다. 그리고 이렇게 생각하면 거지나 천민과도 불을 함께 사용하지 않는다는 것 또한 논리가 통하지 않는 이야기임을 알 수 있다.

거지는 수행자와 그다지 구별되지 않는다. 석가모니 시대에 출가자의 생활 방식은 모두 거지와 같았다. 그들은 육식을 피하지 않았고, 조리한 음식물을 구걸해서 먹었다. 삼의일발三衣一鉢이라고 하여 옷 세 벌과 음식물을 받기 위한 그릇 하나 외에는 아무것도 몸에 지니지 않았다. 머무를 숙소도 따로 없고 같은 나무 아래서 사흘 밤은 자지 않는다는 것이 불제자의 규칙이었다.

지금까지도 율종律宗의 재가 신도가 자기 집에서 불을 피우지 않는 것은 조리된 음식물을 구걸하던 이 같은 옛날 풍습 때문이다. 스스로 불을 피워서 음식을 조리하지 않던 그 형태가 지금 남아 있는 것이고, 그러므로 걸식 행위는 불제자의 전통적 관행이라는 것이다. 운거선사雲居禪師는 3년 동안 거지 무리에 들어가 수행했다고 한다.

구루마 젠시치는 단자에몬의 수하에 속한다. 만약 평민과 불을 함께 사용하지 않는다는 원칙을 지켜야 한다면 기녀나 남자 배우도 단자에몬의 수하이므로 역시 불을 함께 사용하지 않아야 한다. 그러나 기녀나 남자 배우는 그렇지 않다. 상대에 따라 차별을 두는 셈이

---

29 헤이안 시대부터 전해지는 복지 시설. 빈궁한 사람, 병자, 고아 등을 구제하는 시설로 723년 고후쿠지興福寺에 설치된 것이 최초다.

다. 한쪽은 친하게 지내면서 다른 쪽은 피하는 풍습이라니, 참으로 비열하다.

따라서 앞서 설명한 소환제도가 실시된다면 거지나 하층천민을 고향으로 돌아가게 할 필요가 있다. 이 경우 일반 주민의 소환과는 다르다. 출신지 영주만 정치를 잘못한 것이 아니다. 하층천민이 생겨났다는 책임의 반 정도는 에도의 나쁜 정치에 있다. 그러므로 귀향에 필요한 여비 등은 막부가 지급해야 한다. 에도에 하층천민이 많다는 것은 에도 행정책임자 자신의 수치라는 것을 알아야 한다. 이를 깨닫는다면 소환 외에도 하층천민이나 거지를 갱생시킬 방법을 찾을 수 있을 것이다.

나는 17~18세 무렵 가즈사上總 지방에 살고 있었는데, 그때 이런 이야기를 들었다. 가가加賀[30] 지방에는 하층천민이 한 사람도 없다. 만약 그런 사람이 생기면 작은 집을 세워 그곳에 살게 하면서 짚신을 삼고 새끼를 꼬게 하거나 여러 가지 다른 일을 시킨다. 그 번의 영주는 그 사람의 부양을 책임지는 관리를 두어 그가 만든 새끼나 짚신 등을 팔아서 결국 원래처럼 그 사람이 상점을 가질 수 있게 해준다. 이런 이야기를 전한 이는 가가 지방에서 도망 나와 가즈사에 거주하던 사람이었다. 나는 이것이야말로 진정한 인정仁政이라고 생각했다.

지금 에도에서 막부가 진료소를 세워 가난한 환자를 치료하고 약

---

30 현재의 이시카와현石川縣 남부 지역.

을 주는 것은 커다란 자비를 베푸는 것이다. 하지만 좀 더 어려운 하층천민의 상황을 돌보는 방법도 찾아야 한다. 천한 신분인 사람은 병으로 죽는 것이 오히려 행운이다. 건강하면서 굶주림에 허덕이는 것이야말로 지금 이 사회에서 살고 있는 천민에게는 최대의 어려움임을 막부 통치자는 알아야 한다.

에도를 통치하는 행정관리는 사려 깊어야 한다. 그는 에도 사람을 잘 보살피는 것을 목표로 삼아야 하며, 자기가 통치하는 지역에서 죄인이나 하층천민이 나오는 것을 부끄러워할 줄 알아야 한다. 막부 또한 그가 그렇게 자각하도록 노력해야 한다. 또 윗사람은 행정책임자가 자기 생각대로 일을 추진하도록 너무 간섭하지 말아야 한다. 재능과 지혜가 있는 자라면 하층천민에 대한 조치 등은 아무래도 잘 해나가지 않을까 생각한다.

한편 거지 생활을 오래한 사람의 경우 구루마 젠시치 쪽에서 호적부에 등록하도록 하고 있다. 하지만 새로 거지가 된 사람까지 멋대로 부하로 두는 것은 금지해야 한다. 또 현재는 에도뿐만 아니라 농촌에서도 거지는 구루마 젠시치와 마쓰에몬松右衛門[31]의 부하라는 인식이 있기 때문에 관청의 지배력이 미치지 않아 상황이 좋지 않다. 농촌의 거지는 각 지역에 한정해 그 마을에서 관리해야 한다.

요즈음 앞서 소개한 호적과 관련해 들은 이야기가 있다. 어떤 하

---

31 에도에서 구루마 젠시치와 경쟁하면서 하층천민을 지배한 인물. 에도 시나가와品川에 거주했다.

급 관리 무사의 동생 이야기다. 형과 함께 살던 그는 소금을 팔아서 생계를 꾸려 나갔다. 그가 어떤 무사의 저택에 들어가게 됐는데, 그 집에서 나올 때 소금 바구니 안에 대팻밥과 나뭇조각 따위를 담아 나오다가 문지기에게 들켰다. 문지기는 그를 제지하며 "그 안에 있는 나뭇조각 등을 내놓아라. 아니면 나갈 수 없다"라고 했다. 그가 나뭇조각만 꺼내놓고 대팻밥은 내놓지 않자 문지기는 마저 꺼내라고 다그쳤다. 그러자 그는 화를 내며 욕했다. 문지기도 매우 화가 났고, 문제는 커졌다. 결국 소금 파는 사람과 그의 형은 둘 다 감옥에 갇혔다.

이 사건은 막부가 무가에 의탁해 사는 무사는 상인의 일을 할 수 없다고 금지했기 때문에 발생한 것이다. 하급 관리인 무사는 소금 파는 동생을 무가 저택에 같이 데리고 있었기 때문에 감옥에 들어 간 것이다. 하지만 당시 낮은 직급의 사람은 수공업으로 생계를 꾸리는 것이 보통이었다. 무사인 형이 소금 파는 동생을 데리고 살았다는 사실은 엄밀히 말해 무사가 상인을 숨겨서 같이 거주한 것과는 다르다.

또 대팻밥을 주워서 바구니에 챙긴 것을 가지고 도둑질했다고 주장하는 것은 지나치게 법규에 매몰된 판단이다. 진정한 정치를 모르는 것이다. 《시경》 〈대전〉에 "저기에는 버려진 볏단, 여기에는 버려진 이삭. 이것은 과부의 몫이로구나"[32]라는 구절이 나온다. 수확할

---

32 원문은 다음과 같다. "彼有遺秉, 此有滯穗, 伊寡婦之利."

때는 여기저기 볏단이나 이삭이 떨어지는데, 그것을 과부 같은 어려운 사람이 주워서 자신의 이익으로 삼는 것을 노래한 것이다. 그런 행위는 도둑질이 아니다. 이는 오래된 《시경》의 시대로부터 지금의 일본에 이르기까지 농촌에서는 여전히 마찬가지다.

그런데 도시에서는 대팻밥을 주워 담았다고 도둑질이라고 하니, 이것이 무슨 정치인가? 옛날에는 거지가 썩은 나무를 줍거나 불난 곳에서 불탄 못을 주워도 아무도 상관하지 않았다. 하지만 요즘은 처벌된다. 이것은 무슨 이유인가?

홀아비와 과부 그리고 고아와 의지할 데 없는 노인 같은 곤궁한 사람은 땅에 떨어진 것이라도 주워야 겨우 살아갈 수 있다. 불을 지른 자는 응당 처벌해야 하지만, 의지할 데 없이 빈곤한 사람은 다르다. 사소한 일을 가지고 일일이 벌한다면 그들은 결국 말라서 죽어버릴 것이다.

도쿠가와 쓰나요시 시대 야나기사와 요시야스柳澤吉保(1658~1714)가 관할하는 영지 가와고에川越에 한 농민이 살았다. 너무 빈곤해서 가옥과 논밭을 모두 남에게 넘겨버린 사람이었다. 그는 생계를 유지할 길이 없어 4~5일 전에 이혼하여 처를 고향으로 돌아가게 한 뒤, 자신은 머리를 깎았다. '도입道入'이라는 법명으로 승려 행세를 하며 홀어머니를 모시고 마을을 떠나 이리저리 유랑했다. 그러다 노타니能谷인가, 고노스鴻巣인가 하는 곳 부근에서 어머니가 병상에 눕게 됐는데, 그는 어머니를 거기에 버려두고 에도로 갔다. 그 후 어머니 주변의 사람들이 사정을 듣고는 원래 살던 가와고에로 돌려보냈다. 하지만 이 일로 도입은 부모를 버린 죄인이 됐다. 당시 미노美濃의 영주였던 야나기사와는 가신으로 있던 유학자에게 "부모를 버린 자에게는 어떠한 형벌을 내려야 하는가? 일본과 중국의 선례를 찾아서 답변을 제출하라" 하고 명했다.

당시 나는 막 야나기사와의 가신이 됐을 때였다. 아직 신참이었다. 가신인 유학자 일동은 깊이 생각한 결과 이런 답변서를 올렸다.

"부모를 버린 형벌은 명나라 형법인 명률明律에도 나오지 않습니다. 고금의 서적에도 기록돼 있지 않습니다. 이 사람은 하층천민입니다. 그의 행동을 보면, 어머니를 모시고 걸식을 했습니다만, 어머니가 길에서 쓰러질 때까지는 부모를 버린 것이 아닙니다. 아내와는 4~5일 전에 이혼했습니다. 그리고 걸식을 할 정도가 됐어도 어머니를 모셨다는 것은 천민으로서 매우 기특한 일입니다. 아내와 함께 집에 있으면서 어머니를 다른 곳에 버렸다면 부모를 버린 죄에 해당하겠지만, 이 경우 부모를 버리려고 하는 마음이 없었기 때문에 그런 죄에는 해당하지 않습니다."

이에 미노의 영주는 이렇게 말했다.

"그의 처지가 어떠했든 차마 부모를 버릴 수 없는 마음이 있었던 것은 분명하다. 사정이 어찌 됐든 우선 쇼군께 보고를 올려 의견을 여쭙고 싶다."

당시 쇼군 쓰나요시는 주자학을 신앙으로 삼다시피 했다. 그는 인간 마음의 본성에는 도덕의 이理가 담겨 있다고 하는 성리학의 입장에서, 오직 마음 깊숙이에 있는 심정이나 동기를 문제로 삼았다.

한편 미노의 야나기사와 영주는 선종禪宗, 즉 불교 신자였다. 유학
자가 말하는 도덕 이론 따위에 그는 평생 별로 관심이 없었다. 그때
나의 견해는 이러했다.

"세상에 기근이라도 일어난다면 다른 영주의 땅에서도 도입과 같
은 자가 얼마든지 나올 것입니다. 부모를 버리는 것은 인간으로서
할 수 없는 행위이므로 어머니를 버린 도입에게 어떤 형태로든 형
벌을 내린다면 본보기로서 의미가 있을 것입니다. 다른 영주에게도
모범이 될 테지요. 하지만 그러한 자가 우리 영내에서 나왔다는 것
은 우선 해당 농촌을 다스리는 행정관리자의 책임입니다. 그리고 그
를 거느리는 고위직 관리의 책임도 있습니다. 또 그 위에도 책임자
가 있을 것입니다. 그들의 허물에 견준다면 도입이 범한 죄는 매우
가볍습니다."

가신들의 말석에 앉아 있던 나는 이런 생각을 서슴없이 말했다.
그러자 미노의 영주는 처음으로 "그래, 지당한 말이다"라고 했다. 그
리고 도입에게 어머니를 모실 비용으로 하루에 쌀 다섯 되를 지급
하도록 했다. 아울러 원래 살던 마을로 돌아가 거주하게 했다. 이 일
로 인해 미노의 영주인 야나기사와는 나를 쓸모 있는 자로 인정해
친하게 대했다.

나는 어릴 때 시골에서 13년 동안 살았다.[33] 가즈사에 살면서 여

---

33 오규 소라이는 원래 에도에서 태어나 자랐다. 그러나 14세 무렵 아버지가
도쿠가와 쓰나요시 쇼군의 분노를 사게 되어 칩거하게 됐다. 그의 가족은 어머

러 가지 어려움을 겪었고, 또 사람들이 살아가는 것을 보거나 듣거나 했다. 시골에서 자랐기 때문에 촌스럽고 투박하며 무례하기도 하여 보통 사람이라면 말할 수 없는 것도 영주에게 직언을 했다.

시골에서 살다 에도로 와보니, 에도의 풍습이 이전과는 크게 변했다는 것이 느껴졌다. 그러한 변화와 서적에 기록된 도리를 서로 비교해서 생각해보니 세상 돌아가는 물정을 조금은 알게 된 것 같다. 처음부터 에도에 계속 살았다면 무심코 지냈을 테니 전혀 변화를 느끼지 못했을지도 모른다. 풍습은 언제나 자연스럽게 변화해가는 것이기 때문이다. 그러니 계속해서 에도성 아래 거주해온, 높은 지위에 있거나 세습되는 봉록을 보장받은 사람이라면 어떤 변화도 잘 깨닫지 못하는 것이 당연하다. 또 그런 사람이 세상의 풍습에 대해 자유롭게 말할 수 없는 것은 어쩔 수 없는 일이라고 생각한다.

니의 고향인 에도의 변방 가즈사로 이사했고, 소라이는 그곳에서 청년 시절을 보냈다. 27세 무렵 아버지가 사면되면서 에도로 돌아왔다.

세습 하인

집안 대대로 세습되는 하인 또는 노비(후다이샤譜代者), 즉 세습 하인은 일본에도 중국에도 고대부터 있었던 존재인데, 보통 노비奴婢라고 한다. 무사 가문에 속한 노비를 당나라 때는 부곡部曲이라고 했다. 일본에서는 게닌家人 또는 이에노코家の子라고 했는데, 이들은 엄격히 따지면 세습 하인과는 다르다.

노비는 노비끼리 결혼하고 일반 평민과는 결혼할 수 없으나, 부곡은 평민과 결혼이 가능했다. 하지만 부곡도 주인집의 호적부에 등록돼 자손 대대로 주인집을 떠나 다른 곳으로 가는 것은 허락되지 않았다.

최근에는 계약직 노비나 하인이 많아졌다. 집안 대대로 세습되는 하인은 무가에서 완전히 사라져버렸다. 시골의 농가에서도 요즘은 많이 줄었다. 그 이유를 생각해보자. 사실 하인이 세습된다는 것은 아주 번거롭고 고달픈 일이다. 일단 주인집에서 태어나므로 어릴 때

부터 주인이 보살펴줘야 하고, 성인이 된 후에도 옷이나 음식을 제
공해야 하며, 또 일을 시키려면 처음부터 하나하나 지도해가면서 부
려야 하기 때문이다.

그런데 그 하인이 별로 도움이 되지 않는다면? 그래도 자기 가문
에 속한 자이므로 계속 데리고 있어야 한다. 그가 다른 곳으로 갈 일
은 없으며, 그렇다고 방치하여 내버려두기도 힘들다. 따라서 주인에
게 그런 하인은 처치 곤란한 존재일 뿐이다. 성격이 나빠서 분란을
일으킨다 해도 목을 쳐서 버리는 방법 외에는 달리 조치할 방도가
없다.

옛날처럼 무사가 영지에 함께 거주할 때는 의식주에 모두 여유가
있었다. 게다가 영지는 시골이기 때문에 나쁜 하인이라도 그대로 두
고 어떻게든지 일을 하게 만들기가 쉬웠다. 하지만 무사가 모두 에
도에 거주하게 된 지금은 사정이 다르다. 에도에는 여러 지방에서
온 사람이 서로 뒤섞여 살고 있다. 그렇기 때문에 주인으로서는 아
랫사람 사이에 분쟁이 일어나는 것을 꺼리는 마음이 앞선다.

계약직 하인은 1년 단위로 계약하기 때문에 마음에 들지 않아도
1년만 참고 넘기면 된다. 실제로 하인이 나쁜 짓을 한다면 보증인에
게 넘기면 끝이다. 더 이상 주인이 책임을 질 필요가 없다. 옷가지나
기타 여러 가지 일도 모두 하인 스스로 부담하기 때문에 신경 쓸 필
요가 없다. 또 계약직 하인을 쓰면 새로운 기분으로 사람을 부릴 수
있다. 게다가 그들은 세상일에 닳고 닳았기 때문에 외출에 동행하거
나 심부름을 시키면 요령이 좋아 도움이 된다. 그래서 모두 계약직

1부 정치의 편에요

085

하인을 선호하게 됐다.

결국 원래부터 데리고 있던 세습 하인은 극락왕생을 위해 은혜를 베푼다든지, 아니면 자비를 실천한다는 등의 명목으로 모두 내보내게 됐다. 지금은 무사 집안에 세습 노비, 즉 가문 대대로 내려오는 하인은 완전히 없어졌다. 여러 해 동안 바꾸지 않고 부리는 하인도, 사실은 보증인의 보증서를 받아둔 계약직 하인일 뿐 세습 하인이 아니다.

농촌에도 에도의 기풍이 전해져서 이제 농민은 귀찮은 일을 싫어한다. 산뜻한 것을 좋아하는 풍조가 유행해서 '세습 하인을 데리고 있는 것은 손해다' '계약직이 좋다'고 분명히 판단하는 사람이 많아졌다. 그래서 시골에서도 세습 하인은 줄어들고 있다.

사정이 이렇다 보니, 부자 농부라도 농지를 직접 경영하려면 많은 하인을 고용해야만 했다. 그러자면 그들에게 지급하는 비용이 늘어나기 때문에 대개는 농지를 소작으로 돌리고 자가 경영은 하지 않게 됐다. 그 결과 부농이 소작농에게 횡포를 저지르는 일도 일어나 땅 없는 농민의 삶은 열악해졌지만, 이제 와서 어쩔 수 없는 일이다.

무가의 하인이 온통 계약직으로 바뀌자, 그중 경박한 자는 상투를 위로 틀지 않고 옆머리에 매기 시작했다. 또 그런 꼴로 주인을 수행하는 하인도 나타나기 시작했다.

옛날에 영주는 공사 등을 벌일 때 일용직을 고용하지 않았다. 모두 자신의 가신이나 하인을 동원했다. 젊은 하인을 시켜서 기초 공사를 하고 경우에 따라서는 친척이나 지인의 하인을 빌려서 일을 진행했다. 그래서 비용이 들지 않았다. 영주는 자기 휘하의 하급 무사와 하인을, 나아가 자기가 거느린 무사의 하인까지 동원해 일을 시켰다.

막부가 토목공사를 할 때도 고위급 직속 무사(하타모토)가 소유한 하인을 인부로 차출했다. 지금처럼 일용직 노동자를 쓰는 일은 없었다고 들었다. 우리 할아버지 시대 그리고 아버지가 젊었을 때는 그랬다고 한다. 할아버지가 집을 지을 때는 호소카와 겐바노카미細川玄蕃頭[34](시모쓰케 모테기下野茂木 번주)와 아리마 사에몬노스케有馬左衛門佐(휴가 노베오카日向延岡 번주) 두 집안에서 하인을 빌렸다는 이야기를 어머니께 들었다.

이에 반해 최근 무가의 하인은 쌀을 찧는 일조차 하지 않게 됐다. 정미업자가 에도 거리에 나타나기 시작했는데, 이는 최근 20~30년 이래의 일로 그전에는 없었다. 한편 주인은 주인대로 계산적으로 변했다. 이즈伊豆의 수령 마쓰다이라松平가 하인의 식사를 엄격히 제한해 일정 분량만 제공하자, 다른 무가에서도 모두 그것을 따라했다. 결국 하인들은 급료를 삭감당한 것이나 마찬가지가 됐으며, 주인과 함께 외출할 때나 음식을 얻어 먹을 수 있었다. 그러다 보니 빈곤해진 하인들은 도박에 빠지거나 도망을 가기도 했다.

---

34 겐바노카미는 불사佛事를 담당하거나 외국 사절의 접대를 맡았던 관청인 겐바료玄蕃寮의 장관을 말한다.

부리던 하인이 갑자기 사라지면 일에 지장이 생기기 때문에 무가에서는 중개인을 통해 하인을 소개받는다. 그래서 결국 하인이 주인 집을 나가거나 들어가는 것이 자유로워지고 말았다. 나아가 하인의 행실이 점점 더 나빠지게 됐다.

계약직 하인의 계약이 끝나는 날은 매년 3월 5일이다. 그런데 하인들은 당연한 듯이 4일에는 주인집을 나간다. 그러면 하인을 장기 계약으로 고용하지 않은 집에서는 일상생활조차 불편한 상태가 된다. 결국 급하게 새 하인을 고용하는데, 이를 틈타 하인의 급료가 차츰 비싸지게 됐다.

40~50년 전에는 젊은 하인의 급료가 두 냥 정도, 경험이 적고 어린 하인은 세 푼에서 한 냥, 재봉을 할 줄 아는 여자 하인은 한 냥 정도, 보통 하녀는 한 푼 혹은 두 푼이었다. 그러던 것이 지금은 젊은 하인이 석 냥이나 넉 냥 이상, 어린 하인은 두 냥 2~3푼에서 석 냥, 재봉하는 하녀는 서너 냥, 그리고 보통 하녀는 두 냥 정도 혹은 그 이상도 받게 됐다.

하인의 급료뿐 아니라 물가까지 올라서 요즘 무가에서는 허드렛일을 하는 머슴조차 신분에 상응하는 수만큼 고용할 수 없게 됐다. 원래 무가에서는 군대와 관련된 세습 하인을 신분에 상응하는 수만큼 고용했다. 그러한 세습 하인을 부곡이라고 했는데, 부곡은 원래 군대 대오隊伍에 편제된 병사를 뜻하는 의미였다. 그런데 지금은 세습 하인은커녕 계약직 하인을 부리는 것조차 힘든 시대다. 그래서 무리해서라도 계약직 하인을 많이 고용해서 과시하는 것이 군대에 대한 관심, 즉 자기 본분에 대한 평소의 마음가짐을 보이는 것이라고 생각한다. 그러던 것이 어느 틈엔가 세상의 풍습이 됐다. 지금은 옛날 일을 아는 사람이 없기 때문에 그런 풍습으로 인해 여러 가지 오해가 생기고 있다.

요즘 군사학자가 가르치는 진법陣法, 즉 전쟁터에서 군대를 배치하는 방법을 보면 한 집안의 주인인 무사만을 1열로 나란히 세운 후 각각 창 한 자루를 쥐어주고 싸우게 한다. 그리고 하인은 그 후방에 배치하는데, 그것을 '일행(도세同勢)'이라고 부른다. 무사 50기騎로 하나의 진영을 구성한다고 해보자. 그 무사 중에는 200석의 영지를 가진 자도 있고, 300~400석 내지 1000석의 영지를 가진 자도 있다. 그런데 중요한 전투에 임해서는 모두 창 한 자루를 들고 도보로 종군하는 것이 된다. 그렇다면 처음부터 말을 가지지 않은 하급 보병 무사 50명을 고용해서 활용하는 것과 별 차이가 없다.(요컨대 군사학자들은 과거의 무사들이 부하들과 함께 포진하여 싸웠다는 사실을 모른다는 것이다 – 옮긴이)

결국 수백 석에 달하는 값비싼 영지를 무사에게 주고도 특별한 도움을 받지 못하는 것이 아닌가. 본래 군역에서 세습 하인은 주인과 함께 전투 대형의 포진에 참여하도록 돼 있다. 그런 전통은 잊혀지고 무가에는 세습 하인 대신 계약직 하인만 남게 됐다.

게다가 오사카 전투[35] 이후에는 전국의 영주를 에도로 불러들였

---

35 오사카 전투大坂の陣 혹은 大坂の役(1614~1615)는 도쿠가와 이에야스의

는데, 이때 영주와 함께 하인도 같이 들어왔다. 당시에는 막부 직속의 하급 무사, 즉 하타모토나 고케닌과 비교해 영주의 하인을 마타모노又者 혹은 바이신陪臣[36]이라고 부르며 제대로 된 무사 대우를 하지 않았다. 시간이 흐를수록 차별은 더 심해졌고, 하인들이 주인과 함께 포진하는 전통은 잊혀졌다.

군사학자가 이렇게 잘못된 진법을 가르치는 것은 옛날부터 그래 왔다고 생각하기 때문이다. 그런 자를 무도武道의 사범인 병법의 선생으로 둔 것을 반성해야 한다. 쇼군을 모시고 전장에 나갈 때 계약직 하인을 데리고 가면 하코네箱根 고개나 우스이碓氷 고개에 이를 즈음 모두 도망쳐버리고 만다. 이것이야말로 하인을 대대로 세습해야 한다는 사실을 분명히 보여주는 예다.

또 기마 무사의 경우 현재처럼 주인만을 기마대 인원수에 포함한다면, 전국의 총 봉록을 2000만 석으로 보고 1000석 전후의 하타모토까지를 1기로 계산하기 때문에 일본 전체의 총 기마 무사는 2만 기 정도가 된다. 옛날에는 일본의 총 군병이 33만 기라고 했다. 그 수치와 비교하면 10분의 1 이하다. 군사학자들은 '왜 이렇게 됐는가?' 하는 문제까지는 생각해보려 하지 않는다.

전쟁이 일어날 때는 그만두고라도 현재처럼 태평한 시절에도 계

에도 막부가 도요토미 히데요시 집안을 공격해 멸망시킨 전투다. 이 전투 이후 도쿠가와 막부는 명실상부한 최고 통치 기관으로 거듭났다.

36 '바이신'은 제후의 신하를 뜻한다. 이 가운데 직속 신하는 '지키신直臣'이라고 했다.

약직 하인만을 고용한다면 주인과 하인 사이에 정이나 소중히 여기는 마음은 생기지 않는다. 1년 계약이기 때문에 서로 길거리에서 오다가다 만난 타인과 같은 느낌을 갖게 된다. 혹시 곤란한 문제라도 생기면 주인은 보증인을 불러서 하인을 해고해버린다. 그러면 자신이 책임질 일이 없다고 생각한다. 하인도 마찬가지다. 에도 거리에서는 어디를 가든지 일할 곳이 있다고 생각한다. 이런 생각이 세상의 풍조가 되어 아래서 위로 전파되고 있다. 주인도 자신이 모시는 주군에게 충의를 다하고자 하는 마음이 차츰 사라진다. 모두 세상의 풍습에서 받은 영향이다.

무사 집안의 자녀가 성장하는 과정을 봐도 마찬가지다. 세습 하인의 돌봄 속에 자란 것과 계약직 하인의 손에서 자란 것은 완전히 다르다. 세습 하인은 조상 때부터 내려오는 주인 집안의 전통과 가풍을 체득하고 있다. 그 집에 오랫동안 살고 있으니 주인의 친척도 잘 안다. 또 하인 신분이라도 부끄러운 일이 무엇인지 가릴 줄 안다. 아울러 자기 자신도 주인의 은혜를 받고 자랐기에 주인의 아이를 키울 때 마음가짐부터 다르다. 하지만 계약직 하인은 그렇지 않다. 단지 생활하기 위해서 당분간 고용돼 일하는 것뿐이다. 요즘 무사의 인품이 점점 나빠지는 것은 이렇듯 계약직 하인의 손에서 자란 경우가 흔해진 때문이 아닌가 싶다.

원래 무사가 영주의 영지에 거주할 때 무가에 고용된 하인들은 농민에 가까운 사람이었다. 그들은 촌스럽고 버릇없기는 했지만 매우 성실했다. 하지만 지금 에도에서 고용되는 하인들은 한 주인집에 정착하려는 마음이 없기 때문에 무슨 일이든 대충대충 하다 중도에 그만둬버린다. 건장한 자는 젊었을 때 여기저기 일을 찾아다니며 떠돌아다니고, 나이가 들면 초소의 경비를 맡다가 결국은 거지가 되어 방화나 도둑질을 일삼는다. 그중 몇몇 순박한 자도 있으나, 그들도 에도에서 오래 사는 동안 농사일에서 멀어져 차츰 시골의 보리밥이나 잡곡밥을 싫어하게 됐다. 게다가 하인 생활을 하며 우연히 만난 이성과 부부의 연을 맺게 되기라도 하면 하인 일을 그만두고 에도 시가지에 살면서 보테후리(행상)로 일생을 보내게 된다.

에도에서 무사는 이런 서민과 어울려 살게 되는데, 게다가 부모 노릇을 하면서 보살펴주거나 친척처럼 드나들며 친해진 하인들이 모두 이런 유이기 때문에 무가의 자녀가 자라면서 서민과 같은 사고방식을 갖게 되는 것은 당연한 일이다.

그러므로 세습 하인이 없어지고 모두 계약직 하인만 남은 것은 무사도가 쇠퇴하는 이유이기도 하다. 결국 그런 상황은 무사에게 매우 좋지 않다는 걸 깨달아야 한다. 이러한 사정을 잘 이해한다면 앞으로 무가에 세습 하인이 늘어나도록 유도해 나갈 필요가 있다. 그 방법은 앞서 설명한 대로 호적제도를 확립하는 것이다.

농촌에 사는 자가 에도에 머무는 것을 막고, 에도에 사는 자가 다른 지방으로 이주하는 것을 허용하지 말아야 한다. 무가의 하인 가운데 아내가 있는 자나 주인집에서 태어나 자란 자는 영구히 그 주인집을 떠나서는 안 되며, 그 집의 호적부에 등록해야 한다. 이에 더해 신원 보증인 없이 그 주인집에서 세습하는 자라고 못 박아야 한다.

만약 주인이 녹봉이 적은 하급 무사라 세습 하인의 식솔 전부를 거느리기가 곤란하다면 어떻게 할 것인가? 그때는 세습 하인의 자녀를 계약직 하인으로 다른 집에 보내거나 하인 업무 외에 다른 일을 시키면 될 것이다. 만약 문제가 생긴다면 주인이 알아서 적당히 판단하면 된다.

한편 영주는 세습 하인을 많이 데리고 있는 무사에게는 군역의 준비 상태가 훌륭하다고 인정해줄 필요가 있다. 반대로 세습 하인을 거느리지 않은 무사라면 군역의 준비 상태가 부족하다고 비판해야 한다. 또 하인이 죄를 저질러 주인이 그를 참살하려 할 때 그가 세습 하인이라면 진정한 주종관계로 인정해 무조건 주인의 조치를 용인해야 한다. 하지만 계약직 하인이라면 주인의 조치가 타당한지 아닌지 조사해야 한다. 일상의 복장도 세습 하인은 전통 바지인 하카마袴를 입게 하고, 계약직 하인은 칼만 지참하게 해야 한다. 이렇게 구분을 해둔다면 무가의 풍속도 점차 새롭게 바뀌게 될 것이다.

궁극적으로 무사는 영지에 거주해야 한다. 영지가 아니라 에도에서 살게 되면 지출이 늘어나므로 세습 하인을 많이 고용하기 힘들다. 센다이번이나 스와번諏訪藩 혹은 에치고越後 등에서는 300~400석을 받는 무사가 세습 하인을 30~40명씩 거느린다고 한다. 그들은 주인의 짚신을 들고 따라다니기도 하고, 등불을 들고 수행하기도 한다. 무사라고 하는 것은 전쟁터에서 살아가는 이들로 짚신이든 햇불이든 필요하면 들고 다니는 것이 당연한 일이다. 그런데 지금은 정해진 일만 하는 좋지 않은 풍습이 번져 옛날의 풍모가 완전히 사라져버렸다.

이와 관련해 무가의 하인에게 급료를 화폐로 지급해서는 안 된다. 무사는 쌀의 가치로 영지領地를 받으므로 하인의 급료 역시 쌀로 지급해야 한다. 영지의 쌀을 팔아서 돈을 마련하는 무사가 하인의 급료까지 돈으로 지급하면, 특히 쌀값이 쌀 때 매우 고통스러운 상황에 처하게 된다. 한동안 이 점을 인지하지 못하는 바람에 매우 곤란한 지경에 처한 영주도 있었다. 현재 영지를 소유한 영주는 하급 무사나 하인까지 모두 쌀로 봉록을 지급한다. 궁정귀족(고케公家)을 모시는 무사를 '3석의 무사'라고 하는 것도 그들이 3석의 봉록을 받았기 때문이다. 옛 풍습이 담긴 이름이다.

또 무가의 주인이 어떤 이유로 감봉돼 신분이 낮아졌을 경우 그 집의 세습 하인은 어떻게 할 것인가? 많은 하인을 두고 있었다면 앞으로 그들을 부양할 수 없으니 곤란한 상황에 처할 것이다. '노비는 재산과 같다'라는 옛말이 있다. 즉 세습 하인은 그 집안이 소유한 재산이기에 매매해 처분하는 것이 옛 법이다. 주인이 소속된 조직의 우두머리에게 신청서를 제출한 후 하인을 다른 사람에게 팔고 호적부의 내용을 변경하면 된다.

무사의 생활 방식을
바꿔야 한다

각 지방을 관리하는 방법에 대해서는 대략 앞에서 설명한 것으로 충분하다. 하지만 궁극적으로 무사를 영지에 속박해두지 않으면 완전한 관리는 불가능하다. 관리하는 정도가 아니라, 무사의 도를 다시 일으키고, 세상의 허황된 사치를 억누르며, 무가의 빈궁을 구제하기 위해서는 그 방법 외에는 절대로 없을 것이다.

먼저 생각해볼 문제는 에도에 모여 사는 무사들의 생활 방식이다. 그들의 생활은 여행자와 같다. 가신은 영주의 성안에 사는 것을 에도와 비교해 '재소在所'라고 부르는데, 이 역시 자신의 영지에서 생활하는 것이 아니기에 여행자와 같은 생활이다. 왜냐하면 의식주를 비롯해 젓가락 하나라도 필요한 물건은 모두 사두지 않으면 생활할 수 없기 때문이다. 그래서 그런 삶을 여행자와 같은 생활, 달리말해 여관 생활이라고 하는 것이다.

에도에 사는 무사는 1년치 급료로 영지에서 받은 쌀을 전부 팔아서 그 돈으로 필요한 물건을 사두고 한 해 동안 사용한다. 그러므로 무사가 정성을 다해 주군에게 봉사하는 것은 결국 모두 에도 상인의 이익이 되고 말 뿐이다. 이 때문에 에도 상인은 더욱 번창해지고 세상은 더욱 궁핍해진다. 물건 값은 점차 비싸지고 무사의 빈곤함은 지금에 이르러 이미 어떻게 할 수 없을 정도로 심각해지고 말았다.

많은 사람들이 에도성 아래 모여 살기 때문에 화재도 빈번하게 일어난다. 가족과 함께 거주하는 무사들은 아내와 아이가 걱정되고, 가재도구나 귀중품이 신경 쓰여 불을 끄는 데 전념하기 힘들다. 게다가 에도 사람의 풍습이나 유흥가[37]의 풍습이 무사에게도 전염돼 무예나 학문을 가까이하기도 쉽지 않다. 여러모로 에도는 풍습이 나쁘며 오락이 많은 곳이다.

또 서로 항상 지나치며 보아서 낯이 익기 때문에 막부에 들어간 무사라도 처음부터 상대를 가벼이 여기고 윗사람을 무서워하는 마음이 엹다. 예의범절이 바른 무사는 마음이 연약해져서 마치 궁중귀족이나 높은 지위를 가진 자의 부인처럼 변하고, 예의에 구애받지 않는 무사는 부끄러움도 모르고 제멋대로 날뛰는 시정잡배처럼 된다. 이것도 세상의 풍습에서 영향을 받은 결과다.

한편 농촌 관리도 매우 나빠졌다. 옛날에는 농촌 여기저기에 무사가 아주 많이 살았다. 그래서 농촌 사람 누구라도 제멋대로 행동

---

37 원문은 '게이세이마치傾城町나 야로마치野郎町'다. 게이세이마치는 유흥가나 유곽을 말하며, 야로마치는 남창이 많은 곳이다.

할 수 없었다. 하지만 최근 100년간 영주가 영지에서 살지 않게 되는 바람에 관리하는 사람이 없어지자 백성은 모두 제멋대로 움직이게 됐다.

막부 직속 무사(하타모토)가 신분이 낮을 경우 에도에 거주하면서 영지를 다스린다는 것은 불가능한 일이다. 대리인(다이칸代官)을 파견하더라도 신분이 낮은 젊은 가신(게라이家來)이기 때문에 어떠한 도움도 되지 않는다. 그 결과 저절로 하타모토의 개인 영지까지도 막부에서 다스리게 됐다. 결국 농민은 차츰 영주를 가벼이 여기게 됐다.

그리고 살인 사건 등이 일어나면 우선 에도에 보고해야 하고, 그 후 에도에서 조사하러 나가거나 하기 때문에 시일이 걸려 결국 사건의 진상을 알지 못하게 되는 경우가 많다. 그리고 도둑 등을 체포하더라도 에도까지 호송해오려면 많은 비용이 든다. 나아가 에도에서는 심판 수속이 아주 복잡하고 번잡스럽기 때문에 그에 따른 비용도 만만찮다.

게다가 농번기에는 범죄자를 체포했다가도 곧 풀어주고는 에도에 보고하지 않는 일도 있다. 도박 등에 대한 금지령이 내려졌다 해도 마찬가지 이유로, 혹은 보복을 두려워해서 알고도 고발하지 않는다. 범인을 잡는 하급 관리인 메아카시目明し 등이 농촌에 가서 나쁜 일을 저질러도 같은 이유로 농민은 그들을 고발하지 않는다. 막부의 행정이나 통치력은 에도만으로 한정돼 있는데, 이것은 모두 농촌에서 무사가 살지 않기 때문이다.

또 가즈사 지방에는 일련종日連宗의 일파인 신몬도新門徒[38]가 있었는데, 그 원조는 도요토미 히데요리豊臣秀頼가 존경하여 귀의한 승려로, 그는 가즈사에서 오사카로 올라와 히데요리의 상담자 역할을 했다. 그는 도쿠가와 가문을 주술로 제어하려 했기 때문에 결국 사형에 처해지고 말았다. 그가 오사카에서 자금을 모으기 위해 가즈사의 농민에게 '상인上人'[39]이라는 호칭을 허락하고 밀교의 만다라를 나누어주었는데, 그것을 속세 사람이 받아서 전함으로써 점차 널리 퍼졌다. 그 집단 사람을 신몬도라고 했다.

신몬도 신도는 단나데라檀那寺[40]에 소속돼 있지만, 소속 사찰의 교리와 신앙을 따르지는 않았다. 사람이 죽으면 단나데라에서 장례를 치르고 그 뒤에 부싯돌을 쳐서 부정을 없앤 다음, 자기 일파에 속한 세속인인 상인의 주도로 다시 장례식을 하고 시신을 화장했다. 그리고 돈을 주고 사람을 속여서 자기 종파로 끌어들이는 것이 마치 기리시탄[41]과 같았다. 단나데라에는 그저 1년에 일정한 분량의 쌀을 보낼 뿐, 아무도 출입하지 않았다.

---

38 일련종의 불수불시파不受不施派의 한 파로, 활동이 금지됐다. 신자 200여 명이 단나데라에 참배하지 않고 공양을 거부하다 1718년 사찰의 고발로 처벌된 일이 있었다.

39 일본에서 승려를 높이는 칭호로 사용된다.

40 가족의 위패를 모신 사찰.

41 그리스도교 교인이라는 뜻. 포르투갈어 '크리스탕christão'을 음차한 말이다. 처음에는 吉利支丹キリシタン이라고 썼다. 이후 鬼理死丹キリシタン, 切死丹キリシタン 등으로도 썼다.

사찰에서도 불량한 스님은 신몬도 사람이 이단을 저지르는 걸 알면서도 모르는 척하면서 근무하는 경우가 늘고 있다. 그런 분위기가 처음에는 한두 마을에 불과했으나, 요즘은 아주 널리 퍼져서 10여 개의 마을이 그렇다.

그럼에도 '나와는 관계없다'고 생각해 이런 일이 벌어져도 고발하는 자가 없다. 농촌에는 이런 일이 더 많을 것이다. 농민은 경비가 소요되는 것을 싫어하고 또 에도의 관청을 두려워해 고발을 하지 않는데, 농촌에서는 보통 있는 일이다. 그 결과 어떤 일도 에도에는 알려지지 않는다. 우선 당장은 아무 일도 일어나지 않는다 해도, 만약 기근이 계속되기라도 한다면 농촌에는 도둑이나 강도가 창궐하게 될 것이다.

말 도둑도 문제인데, 이 도둑은 말을 훔쳐서 먼 곳까지 그 말을 타고 나간다. 이틀 정도 줄곧 달려가 그곳에서 말을 판다. 말은 다시 차례차례 다른 사람에게 팔리기 때문에 결국 말의 행적은 알 수 없게 돼버린다. 도적이나 도박하는 사람은 먼 곳에도 동료가 있다. 동료라고는 하지만 얼굴을 모르는 사람끼리의 강도 집단에 가깝다. 강도 역시 먼 곳으로 이동하기 때문에 비슷한 부류를 형성한다.

강도 이야기를 하니 내가 시골에 살 때 일이 생각난다. 요코가와橫川 마을에 시로 자에몬四郎左衛門이라는 강도 두목이 있었다. 그는 나이가 들자 강도짓을 그만두고 염불에 열중하는 생활을 했다. 그에게서 상세한 이야기를 들었는데, 농민 가운데서도 자산이 있는 자는 강도들과 친밀하게 지냈다고 한다. 그들이 마치 경호원처럼 돌봐주기 때문에 그 근처에 사는 사람은 강도가 있다는 사실을 알더라도 고발하지 않았다.

그래도 나카야마 가게유 때부터는 농촌에서도 강도 같은 악당은 없어졌다. 이것이 모두 나카야마 한 사람이 만들어낸 상황은 아니다. 사람들이 단지 그의 강압적인 방침을 두려워했기 때문이다. 막부가 그런 강경한 사람을 단속 책임자로 임명하자 영주도 엄격한 조치를 취했고, 덕분에 멀리 떨어진 시골에서도 도적이나 강도가 사라진 것이다.

하지만 최근 도박꾼이 많아졌다고 들었다. 옛날부터 난세가 벌어지는 역사를 돌아보면 시간이 흐름에 따라 어떤 일이 일어날지 누구도 예측할 수 없다. 결과적으로 되짚어보면 무사가 농촌에 거주하지 않는 바람에 관동팔주가 텅 빈 지역처럼 돼버렸고, 거기서 출현한 악인들이 수도에서 멀리 떨어진 지방까지 세력을 뻗쳐 활동하는 것이다.

무사가 농촌에 거주한다면 우선 의식주 경비가 들지 않는다. 그러니 무사의 살림살이는 회복될 것이다. 모든 사치는 가정 내부에서 시작되는 법이다. 에도에 계속 살면 무사의 아내는 차츰 사치에 물들어 일하지 않게 된다. 그 결과 병이 들어 그녀의 배에서 나온 아이도 약해진다. 결국 그녀는 쓸모없는 사람이 된다. 그녀가 만약 농촌에 거주한다면 스스로 옷을 짜거나 다른 노동을 할 것이고, 사치도 심하지 않을 것이다. 따라서 신체는 건강해지고 무사의 부인다운 여성이 될 것이다.

무사도 넓은 들을 여기저기 말을 타고 다녀야 하므로 손발이 튼튼해질 것이다. 친척이나 지인의 집에 볼일이 있다면 5리든 10리든 가야 하는데, 그 길을 항상 왕래하기 때문에 말 타는 일도 자연스레 능숙해질 것이다.

말에게 먹일 사료도 구하기 쉽기 때문에 200~300석의 무사라도 말을 다섯 필이든, 열 필이든 마음먹기에 따라 잘 키울 수 있다. 이런 일은 농촌에 있어야 가능하다. 또 평소 여가 시간이 많고 에도와 달리 즐길 만한 다른 일이 없기 때문에 무예나 학문을 공부하기에도 정말 좋은 환경이 될 것이다.

농촌에 살면 가신에게도 좋다. 가신에게 논밭을 5석이나 10석씩 배분해줄 경우 그 수확물은 전부 가신의 것이 된다. 그러니 5석이라도 지금의 10석 영지에서 연공年貢을 받는 금액 정도의 수입이 된다. 10석은 20석에 준하는 수입이 된다. 그런데 농촌은 살기가 편해서 실제로 5석은 20석의 영지, 10석은 40석에 가까울 것이다. 그렇게 된다면 무사와 가신 모두 풍요로워지고, 게다가 무사는 아주 많은 하인을 고용할 수 있으므로 군역도 어렵지 않게 준비할 수 있다.

내 외할아버지에 해당하는 고지마 스케자에몬兒島助左衛門[42]의 아버지인지 할아버지인지 하는 사람은 200석의 봉록을 받았는데, 미카와三河 지방의 영지에 거주했다. 그런데 그분이 오사카 전투에

---

42 에도 막부의 고위급 직속 무사(하타모토)였는데, 1684년경 아들의 살인 사건에 연좌돼 가족과 함께 유배됐다.

출전했을 때는 가신 일고여덟 명에 말을 두 필이나 몰고 나갔다고 한다. 증조모가 그렇게 말씀하셨다. 증조모는 막부의 경호대장(오반가시라大番頭)인 도리이 규베鳥井久兵衛의 딸로, 규베의 영지인 가즈사에서 태어났다. 그러나 미카와로 시집을 가서 오랫동안 생활했기 때문에 나중에도 미카와 말을 썼다.

스케자에몬은 조쿄貞享 연간(1684~1688) 당시 쇼군 도쿠가와 쓰나요시의 처벌을 받고 유배됐다. 그 후 그의 가계는 단절돼 미카와의 영지도 막부에 반납됐다. 그래도 아직 고지마 가문의 일족이 근무를 하러 에도에서 교토 부근으로 갈 때는 그 지방 농민이 오카자키岡崎까지 나와서 옛 영주를 알현하는 풍습이 있다. 이렇게 무사가 지방의 영지에 살고 있으면 백성은 어려서부터 주인을 존경하는 마음이 뼛속까지 스며들게 된다. 따라서 영지를 다스리기가 쉬워진다. 또 그런 농민을 군역으로 데리고 가면 전쟁터에서 도망치지 않고, 오히려 주인이 공을 세우는 데 큰 도움이 되기도 한다고 들었다.

게다가 무사는 논밭의 생김새나 치수 공사에 대해서도 듣거나 보거나 하여 잘 알게 된다. 그러므로 농사일을 담당하는 대관에 임명될 경우 지금처럼 에도에서만 성장한 관리가 자신의 업무를 대리인에게 맡겨버리는 것과는 아주 큰 차이가 생기게 된다.

한편 에도성 근무는 1개월이나 100일마다 교대하면 될 것이다. 당번 기간일 때 성안 근무는 하루 혹은 3일에 한 번 정도 교대로 출근하면 된다. 부담이 큰 것 같아도 에도에 나갔다가 들어오는 여행자와 같은 생활이라고 여기면 충분히 가능하다. 에도를 왕래하는 여

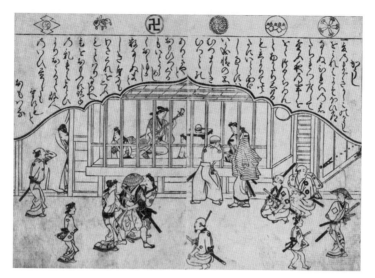

에도에 머무르는 무사들(히시카와 모로노부, 풍속화집《吉原恋之道引》의 삽화, 1678).
전국시대의 혼란이 정리되면서 무사 계급은 에도에 모여 살며 점차 사대부화되었다.
소라이는 경제적 빈곤과 무질서를 해결하기 위해 무엇보다 무사들이 에도에서의 객지
생활을 접고 각자의 영지로 돌아가야 한다고 봤다.

행은 습관이 돼서 익숙해질 것이다. 에도에 머물 때는 가족과 함께
사는 것이 아니기 때문에 화재나 그 밖의 예측하지 못한 일이 발생
해도 거치적거리는 사람이 없어 잘 대처할 수 있다.

현재 무사는 농촌에 거주하지 않는다. 그래서 무사가 연고 없는
농촌에 가게 되면 제멋대로 일을 처리할 위험이 있다. 이를 방지하
기 위해 무사는 에도에서 5리 이상 바깥으로 나가면 안 된다는 규정
이 있다. 하지만 농촌에 영주가 거주한다면 주인이 있는 곳이기 때

문에 멋대로 행동할 수 없을 것이다.

무사가 농촌에 거주하면 물고기를 잡거나 사슴을 사냥하기 위해 산과 들과 강을 달리고 건널 것이다. 그러다 보면 자연스럽게 영지 내의 지리에 익숙해진다. 험난한 산길도 습관처럼 수월하게 오갈 테니 무슨 일을 하더라도 유능한 무사가 될 것이다.

그러나 현재 무사는 에도에 살고 영지는 먼 지방에 있어 농민과 친숙하지도 않고 은혜와 의리로 관계 맺는 일도 없다. 무사는 농민을 단지 연공만을 취하는 대상으로 생각하고, 농민은 반대로 무사를 연공을 바치는 대상이라고 생각할 뿐이다. 이 때문에 양자는 단지 '연공을 잘 받자' '연공을 빼앗기지 말자'라는 마음만으로 가득하다. 그래서 연공을 받아내기 위해 농민에게 못할 짓까지 하는 무사도 있다.

하지만 평소 가까운 곳에서 자주 보고 들으면 농민을 불쌍히 여기는 마음이 자연히 생긴다. 그래서 그런 심한 짓은 하지 못한다. 이것이 인정이다. 무사를 영지에 머물게 한다면 이러한 이점이 있다.

그럼 어떻게 하면 될지 그 방법을 찾아보자. 대개 사방 2리 혹은 3리의 토지를 하나의 영지로 조직해서 영주 한 사람 한 사람에게 배분한다. 그리고 3000~4000석 정도로 녹봉이 많은 자 가운데 우두머리가 될 만한 서너 명을 선택해 그 지역에서 영지를 제공한다. 그중 우선 능력이 있는 자를 우두머리로 임명한다.

또 직속 무사의 영지(하타모토령旗本領)와 막부의 직할령直轄領을 미리 섞어서 배치해두고, 직할령 통치도 앞서 뽑은 우두머리에게 위임한다. 나아가 그 영지에 속한 사람을 관리하거나 직할령에서 소출되는 연공 혹은 경미한 사건에 대한 재판 등은 그 지역에서 처리하도록 한다. 또 하천 치수 공사 등의 업무도 그 우두머리가 책임지고 실시하게 한다. 이렇게 한다면 자연스럽게 농촌이 관리되고 막부의 정치도 아래에까지 잘 전달될 것이다.

현재는 녹봉이 적은 자가 대리인(다이칸, 대관代官)에 임명되는데, 그 대리인이 자신은 에도에 있으면서 다시 대리인(데다이手代)을 선임해 농촌에 파견하는 상황이다. 그래서 좋지 않은 일이 자꾸 일어난다. 대리인의 대리인은 신분이 너무 낮아서 재판 권한도 없고 군사적 실력도 빈약해 도적을 진압하는 일조차 불가능하다. 게다가 막부 직할령, 직속 무사의 영지, 사찰령 등 지배 계통에 따라 각기 미리 양해를 얻어야 하기 때문에 치수 공사 등을 벌이기에도 매우 불편하다.

또 앞서 소개한 영지의 거주자 중 에도에서 근무하도록 임명받은 자가 있다면 가족과 함께 에도에 상주시킨다. 하지만 임기가 끝난 뒤에는 다시 영지로 돌아가 그곳의 일원으로 살게 한다.

의사도 마찬가지다. 영지에서 거주하는 것이 좋다. 에도에서는 치료에 능숙해질 수가 없다. 우선 생활비 부담이 크기 때문에 무리하게 많은 병자를 보게 된다. 따라서 한 사람 한 사람 정성을 다해 치료하기가 불가능하다.

게다가 에도에 머물면 권문세가에 출입하거나 의복을 꾸미는 등 허세가 많아지기 쉽다. 또 에도는 의사가 많은 곳이어서 치료받던 병자가 약에 중독되는가 싶으면 놀라서 금방 다른 의사에게로 간다. 그래서 의사는 무난한 약만을 조합해 사용한다. 중독을 무릅쓰고라도 병을 치료해보려고 시도하지 않는 것이다.

치료하기 어려운 환자는 적당한 시기에 다른 의사에게 보내서 자신의 평판이 손상되지 않게 수완을 부리는 의사도 적잖다. 환자를 끝까지 보살피는 일은 없다. 그러니 에도에서 훌륭한 의사가 나오는 일은 결코 있을 수 없다. 학문이나 기술도 마찬가지다. 특히 무사는 땅 위에서 활동하는 사람이므로 농촌에 거주하지 않으면 그의 무예는 퇴보해버리고 말 것이다.

지금 세상에서 농민을 제외하고는 무사에게도, 상인에게도 고향이 없다. 그들은 하늘에 떠다니는 구름 같은 생활을 한다. 참으로 슬픈 일이다.

영주의 가신에게도 각각 영지를 제공해 그곳에 거주하도록 하는 것이 좋다. 하지만 지금은 그렇게 하기에 좋지 않은 상황이다. 원래는 그들도 모두 영지에 거주했다. 하지만 도요토미 히데요시豊臣秀吉 때부터 영주를 다른 지역으로 이사 보내는 전봉轉封이 시작됐다. 전봉을 추진할 당시 영지 이전에 불편하다는 이유로 가신을 모두 각 영주의 성 아래 마을에 모여 살게 했는데, 그것이 풍습이 되어 지금은 모두 그렇게 한다. 이는 전국의 혼란이 막 진정되는 시기에 막부가 영주의 세력을 약화하기 위해 생각해낸 전략의 하나였다.

하지만 그 결과 무사 수가 감소했다. 무가 정치에서 무사 수가 줄어든다는 것은 근본을 흔드는 일이다. 시마바라島原·아마쿠사天草

반란 때 아주 작은 성에 모여 농성하는 농민을 진압하기 위해 수가 많은 서쪽 지방의 영주들이 전력을 다해 공격한 일이 있다. 그렇게 하지 않으면 진압이 불가능했다. 즉 이미 그때부터 무사 수가 줄고 있었다는 이야기다.

지금은 방계 출신 영주(도자마 다이묘外樣大名)[43]가 전봉하는 일은 없어졌다. 세습 영주(후다이 다이묘譜代大名)[44]만 전봉을 추진한다. 이는 불공평하고 좋지 않은 일이다. 전봉에 드는 경비는 대략 10년에 걸쳐 재정에 부담을 남긴다고 한다. 옛부터 그런 말이 전해올 정도로 힘든 일이라는 것이다. 그래서 옛날에는 전봉을 할 때면 반드시 해당 영주의 봉록을 올려주었다. 그 뒤에 금까지 하사했다.

최근에 와서 그렇게 하지 않는 것은 막부의 재정 상태가 좋지 않기 때문일 것이다. 방계 출신 영주는 봐주고, 도쿠가와 집안을 대대로 받들어온 세습 영주만 전봉으로 고통스럽게 만드는 것은 무슨 이유인가? 이해가 되지 않는다.

세습 영주가 고위 관리인 로주老中[45]에 임명되면 그의 영지를 관동팔주 내로 옮기게 했다. 하지만 이는 의미가 없는 일이다. 또 히메지姫路, 효고兵庫, 요도淀, 고리야마郡山 등지는 중요한 요새가 된다 하여 그 지역 영주가 어린 나이면 그를 다른 지역으로 보냈다.

---

43 세키가하라 전투 이후 도쿠가와 가문을 섬기는 영주.
44 대대로 도쿠가와 가문을 모시는 집안의 영주.
45 막부의 정치를 총괄하는 고위 관리. 정원은 네다섯 명인데, 한 달 주기로 근무를 교대한다. 3만 석 이상의 세습 영주 중에서 뽑았다.

그러나 이것도 옛 정책의 형태만을 굳게 지키는 것으로, 무의미한 일이다.

나이 어린 영주라도 가신이 잘 보좌해서 군비를 소홀히 하지 않는다면 굳이 전봉할 필요가 없다. 거꾸로 나이가 찼다 해도 군비를 준비하는 마음이 없다면 어떠한 도움도 되지 않는다. 다 자라서 성인이 된 영주라 해도 심신이 연약하고 아랫사람의 상황 파악에 우둔하다면 나어린 자와 다름없다.

그리고 세습 영주와 방계 영주를 구별하는 것에도 문제가 있다. 이름만 다르지, 실제로는 같은 영주일 뿐이다. 막부 성립 당시 방계 영주는 도쿠가와 가문이 적대시한 이들의 자손이었다. 그러므로 신경을 쓴 것이 당연하다. 반대로 세습 영주는 도쿠가와 가문을 위해 대대로 무공을 쌓은 이들의 자손이기 때문에 분명히 그때는 구별을 두었을 것이다. 하지만 지금과 그때는 다르다. 지금은 방계건 세습이건 영주는 누구라도 서로 친척 관계로 연결돼 있다. 그리고 그들은 모두 에도에서 자랐으며, 에도를 고향으로 생각한다.

그래도 전체적으로 보면 방계 영주 쪽이 좀 더 고상하고 깊이가 있다고 생각된다. 그것은 그들의 가문이 오래전 풍속을 그대로 유지한 채 전해 내려오기 때문인데, 이는 그들이 전봉을 하지 않아도 됐기에 가능한 일이다. 그러므로 처분하기 위해서 전봉을 하는 것은 별도로 하더라도, 앞으로는 영지 이전 제도를 폐지하고 영주 밑의 무사에게도 영지를 주어서 그들로 하여금 그곳에 거주하도록 해야 한다. 그러면 전쟁에 동원할 병사도 옛날처럼 많아질 것이고, 고대

로부터 내려오는 무사의 용맹스러운 기풍도 되살아날 것이다. 이것
은 진실로 중요한 일이다.

해상교통 관리

그 밖에도 해로海路, 즉 해상교통을 관리해야 하는 문제가 있다. 이에 대해서는 내가 잘 모르기 때문에 상세하게 소개할 수 없다.

우선 중국은 법으로 배의 구조, 즉 크고 작고 길고 짧은 기준을 정해 각 크기의 배를 얼마나 갖출 것인지를 규정한다. 또 화물 규정도 있다. 배가 기항하는 장소에는 수역水驛(항만조사국)을 두는데, 여기에서 검사를 한다. 또 해안 여기저기에는 순검국巡檢局을 설치해 해적을 체포하거나 비상시에 대비한 조치를 취하기도 한다.

무사가 자기 영지에 거주한다면 이러한 해상교통도 잘 관리될 것이다. 현재는 낮은 신분의 대리인(데다이) 등이 각지에서 배를 관리한다. 그래서 사익을 위해 법을 왜곡하는 일이 많다. 배는 천리를 항해하는 물건이다. 게다가 일본은 바다의 나라이니 배를 무엇보다도 잘 관리해야 한다. 해상교통을 이용하면 사쓰마薩摩에서 이즈반도 남단까지 이틀 만에 올 수 있다고 하는데, 이것은 엄중한 비밀로 취급된다.

2

· 무가의 미곡 저장

· 예법제도

· 금전의 대차거래

· 금은화의 수량 감소

· 금은화의 수량 감소

· 물가 문제

· 무사의 빈곤을 구제하는 방법

· 영주의 빈곤을 구제하는 방법

· 막부의 재정

· 예법제도가 없다

· 조급한 경향의 풍습을 바꿔야 한다

· 경제정책의 중요성

경 제 에   관 하 여

경제정책의
중요성

태평한 시대가 오래 계속되면 윗사람이건 아랫사람이건 모두가 점차 곤궁에 빠지게 된다. 그 때문에 국가의 질서가 혼란해져 결국 전란이 발생한다. 일본이든 중국이든 그리고 옛날이나 지금이나 평화로운 시대에서 난세로 이행하는 원인은 모두 생활의 궁핍에 있다. 이는 역사를 돌아볼 때 분명하다.

그러므로 국가나 천하를 다스리기 위해서는 우선 경제를 풍요롭게 만드는 것이 근본이다. 관중은 "입는 것과 먹는 것이 만족스러우면 영광과 굴욕을 알 수 있다"라고 했고《사기》〈관안열전〉), 공자는 "백성을 풍족하게 하고 나서 그 다음에 가르친다"라고 했다《논어》〈자로〉). 생활이 곤궁해서 먹고 입는 것이 힘들면 예의를 차리고자 하는 마음이 사라진다. 민중이 예의를 버리게 되면 좋지 않은 일이 발생하고, 결국 국가가 혼란스러워진다. 이것은 자연의 이치다.

아무리 법률을 엄격하게 정하고 권위를 내세워 명령을 내려도 빈곤한 생활이 계속되면 결국 일할 힘이 남지 않을 때가 온다. 그러면 위법이더라도 못 본 척 지나칠 수밖에 없는 일도 생기게 마련이다. 그렇다고 계속 눈감고 지나가다 보면 그런 풍조가 만연해져서 결국은 법률이 흐트러지고, 누구도 법을 지키지 않게 된다. 법률은 질서를 유지하기 위한 기본이므로 법을 지키지 않는 사람이 많아진다면 국가는 곧 혼란에 빠지게 될 것이다.

하지만 법률의 권위 상실을 우려해 일할 힘이 없는 사람에게까지 강제로 일을 시키는 방침을 고수한다면 불행한 결과를 낳을 뿐이다. 이것은 무리한 정치이고, 비난받아 마땅하다. 이 역시 국가적 혼란을 초래하는 원인이 된다.

말하자면 곤궁이 모든 것의 원인이다. 나라가 빈곤해지는 것은 병자의 체력이 다하는 것과 마찬가지다. 체력이 다하면 죽는다. 그러나 체력이 좋으면 큰 병에 걸려도 치료가 가능하기 때문에 훌륭한 의사는 반드시 환자의 체력 보강에 주의를 기울인다. 좋은 정치가는 고대 이래 국가가 빈곤해지지 않게 노력해왔다. 백성을 풍요롭고 부유하게 만드는 것이 정치의 근본이다.

따라서 상하를 막론한 모든 백성의 빈곤을 구제할 방법을 찾아내는 것이 무엇보다도 중요하다. 막부가 영주에게 참근교대參勤交代¹

I 에도 시대에 막부가 각 번의 영주(다이묘)를 정기적으로 에도로 불러들여 근무하게 함으로써 각 번에 재정 부담을 가하고, 그들의 가족을 에도에 볼모로 잡아둠으로써 막부에 대한 잠재적 위협을 해소하려는 정책이었다.

의 의무를 요구해 에도에 그들을 모아두는 것은 도쿄구東照宮에 모셔진 도쿠가와 이에야스의 '성스러운 배려'에서 출발한 일이었다. 한편으로 그것은 지방 영주의 반란을 사전에 막기 위한 방어용 철조망이기도 했다.

하지만 현재와 같은 빈곤 상태가 계속된다면 영주들은 일할 힘이 고갈되고 말 것이다. 그렇게 되면 막부는 참근교대의 의무를 면제해줄 수밖에 없다. 참근교대를 느슨하게 하더라도 막부의 위엄이 손상될 정도는 아니므로 당분간은 별일이 없을 것이다. 하지만 참근교대와 같이 중요한 규정조차 지키지 않는 마당이니 앞으로 어떤 일이 일어나도 법적 구속력은 효과를 발휘하지 못하게 된다. 결국 상황은 엉망이 되고 말 것이다.

그렇다면 빈곤은 어떻게 구제해야 하는가? 이렇게 물으면 어리석은 사람은 '윗사람이 구해줄 것'이라며 막부로부터 금이나 은을 받으리라고 기대한다. 하지만 창고의 금을 전부 꺼내어 빈곤한 자를 구제한다 해도 얼마 못 가 다시 가난해질 것이다. 따라서 이런 구제는 막부의 힘으로도 할 수 없는 것이다.

만약 부처나 다른 신의 힘에 의지해 여의주 같은 것이 허공에서 떨어지기라도 한다면 모든 백성의 희망이 이루어질지도 모르겠다. 하지만 이는 동화 같은 이야기일 뿐, 현실적으로 도움이 될 만한 것은 아니다. 그럼 막부나 부처의 힘으로도 할 수 없으니 빈곤은 어쩔 수 없이 그대로 방치해두어야 하는가? 정말 그 외에는 달리 방법이 없는 것일까?

천하와 국가를 다스리는 방법 가운데 고대 성인의 도에 미칠 만한 것은 없다. 고대 중국의 성인인 요왕, 순왕, 우왕, 탕왕, 문왕, 무왕 그리고 주공은 천하를 아주 잘 다스렸다. 그리고 그 도를 후세에 남겼다. 그 도에 따르지 않고는 빈곤을 구제하는 법을 알 수가 없다. 이 도를 후세에 전한 것이 공자다.

공자는 "은혜를 베풀지만 낭비하지 않는다"고 말했다(《논어》〈요왈〉). 사실 한 푼도 낭비하지 않으면서 혜택이 가게 하는 방법이 있다. 이러한 도를 잘 이해한다면 세상의 빈곤은 구제될 것이다. 그러므로 어쩔 수 없다면서 손을 놓고 있어서는 안 된다. 고대의 법도에 근거한 빈곤 구제 방법은 다음에 서술하기로 하자.

고대 성인이 가르친 빈곤 구제에 기묘한 술수가 따로 있는 것은 아니다. 단지 우왕이 세운 하, 탕왕이 일으킨 은, 문왕과 무왕이 건국한 주나라는 정치가 훌륭했기 때문에 오랜 세월이 흘러도 세상이 빨리 빈곤해지는 일은 없었다. 그 때문에 하·은·주 삼대는 어느 시대나 500년 이상 길게 지속됐다. 한편 한·당·송·명은 대체로 각 왕조의 조직이 서로 달랐다. 이는 시대에 따른 상황 변화에 맞춰 세상을 잘 다스리려고 좋은 방법을 제시하다 보니 그렇게 된 것이다. 하지만 좋은 의도로 행해진 변화들이 삼대에 시행했던 성인의 방법과 달랐기 때문에 오히려 거기서부터 장애가 생겨 국가가 혼란에 빠지고 말았다. 어쨌든 한·당·송·명 왕조는 모두 대체로 성인의 도를 따랐다. 그 덕에 각 왕조마다 300년씩은 유지할 수 있었다.

일본에서도 단카이공淡海公, 즉 후지와라 후히토藤原不比等(659~

720)²가 당나라의 제도를 본받아 대보율령大寶律令 등의 법제를 만들었다. 일본에서는 이에 의거해 한 나라를 다스리는 체제가 형성됐다. 300년 남짓 지난 후 천하는 무사의 손으로 넘어갔다. 그 뒤 가마쿠라鎌倉 막부는 100년 만에 멸망했고, 무로마치室町 막부의 천하 또한 100년이 지나자 혼란에 빠졌다.

어느 시대나 학문을 잘 알지 못하고 중국 삼대의 모범적 정치를 몰랐기 때문에 국가의 정권 유지 기간이 매우 짧았던 것이다. 중국의 한·당·송·명 왕조가 시행했던 정치를 삼대 시대의 정치와 비교해보고 무엇이 다른지 살펴보면 망국의 원인을 분명히 알 수 있다. 특히 백성의 빈곤이 도화선이 되어 세상의 혼란으로 이어졌다는 점은 예나 지금이나 마찬가지다.

따라서 빈곤의 원인을 우선 연구하지 않으면 안 된다. 앞서 빈곤 구제에 묘수가 따로 있는 것은 아니라고 말했다. 단지 고대 성인의 방법 가운데 지금 세상에 없는 것이 있다. 그것을 발견해서 현상을 개선하는 것이 무엇보다도 좋은 방법이다.

그것은 바로 다음과 같다. 고대 성인이 세운 법제의 기본은 만백성을 모두 토지에 정착시켜 생활하게 하는 것이다. 그리고 그 위에 예법제도를 세운다. 현재 우리는 이 두 가지가 모두 결여돼 있기 때문에 백성의 생활은 빈곤하고 나쁜 일도 많이 일어나는 것이다.

---

2 일본 아스카 시대와 나라 시대의 귀족으로, 후지와라 가마타리藤原鎌足의 차남이다. 대보율령 제정에 참여하는 등 율령제도의 확립에 힘썼다.

제1부에서 서술했듯이, 윗사람이든 아랫사람이든 여행자처럼 생활하는 것은 고대의 성인이 만민을 토지에 정착시켰던 것과는 완전히 반대되는 일이다. 모든 일에 그것을 규정하는 예법이 없고, 의복에서 주택, 심지어 각종 그릇에 이르기까지 귀천의 구별이 없기 때문에 사치를 억제하는 규정도 없다. 이것 역시 성인이 예법제도를 세운 것과는 반대되는 상황이다. 예법제도는 다음에 설명하기로 한다.

우선 여행자와 같은 생활이 무엇인지 말해보자. 영주는 1년마다 교대로 에도에 와서 근무해야 한다. 그래서 1년 주기로 여행자와 같은 생활을 하게 된다. 그들의 아내는 항상 에도에서 거주해야 하니 그들 역시 상주하는 여행자 생활을 한다고 볼 수 있다.

막부 직속 무사(하타모토)도 항상 에도에 머물기 때문에 상주하는 여행자 생활을 하는 셈이다. 영주 가문에 소속된 무사는 대부분 지방의 자기 영지에 살지 않고 에도에 집단적으로 모여 산다. 에도에서 여행자처럼 여관 생활을 하는 것이다. 게다가 최근에는 고향의 영지가 아니라 에도에 있는 번의 임시 숙소에 거주하는 가신이 점차 많아지는 추세다. 무사라고 이름 붙일 만한 사람은 거의 모두 여행자 생활을 한다고 볼 수 있다.

지방에서 상공업에 종사하는 사람이나 보테후리, 그리고 일용 노동자 같은 하층 백성이 고향을 떠나 에도로 들어오는 일은 해마다 늘고 있다. 이들 대부분은 자신이 여행자 생활을 한다고는 꿈에도 생각하지 않고, 여관을 상주하는 곳으로 여기는 까닭에 생활비가 막대하게 들어간다.

무사의 소득은 모두 상인에게로 흘러들어간다. 즉 정성을 다해 주군을 모신 대가로 받은 봉록은 한 푼도 남김없이 에도의 상인 수중으로 넘어가버린다. 그리하여 무사는 말을 먹일 수도 없고 가신을 고용할 수도 없게 된다. 봉록은 1년에 세 차례로 나누어 지급되는데 점차 다음 지급 시기까지 기다리기가 힘들어진다. 그래서 가재 家財를 전당포에 맡기고 받은 돈으로 생계를 꾸리거나, 앞으로 받을 봉록을 담보로 상인에게 생활비를 빌리거나 한다. 자기 재산이 다른 사람의 손에 넘어갈 정도로 빈곤해지는 것은 참으로 슬픈 일이 아닌가.

　상황이 이렇게 된 것은 에도에서는 젓가락 하나라도 돈을 내고 사야 되는 여행자와 같은 생활을 할 수밖에 없기 때문이다. 그런데 현재 막부의 경제 체제도 마찬가지다. 여행자 생활과 같은 구조다. 즉 모든 물품을 사야만 생활이 가능하게 돼 있는 것이다.

　일본에서도, 중국에서도 천하를 지배하는 자는 물건을 사는 일 따위는 하지 않는다. 영주가 자기 영지를 떠나 에도에서 근무하는 것은 여행자와 같은 생활을 한다는 뜻이므로 필요한 물건을 임시변통으로 사는 것은 당연한 일이다. 원래 물건을 산다는 것은 다른 사람의 물건을 그냥 가져다 쓸 수 없기 때문에 돈을 내고 그것을 취한다는 뜻이다. 그런데 천하를 지배하는 것은 쇼군이고, 따라서 일본 전체는 쇼군의 영지라고 할 수 있다. 막부 최고의 권력자인 쇼군은 필요한 것은 무엇이든 가져오게 해서 그냥 사용하면 된다. 일본 내의 모든 것은 쇼군 자신의 영지에서 나는 것이므로 전부 그의 소유이기 때문이다. 따라서 지금처럼 다른 사람의 물건으로 여겨 돈을 내고 사서 생활한다는 것은 큰 잘못이다.

이렇게 된 이유는 무엇일까? 그것은 막부가 천하를 지배하면서도 경제 체제만은 일개 영주 시절과 마찬가지로 운영했기 때문이다. 기원을 거슬러 올라가면 이는 도쿠가와 가문이 관동 지방으로 들어올 때부터 시작됐다. 당시 도쿠가와 가문은 아직 영주 신분이었다. 그 후 세키가하라 전투(1600)에서 오사카 전투(1614~1615)에 이르는 동안 천하의 여러 영주가 나서서 도쿠가와 가문에 복종했다. 하지만 아직 천하의 지배자라는 권위가 확고하지 않았기에 체제를 공고히 하기 위한 제도를 세울 정도는 되지 않았다.

오사카 전투가 끝난 이듬해 도쿠가와 이에야스가 사망했다. 그 후 도쿠가와 가문은 명실 공히 천하의 지배자가 됐지만, 여전히 제도를 세울 만한 여력이 없었다. 그래서 그 상태로 시간이 흘러버린 것이다. 그 뒤에도 막부의 정무를 담당했던 이들은 모두 학식이 부족해 일본이나 중국의 옛 법제를 알지 못했고, 영주 가문 시기의 방식만을 계승해온 것이다. 지금의 잘못된 체제는 그렇게 비롯된 셈이다.

현재 막부의 직할령이나 막부 직속 무사 혹은 일반 영주 개인의 영지에서는 1년간의 소작미를 받아서 식량으로 필요한 만큼만 남기고 나머지는 모두 팔아서 화폐로 바꾼다. 그 돈으로 필요한 물품을 사서 생활을 꾸려 나간다. 이것이 요즘 무사의 생활 방식이다.

물건을 사지 않으면 하루도 살 수 없기 때문에 상인이 없다면 무사의 생활은 돌아가지 않는다. 모든 물건은 상인의 수중에 있다. 그것을 돈을 내고 사들여 생활의 필요를 충족시켜야 한다. 흥정은 할 수 있지만, 강제로 싸게 살 수는 없다. 결국 물건 값은 상인이 말하는 대로 정해지게 된다. 아무리 비싸더라도 급히 필요한 물건이면 그 값을 주고 사게 되는 것이다. 이 모두가 여행자와 같은 생활을 하기 때문에 벌어지는 일이다.

최근 100년 이래 이렇게 상인이 큰 이익을 얻게 된 것은 외국에서도, 일본에서도 볼 수 없는 일이다. 이런 사정은 서적을 읽거나 가까운 나가사키에서 수입된 외국 상품의 가격을 보면 금방 알 수 있다. 이익이 크기 때문에 각 지방의 상인과 수공업자가 에도로 모여들어 거리마다 그들이 머무는 가옥도 늘어났다. 북쪽의 센주에서 남쪽의 시나가와까지 가옥이 즐비하다.

상인과 수공업자가 늘어나면서 어떤 물건도 제시간에 들여오지 못하는 일은 없게 됐다. 아무리 대규모 수요라도 금방 충족된다. 만사가 생각하는 대로 이루어져 편리한 것은 더 말할 필요도 없다. 이렇게 에도에서는 돈만 있다면 무슨 일이든지 가능하다. 게다가 조급하고 바쁜 경향의 풍습, 예법제도가 없다는 점, 이 두 가지가 서로 결합돼 무사는 쌀을 소중히 여기는 대신 돈을 중요하게 생각하게 됐다. 그 결과 무사의 재산이 모두 상인에게로 넘어가는 상황이 되고 말았다. 결국 지금 무사들은 날마다 빈곤한 생활을 하고 있다.

조급한 경향의
풍습을 바꿔야 한다

요즘 세상의 풍습이 아주 조급해진 것은 원래 위정자가 정치의 도를 모르는 채 법규만으로 국가를 다스리려 하기 때문이다. 그리고 윗사람이 제멋대로에 이기적이고, 아랫사람을 배려하지 않기 때문이다.

에도성에서 쇼군 알현 의식을 행할 때 영주나 막부 직속 무사(하타모토)의 복장, 즉 에보시烏帽子(두건)를 쓰고 옷깃이 긴 상의인 히타타레直垂와 긴 바지인 나가바카마長袴 등을 입은 모습을 보면 예의 바른 사람처럼 느껴진다. 하지만 의식에 관한 예법이 정해진 것이 없기 때문에 예의 바르게 양보하는 등의 행동으로 드러나는 아름다운 풍습은 찾아보기 어렵다. 단지 감시 담당 공무원이 사방팔방 뛰어다니면서 순서대로 일이 잘 진행되도록 살펴볼 뿐이다. 알현이 끝나고 나면 많은 사람이 고위 관리(로주)의 집으로 인사를 가기 위해 서로 먼저 나가려고 급하게 서둘러 주변이 온통 혼잡스러워진다.

그래서 무례한 일도 많이 생기고 혼란도 극심하다. 원래 지켜야 할 예법이 없기에 그저 당장의 상황에 맞춰 처신하려다 보니 그렇게 된 것이다.

무례와 혼잡을 진정시키려고 감시 담당 공무원이 여기저기 돌아다녀보지만, 혼자 감당하기는 힘들다. 결국 에도성곽 정면에 설치된 하마 표지[3] 앞이나 고위 관리의 집 대문 앞 혹은 행렬이 지나가는 거리는 늘 북적북적 시끌시끌하다. 그 소란스러움은 무엇에도 비교할 수 없을 정도로 극심하다.

이는 모두 예법이 확립되지 않고 당장의 일에만 신경을 쓰기 때문이다. 즉 급한 대로 그때그때 시간에 맞추는 것에만 관심을 갖는다는 뜻이다. 윗사람의 기분을 상하지 않게 하려면 아랫사람은 소란을 피우더라도 끊임없이 여기저기 돌아다녀야 한다. 그래야 변통을 잘하고 준비성이 좋다고 칭찬을 받는다. 그래서 늘 그렇게 바쁘고 조급한 것이다.

모두들 이런 식으로 아랫사람을 배려하지 않는 어떤 명령에도 잘 따르는 것을 윗사람을 받드는 좋은 방법이라고 생각한다. 이것이 윗자리에 있는 관리나 실무자의 사고방식이다. 예를 들어 오전 10시에 출두하라는 호출 명령이 담긴 문서가 오전 9시에야 도착하는 일이 있다. 이렇게 촉박하게 명령이 내려오는 것은 급한 일인지 아닌지, 또는 그 명령을 받는 사람이 먼 곳에 있는지 가까운 곳에 있는지

---

3 大下馬札. 말에서 내리라는 표지.

생각하지 않기 때문이다. 한마디로 배려가 없는 것이다.

또 당번이 되어 멀리 근무하기 위해 떠나야 하는 막부 직속 무사 조직에서도 출발 7~8일 전에야 급히 책임자를 임명하는 일이 있다. 그러면 책임자는 며칠 안에 급히 수행원 등을 구성하고 갖가지 물품을 준비해서 출발해야 하는 것이다. 심할 경우 책임자에게 급여가 지급되지 않는 일도 있다.

또 영주에게 전봉 명령이 4~5일 혹은 2~3일 전에 내려와 그 짧은 며칠 사이에 이사를 해야만 하는 경우도 있다. 이와 유사한 사례는 셀 수도 없다. 어떤 명령이 얼마나 촉박하게 내려오든 그 기한에 맞추는 것이 아랫사람의 본분이라고 여겨진다.

옛날 무사는 급한 명령이 내려와도 큰 지장이 없도록 평상시 미리미리 마음의 준비를 했다. 하지만 요즘 무사는 그러지 않는다. 어찌 됐든 시간에는 잘 맞춘다. 불가사의한 일이긴 하지만, 그런 일이 가능한 것은 에도가 편리한 곳이기 때문이다. 에도에서는 돈만 있으면 어떤 급한 일도 시간에 맞추어 해결할 수 있다. 그런데 그런 화급한 틈을 타 이익을 챙기려는 상인은 슬그머니 물건 값을 높여 매긴다. 하지만 어쩌겠는가. 윗사람의 명령을 제시간에 해내려면 가격이 비싸도 그 물건을 살 수밖에 없다.

요즘 무사는 급한 일은 물론이고 어떤 일도 미리 생각하거나 준비해두지 않는다. 예를 들어 외출하려고 옷을 살펴보다가 바지 끝을 묶는 끈이 없다든가, 버선이 터진 걸 발견했다고 하자. 그러면 급히 하인을 내보내 그것을 사오라고 한다. 하인이 늦지 않게 제시간에만 돌아오면 비싼 가격에 사오더라도 상관하지 않고 좋아한다. 그러나 제시간에 오지 못하면 기분이 아주 나빠진다. 그 때문에 부인이나 요닌用人(영주·무사 아래서 서무와 출납을 맡은 사람 – 옮긴이)은 서로 의논하여 물건을 전당포에 맡기고 돈을 융통해 급히 물건을 사다주기도 한다. 그리고 주인에게는 그 사실을 알리지 않는다. 주인이 알게 됐다 해도 할 수 없는 일이므로 그대로 넘어가는 일이 많다.

또 그렇게 전당포에 맡긴 물건이 급히 필요할 때는 서둘러 다른 물건을 가지고 가서 맞바꾸어 맡긴다. 전당포의 이자만 올라갈 뿐이지만 한번 물건을 맡기면 십중팔구는 이런 곤란한 일이 생기기 마련이다.

대개 무사는 금전적으로 여유롭지 못하기 때문에 대부분 외상으로 물건을 산다. 상인이 값을 부풀려도 당장 필요한 물건인지라 그 가격에 그냥 산다. 상인 입장에서도 무사가 외상값을 잘 갚지 못하기 때문에 외상값의 반 정도는 버릴 생각으로 처음부터 가격을 높여 부르게 된다. 그리고 무사는 돈을 꿀 때도 급박하게 마련해야 해서 이자가 높아도 상관하지 않고 빌린다.

집을 짓거나 그릇을 만들 때도 마찬가지다. 시골에서는 산에서 자른 나무를 말려두었다가 목수를 불러서 며칠이든 시간을 들여 집을 짓는다. 그래서 오랜 세월 동안 튼튼하게 견디는 집이 완성된다. 하지만 에도에서는 필요한 것은 무엇이든 거리에서 살 수 있다. 앞서 말한 대로 조급한 경향의 풍습에 따라 건물도 서둘러서 급하게 지어버린다.

그 집의 주인은 물론이고 요닌도 건축 지식이 없으므로 상인이나 기술자에게 건축에 관한 모든 것을 맡겨버린다. 주인은 오랫동안 출입해온 목수에게 견적을 의뢰하지만, 그 목수도 자기가 사는 집을 지은 경험은 한 번도 없다. 다른 사람의 집을 지어주는 것만 잘할 뿐이다.[4] 목수는 자기가 평소 잘 다니는 목재상에서 견적을 받아 정해진 시간에 늦지 않도록 필요한 물품 구입은 상인에게 모두 맡긴다. 그러나 그 상인도 에도에서 자란 사람이라 목재는 어디 것이 좋은지 견식이 전혀 없다. 단지 에도에서 매매되는 것만을 잘 알 뿐이다.

막부가 이런 상인에게 건축 일을 도급하는 셈인데, 말하자면 건축의 기본도 알지 못하는 사람에게 일을 맡기는 것이다. 건축에 관해서는 상인도, 그에게 일을 위탁한 관리도 잘 모른다. 능숙하다 해도 에도에서 할 수 있는 일뿐이다. 감독하는 관리는 그저 비용 문제만 생각한다. 사람을 시켜서 감시하거나 백성이 사적인 이익을 취하지 않도록 신경 쓰는 것이 그가 할 수 있는 최대한의 감독이다. 하지만 건축 일을 모르기 때문에 결국은 상인의 속임수에 넘어가 에도성 아래 시가지에서 일어나는 공사는 점점 더 조악해지고 그 손실은 이루 형용할 수 없을 정도로 커진다.

옛날 목수는 집안 대대로 비밀스럽게 전해지는 책을 읽고 기술을

---

4 여기에서 소라이는 상업적으로 집을 짓는 행위를 비판하고 있다. 다시 말해 소라이는 유학자의 입장에서 또 보수적인 입장에서, 상업을 경시하고 변화하는 시대 상황을 회의적으로 보고 있는 것이다.

익혀 후대에 전승했다. 하지만 지금 목수는 생활에 쫓겨서 일을 많이 수주하려고만 할 뿐, 정작 목공에는 서툴다. 그들이 지은 집이 오래가지 못하리라는 것은 자명하다.

그릇 만드는 사람도 마찬가지다. 우리 집에는 증조할머니가 이세伊勢 지방에서 만들게 하여 가지고 계셨던 붉은색 그릇과 접시 등의 식기 세트가 있다. 할아버지로부터 아버지에게, 아버지로부터 나에게 전해진 것으로, 100년이 넘었는데도 붉은 칠은 변하지 않았다. 작은 흠도 없이 아주 단단하다.

또한 나는 시골에서 농민이 찬합 등을 만드는 것을 본 적이 있다. 그때 옻칠 기술자가 좀처럼 오지 않아서 매우 불편했다. 한 사람의 기술자가 가즈사 지방 전체를 돌아다니면서 일을 했기 때문이다. 그는 한 곳에서 20~30일 정도 체류했다. 처음에 칠을 한 물건이 마르는 시간을 예상하여 다른 곳에 가서 일을 하고, 칠이 마를 때쯤 다시 와서 그 위에 색 가루나 금은 가루를 뿌려서 그림을 그린다. 칠 재료도 별도로 사둔 것을 보관했다가 사용하고, 다른 재료도 미리 준비해두기 때문에 그릇은 아주 단단하게 만들어진다.

또 미카와三河에 살 때의 일이다. 어떤 부인의 친정집에서는 딸이 장성하여 시집갈 때 주려고 그 딸이 네다섯 살 때부터 신경을 써서 매년 한두 가지씩 가재도구를 만들어두었다. 내가 어릴 적에 그때까지도 남아 있던 수십 년 된 혼수품을 본 적이 있다. 자기 집에서 만들었기 때문에 단단한 점은 무엇에도 비할 바 없었다.

또 가즈사 지방의 마쓰가야松ヶ谷 마을에는 석가당釋迦堂이 있었

에도시대의 목수들(가쓰시카 호쿠사이, '후카구36경' 중 〈도토미산遠江山中〉).

는데, 히다飛驒의 장인이 세웠다고 전해진다. 용마루에 박아둔 표찰을 보면 400~500년은 지난 건물 같다. 히다의 장인이란 일반적으로 히다 출신 목수를 말한다. 당시 가즈사에는 목수가 없었다. 히다의 목수 중에는 교토로 상경해 조정에서 일하는 사람도 있었다. 그만큼 명성이 높아 여러 지방을 돌아다니는 경우도 많았다.

그들은 가는 곳마다 일을 맡아서 하는데, 우선 목재를 톱으로 잘라둔다. 그런 다음 5~10리쯤 떨어진 다른 곳에 가서 일을 한다. 그렇게 차츰 범위를 넓혀 이동해가며 일을 맡는다. 앞서 일을 맡은 곳의 목재가 잘 건조됐을 즈음 돌아와서 깎고 손질을 해둔다. 그리고 또 다른 곳으로 가서 일하다 처음 일을 맡은 곳의 손질해둔 목재가 잘 건조됐을 때 다시 돌아와서 나머지 작업을 한다. 이런 식으로 일하기 때문에 한 곳에서 공사가 2~3년씩 걸리는 것이다.

그들은 기둥의 구멍을 안쪽이 부풀어 오르는 형태로 파서, 그곳을 관통하는 나무를 약간 두껍게 깎은 뒤 두드려서 박기 때문에 별도의 쐐기가 필요 없다. 세월이 지나 바람과 비를 맞더라도 두드려박아 넣은 부분은 습기를 먹어서 부풀어 오르기 때문에 기둥과 그 기둥을 관통하는 나무 사이에는 어떠한 틈도 생기지 않는다. 마치 하나의 나무처럼 되어 아주 튼튼하다. '히다의 기술자는 쐐기 하나로 마감한다'라는 말은 여기서 유래한 것이다.

무사가 영지에 거주한다면 모든 일이 이렇게 불편하기 때문에 사람들은 마음을 단련해 이것저것 궁리를 하게 된다. 그래서 무슨 일이든 긴 시간을 들이고 신경을 써서 마무리하게 된다. 하지만 에도에서는 자유롭고 편리하기 때문에 오히려 조급하게 시간에 쫓긴다. 무슨 일이든 당장 그 자리에서 조치를 취해서 일을 처리해 나간다. 그러다 보면 손실이 쌓이고 쌓여서 감당할 수 없을 만큼 커진다. 윗사람이든 아랫사람이든 이러한 사실을 깨달아야 한다.

예법제도가
없다

예법禮法제도란 사람들을 절제할 수 있게 해주는 법규다. 고대 성인의 정치에서는 제도를 정해서 그것에 따라 상하의 신분 구별을 두고 사치를 억제해 세상을 풍요롭게 만들어 나갔다. 그것이 성인의 뛰어난 정치술이었다.

따라서 역대의 지배자는 모두 그러한 제도를 정했다. 지금의 도쿠가와 가문은 전국시대의 대란이 일어난 뒤 무력의 위세를 가지고 천하를 통치하게 됐다. 하지만 당시는 고대의 제도를 채용하지 못한 데다가 큰 혼란을 겪은 직후여서 그나마 있던 모든 제도마저 사라져버렸다. 그런 풍속을 바꾸지 않고 그대로 두었기 때문에 지금은 어떠한 일에도 제도가 없고 상하 모두 제멋대로 사는 세상이 되고 말았다.

의복이나 가옥, 각종 그릇 혹은 혼례, 장례, 서신 왕래 그리고 수행 인원수에 이르기까지 사람의 귀천, 영지나 봉록의 많고 적음 혹은 직책의 높고 낮음 등에 따라서 각각 그 정도程度가 정해지는 것을 제도라고 한다. 물론 지금 세상에도 대략 격식이 있는 것처럼 보이기 때문에 사물의 이치에 어두운 사람은 제도가 있다고 생각할지도 모른다. 하지만 요즘 격식이라고 하는 것은 옛날부터 전해진 예법이 아니며, 막부가 정확히 정해놓은 것도 아니다. 물론 막부가 그때그때 정해놓은 것이 있기는 하지만, 대개는 세간의 풍속으로 자연스럽게 생겨난 것이다. 그래서 풍속이 변하면 그와 함께 격식도 바뀌어 모두 아랫사람의 형편에 따라 흘러간다. 요컨대 사람들이 어쩐지 예법 같다고 느끼는 것은 막부가 세상의 변화에 따라 때때로 "이렇게, 저렇게 하라" 하고 명령을 내린 것에 불과하고, 진정한 예법제도는 찾아볼 수 없다.

진정한 제도는 과거 역사를 돌아보고 미래를 예측해서, 말하자면 세상이 평화롭고 늘 풍요로워지도록 군주가 자신의 의도대로 정해놓은 규범을 말한다. 과거 역사를 돌아본다는 것은 무슨 의미인가? 인정人情은 시대에 따라 변화하지 않고 옛날이나 지금이나 항상 같다. 고대의 성인은 그러한 인정을 잘 파악하여 사람들이 편하게 생활하도록 제도를 만들었다. 한편 인정은 나쁜 방향으로 흘러가려는 속성이 있는데, 고대 역사를 보면 군주들은 그것을 억제하려고 노력했음을 알 수 있다.

또 제도는 세월에 따라 조금씩 더하고 덜면서 고치지 않으면 안 된다. 《논어》에는 "줄어들고 늘어나는 바"[5]라고 묘사했는데, 이렇듯 고대의 역사에는 모든 것이 들어 있다. 제도를 세우는 이유는 모든 백성이 규범을 잘 지키면 앞으로도 오래도록 정권을 유지할 수 있기 때문이다. 그런데 소박한 것이 좋다고 너무 소박하게 제도를 만들면 결국은 파괴되고 말 것이다. 세월이 흐르면 문명이 발달하고, 문명이 발달하면 그에 따라 모든 것이 화려하게 변하기 때문이다.

이렇듯 너무 소박한 제도는 오랫동안 지속되지 않는 법이다. 인정은 문명의 화려함을 좋아하기 마련이지만, 그렇다고 또 제도를 너무 화려하게 만들면 국가 재정이 빠르게 궁핍해지므로 그것도 좋지 않다. 따라서 화려함과 소박함의 중간을 잘 판단해서 좋은 제도를 정해야 한다. 그리하면 그 정권은 오랫동안 지속될 수 있다.

또한 군주의 의도에 근거해 정해진 예법과 지금 세상에서 말하는 격식은 다른 것이다. 격식은 세상의 시세時勢에 따라서 생겨난 것이므로 그 속에는 의도가 전혀 없고 앞뒤도 맞지 않는다.

사람들이 자신에 대한 평판을 좋게 만들려는 마음이 있어 신분을 가리지 않고 자기보다 윗사람을 모방하려 하는데, 그러다 보니 결국 상하의 구별이 드러나지 않게 돼버렸다. 이는 누구도 세상을 위해서 힘을 다하려는 마음이 없고, 단지 자기 주변만을 생각하기 때문이다. 그렇기 때문에 군주는 가장 윗사람으로서 온힘을 다해 정권을 유지하면서 계획을 잘 세워 제도를 정해야 한다. 그래야 천하 만민이 오랫동안 평온하게 살 수 있다. 이것이 성인의 도다. 천하 국가를

---

5 《논어》〈위정〉. 기본적으로 은나라는 하나라의 예법을, 주나라는 은나라의 예법을 계승하면서 부분적으로 수정을 가했다는 뜻이다.

다스리기 위한 가장 중요한 핵심은 바로 예악禮樂뿐이다.

예악제도에는 위에서 말한 것과 같이 중요한 의미가 담겨 있다. 그런데 후세의 유학자는 성인의 본래 의도를 잃어버리게 된다. 특히 주자학에서는 예禮를 '천리天理의 절문節文'[6] 등으로 해석했다. 예법이 마치 하늘이나 땅처럼 자연히 존재하는 것인 양 설명한 것이다. 그래서 요즘 사람들이 은연중에 시세에 따라 만들어진 격식을 예법과 같은 것이며 훌륭한 것이라고 착각하게 되었다.

한편 상하 간에 차별을 둔다고 하는 것은 무슨 뜻인가? 윗사람이 아랫사람을 천하게 여기라는 의도로 제도를 정하는 것이 아니다. 세상의 모든 생명에는 각자 한도가 있다는 뜻이다.

일본에서 쌀은 어느 정도 산출되고 잡곡은 어느 정도 생산되는지, 또 묘목은 어느 정도 심어지고 이후 수십 년이 지나면 얼마나 큰 목재가 되는지를 생각해보자. 즉 모든 산출량에는 그 한도가 있다. 그중에서도 양질의 것은 적게 마련이고, 반대로 조잡스러운 것은 많다. 따라서 의복에서 식량·가옥에 이르기까지 귀한 신분인 자에게는 좋은 물건을 사용하게 하고, 천한 신분인 자에게는 좋지 않은 물건을 사용하게 하는 제도를 정하면 된다.

원래 귀한 사람은 적고 천한 사람은 많기 때문에 적게 나는 물건을 소수가 쓰고, 많이 나는 물건을 다수가 쓰는 것은 이치에 합당하여 걸림이 없다. 그렇게 하면 얼마든지 수요를 충족시킬 수 있다. 그

---

6 '절문'은 아름다운 형태로 구체화된 것을 말한다.

러나 이러한 제도가 없다면, 수는 많지만 천한 사람도 적게 산출되는 양질의 물건을 사용하게 되어 필요한 물건이 부족해지고 따라서 물건 가격은 비싸진다. 또 천한 사람이 좋은 물건을 확보할 수 있기 때문에 좋은 물건도 차츰 품질이 나빠지게 된다. 게다가 윗사람과 아랫사람의 차별이 없으니 상하가 혼란스러워지고 다툼이 일어나 좋지 않은 사건도 발생한다.

그러므로 제도를 정해서 그것을 지키도록 해야 한다. 그래야 각자 신분에 따라서 한도를 알고 자기 분수를 넘는 사치한 생활은 하지 않게 될 것이다. 쓸데없는 소비도 사라질 것이다. 제도가 없다면 막부가 사치를 금하더라도 분수와 사치의 기준이 없기 때문에 자신의 소비 생활을 판단할 수 없다. 화려함을 좋아하는 것은 인정이므로 제도가 없다면 세상은 차츰 사치스러워질 것이다.

의복을 규정하는 제도가 있다면 '이 사람은 영주, 이 사람은 높은 지위의 관리' 하고 만난 자리에서 자연스럽게 판별이 된다. 그래서 첫눈에도 자연스럽게 고귀한 사람에 대한 존경과 예의를 나타낼 수 있다. 하지만 지금 우리는 가장 윗사람인 쇼군에서 일반 시민, 농민에 이르기까지 누구든 똑같이 소매가 좁은 평상복(고소데小袖)과 삼베옷을 입는다. 그리고 옷감도 돈만 있다면 무엇을 선택하건 아무도 질책하지 않는다.

윗사람과 아랫사람이 첫눈에 구별되지 않기 때문에 지위가 높은 관리나 실무자는 아랫사람에게 으스대며 잘난 체하는 태도로 자신의 신분을 드러낸다. 젠체하고 뻐기는 태도는 군자로서의 예의禮儀

를 잃는 것인데도 그것을 모르고 매우 무례하게 군다. 또 아랫사람은 윗사람에게 너무 지나치게 비굴한 태도로 아첨하여 그것이 풍습이 돼버릴 정도인데, 이것은 모두 예법제도가 없기 때문이다.

쇼군 도쿠가와 쓰나요시 때 《역경易經》을 강석講釋(강의·강연)하는 자리에 참석하라는 명을 받고 에도성에 간 일이 있다. 다른 참석자들과 나란히 앉은 나는 힐끗힐끗 주위를 둘러보았다. 고위 관리(로주, 와카도시요리)[7]나 영주, 직속 무사를 비롯해 관직이 있는 자나 없는 자나 모두 우리가 입은 옷과 아무런 차이도 없는 복장을 하고 있었다. 그것을 보니 마음이 크게 상해 망연자실, 눈물이 흘렀다.

요즘은 돈만 있다면 미천한 백성이 영주와 같은 옷을 입어도 벌을 받지 않는다. 더욱 슬픈 일은 가정형편이 곤란하면 지위가 높고 덕이 있는 사람이라도 어깨가 움츠러들고 사람들의 천대를 받는다는 것이다. 이것이 요즘 세태다.

그래서 모두들 저마다 잘난 듯이 사치를 하고 더 화려한 다른 사람을 보면서 더 큰 사치를 하려 한다. 사치한 사람을 모범으로 삼고 흉내 내어서 자신도 그렇게 보이려고 하는 흐름에 따라 세상은 점점 더 사치스러워졌다. 이러한 풍조가 오랫동안 계속돼 자연스럽게 풍습이 됐으며, 그런 세상에서 태어나 자라는 사람은 그것이 사치인지 아닌지도 모르는 채 당연한 일로 생각한다.

---

7 와카도시요리若年寄는 에도 시대의 관직으로, 로주 다음의 지위였다. 주로 하타모토를 통솔했다.

지금 세상에 진정한 예법은 없다. 다만 오가사와라 방식小笠源流이라는 예식이 있을 뿐인데, 사람들은 이를 예법으로 여기기도 한다. 그런데 이 예식에는 상하의 차별이 없다. 단지 진眞, 행行, 초草라고 하는 단계를 둔다. 정중하게 정성을 다하는 것을 '진'이라 하고, 간략하게 하는 것을 '초'라고 한다. 사람들은 정성을 다하는 것이 옛부터 전해오는 올바른 예식이라고 굳게 믿는다. 그래서 각자 생각에 따라 온갖 정성을 다하는데, 이것이 최근의 풍습이 됐다.

막부에서 절약하라는 법령이 내려와도 사람들은 올바른 예식을 치르기 위한 물건이라면 수가 많은들 그것은 사치가 아니라고 여긴다. 단지 하나하나의 물건을 호화롭게만 하지 않으면 된다고 생각한다. 그래서 물건 수는 줄이지 않고 가볍고 작은 것, 변변찮은 것을 사용한다. 하품이라도 수가 많으면 좋은 물건 하나를 구입하는 것보다 비용이 더 들지만, 이미 품목을 많이 그리고 복잡하게 하는 것이 풍습이 돼버린 이상 어쩔 수가 없다.

50~60년 전에도 역시 제도는 없었다. 하지만 그 시절에는 형식에 구애받지 않는 기품이 있었다. 사물을 복잡하게 갖추거나 하지 않고 '한쪽 발엔 짚신, 다른 쪽 발엔 나막신'이라는 식으로 일을 처리하면 됐다. 그때도 물론 사치하는 사람은 있었지만 또 아주 소박한 사람도 있었다. 군이 주위 사람과 서로 맞추려고 하는 분위기가 없었기 때문에 사람들은 그다지 궁핍하지 않았다.

구쓰키朽木라고 하는 도사번 수령(토사노카미土佐守)의 말에 따르면, 자신이 열여덟 살 때는 도쿠가와 이에미쓰德川家光가 쇼군이던 시절이었다. 당시 아버지가 이요伊予의 수령이었는데, 같은 신분의 사람 집에서 노能(가무극)를 상연한 적이 있었다. 구경하러 오라는 초대를 받았지만, 당시 고위 무사의 정복인 안감이 있는 '가미시모裃'를 가지고 있지 않아서 구경하러 갈 수 없었다.

2만 석 남짓한 영주의 자식이 열여덟 살 때까지 안감이 있는 무사의 의복을 가지고 있지 않았다는 것은 한쪽 발엔 짚신을 신고 다른 쪽 발엔 나막신을 신는 세상이었기 때문에 가능했다. 지금은 나와 같은 사람의 아이도 안감이 있는 정장 의복을 가지고 있다. 그러나 옛날에는 안감이 있는 정장을 입어야 하는 자리에도 삼베麻 의복이라도 있으면 대신 입고 갔다.

지금은 신분을 막론하고 가미시모, 고소데, 가타비라帷子[8] 등을 몇 벌씩 준비해서 가지고 있어야 되는 세상이다. 마치 제도 같아 보이지만 진정한 제도는 아니다. 세상의 풍속에 따라 자연스럽게 생긴 격식일 뿐이다. 이것을 모범으로 삼아서 서로 흉내를 낸 결과 결국은 관행이자 풍습이 됐다.

예를 들면 안감이 달린 가미시모도, 하오리羽織나 하카마袴[9]도 모두 평상복이다. 그중 하오리는 간단한 정장이니 안감이 있는 정장을 입어야 하는 장소에서는 피한다는 식으로 지금 세상에서는 격식이 정해져 있다. 그런데 옛날에는 가미시모라는 정장 자체가 없었다.

---

8 가타비라는 홑옷을 말한다.
9 하오리는 짧은 겉옷이고, 하카마는 주름 잡힌 바지다.

따라서 이런 구별도 없었다. 그 증거로 정월에 우타이조메謠初[10] 의식을 꼽을 수 있다. 이 의식을 치를 때 가타기누肩衣[11]를 빼앗기도 했는데, 그러면 삼베로 만든 바지만 남게 된다. 이것만 봐도 안감 없이 삼베로 만든 바지를 입었다는 것을 분명히 알 수 있다. 무엇이든 모두 이와 같았다.

쇼군 도쿠가와 쓰나요시 때부터 세상이 바뀌었다. 사람들은 막부에서 근무할 때 동료와 서로 비교하거나 이런저런 선례를 듣고 따르는 일을 중요하게 여겼다. 그리고 무슨 일을 하더라도 정성을 다하는 것이 좋다고 생각했다. 의복이나 칼 두 자루를 준비하는 일[12]에서부터 머리를 묶는 방식까지 혼자만 튀는 것을 싫어했다. 세상 사람이 하는 방식과 비교해서 중간 정도로 하는 것이 좋다고 생각하게 됐다. 그러다 보니 격식이나 예법 같은 것이 자꾸 생겨났다. 하지만 올바른 제도가 아니기에 확실히 정해진 기준은 없었다. 지난해에도 막부에서 절약하라는 법령을 내렸지만, 구체적으로 보면 결국 은화 몇 백 문 이상인 물건을 사용하지 말라는 것뿐이었다.

물건을 종류가 아니라 가격으로 구분하는 것은 이상한 일이다. 가격은 때에 따라 오르기도 하고 내리기도 한다. 말하자면 상인이 아닌 한 가격은 알 수 없는 것이다. 그 때문에 절약하라는 법령이 내

---

10 매년 정월 초삼일에 에도성에서 거행되던 예능 행사를 말한다. 노能나 교겐狂言(희극)을 하는 사람을 불러서 성대하게 치렀다.

11 서민이 입는 소매 없는 윗옷.

12 에도 시대의 무사는 외출할 때 항상 칼 두 자루를 지참했다.

려오더라도 사람들이 그것을 지키는지, 어기는지는 아무도 알지 못한다. 이렇듯 올바른 제도를 정하지 않으면 절약은 결코 실현할 수 없는 것이다.

앞에서 말했듯이 자유롭고 편리하지만 조급한 경향의 풍습이 존재하고 예법제도가 없는 에도에서 여행자와 같은 생활을 하는 지금은 어찌 됐든 돈이 없으면 살 수 없다.

요즘 영주보다 봉록을 더 받거나 지위가 높은 사람은 없다. 그래서 아주 안락한 생활을 하는 것 같지만 사실은 그렇지 않다. 그들은 아랫사람인 집안의 무사를 먹여 살려야 하고, 영내의 정무를 돌보지 않으면 안 된다. 또 위로는 막부에 봉사해야 할 의무가 있으며, 같은 신분의 동료 영주와는 교제하거나 수행해야 할 의례가 있다. 그러므로 겉으로는 안락한 것처럼 보이지만 사실은 고통이 많다. 귀한 신분이기에 행차할 때의 행장도 자유롭지 않고, 숨 막히게 답답한 일도 자주 있다.

그런 점에서 영주보다 나은 자는 시모타야仕舞屋다. 상인의 범주에 들어가지만 장사는 하지 않고, 금은을 가졌지만 빌려주는 일은 귀찮아서 하지 않는다. 그저 아주 많은 집을 소유하고 거기서 나오는 월세로 안락한 생활을 한다. 그들은 봉사해야 할 주군이 없으니 두려워할 사람도 없다. 관직도 없으므로 여기저기 신경 쓸 필요도 전혀 없다. 또 다스려야 할 아랫사람도 없고 하인도 없으니 무사의 규범이나 의리도 필요 없다. 그러면서도 먹는 것에서 입는 것, 사는 곳까지 영주에 버금가게 화려한 삶을 산다. 주변에 있거나 집에 출입하는 자는 모두 시모타야의 기분을 맞추어주는 사람뿐이다. 매일 자유롭게 산을 놀러 다니거나 유흥가를 돌아다녀도 누구 하나 비난하거나 꾸짖는 자가 없다. 따라서 특별히 기분 전환을 할 일도 없으며, 다른 사람의 눈치를 볼 필요도 전혀 없다. 정말로 요즘 같은 세상에서 왕자의 즐거움이란 바로 이들의 즐거움일 것이다.

이는 모두 예법제도가 없는 세상이기 때문에 가능한 일이다. 지금은 여행자와 같은 생활을 하는 무사가 소작미로 받은 쌀을 팔아서 돈으로 바꾸고 그것으로 필요한 물건을 사는 세상이다. 상인의 손을 빌리지 않으면 하루하루 생활이 불가능하기 때문에 상인의 세력이 왕성해질 수밖에 없는 것이다. 자연히 경제의 실권은 상인에게 집중됐고, 상인이 살아가기에는 극락과 같은 세상이 됐다.

결론적으로 세상이 빈곤해진 원인은 무사의 여행자와 같은 생활방식과 조급한 경향의 풍속, 그리고 예법제도의 부재 때문이다. 그러므로 빈곤을 구제하기 위해서는 어찌 됐든 제도를 정하지 않으면 안 된다. 나 자신이 아직도 많이 어리석지만 어떤 제도를 만들어야 하는지는 잠시 생각해본 후 다음에 서술하기로 한다.

막부의 재정

막부의 재정을 풍요롭게 만들기 위해서는 무엇보다 여행자와 같은 생활 방식을 개혁해야 한다. 지금 막부의 관리들이 서로 의논하여 여러 가지 절약 방안을 제시하면서 지출을 줄이려 하고 있다. 하지만 유별난 물건을 좋아하는 쇼군의 생각까지 바꾸려고 한다면 언젠가 다시 원래대로 돌아가고 말 것이다. 그렇다면 지금 하고 있는 관리들의 노력은 당장 밥상 위에 날아다니는 파리를 쫓는 것과 같은 쓸데없는 일이다.

또 절약의 수준을 결정해 영구적으로 지키도록 요구한다는 것도 어리석다. 기준을 일정하게 정하면 불필요한 지출이 없어질 것이라고 생각하는 사람이 많을지도 모른다. 하지만 그것은 코앞에 닥친 일만 생각하는 작은 지혜에 불과하다.

내 기억에 50~60년 전부터 세상의 풍습은 계속 바뀌어왔다. 풍습이 바뀔 때마다 물건 가격은 비싸졌는데, 그동안 거의 20배 가까이나 올랐다. 하물며 내가 태어나기 100년 이전과 비교해본다면 더 말할 필요도 없을 것이다. 지나간 옛날을 돌아보고 변화해가는 앞으로의 상황을 생각해본다면 이후에도 세상은 바뀌어갈 것이다. 그 변천에 따라서 세상은 점점 더 궁핍해지고, 또 지금까지 그래온 것처럼 점점 더 나빠질 것이다.

그러므로 지금 정해둔 절약의 기준 따위는 영구적인 기준이 되지 못한다. 따라서 막부의 관리는 매일 밤낮으로 절약을 최우선 임무로 삼고, 백성을 보살피기 위해 숨을 헐떡거리면서 긴장한 얼굴로 여기저기 돌아다니며 노력하지 않으면 안 된다. 하지만 근본적인 개혁이 없다면 결국 효과는 사라지고, 마침내 쓸데없는 노력으로 끝나고 말 것이다.

무사의 여행자와 같은 생활을 이대로 방치하면 무엇이든 돈에 좌우될 것이 분명하다. 그런 상황에서 절약에 전념하면 전념할수록 세상 사람은 쇼군이 돈 모으는 것을 좋아한다는 둥 이상하게만 생각할 것이다. 먼 외국에서도 그렇게 생각할 것이고, 후세에도 그렇게 전해질 것이다. 매우 유감스러운 일이다. 여행자와 같은 생활은 단지 불필요한 것이 아니라, 앞으로도 두고두고 심각한 피해를 주게 될 것이기 때문이다.

여행자 생활과 같은 체제를 개혁한다는 것은 막부가 물건 구입을 그만두는 것을 의미한다. 고대 하·은·주 시대에 제후국에서는 그 지역의 산물을 군주에게 공납했다. 일본의 고대에도 군현제도로 백성을 지배했기 때문에 여러 지방의 산물을 공납으로 바치는 것은 당연했다. 역사서를 보면 분명히 알 수 있다.

그런데 봉건제도하에서는 제후에게 토지를 완전히 내주는데, 거기서 나오는 산물을 공납받는다는 것은 어떤 이유인가? 오곡과 백성은 어떤 지방에든 있는 것이다. 그러므로 토지를 받았다는 것은, 거기서 나온 소작미와 백성들의 부역도 받는 것이고, 그것이 바로 영주의 수입이다. 그런데 곡식 외의 산물은 토지에 따라 각각 특색이 있어서 전국이 모두 같지는 않다. 이러한 특산물을 군주에게 공납하는 것은 조금도 억지스러운 일이 아니다. 이치상 당연한 것으로, 고금을 통해 정해진 법이었다.

따라서 지금 일본의 영주는 고대 중국의 제후에 상응하는 지위에 있기 때문에 영토의 산물을 공납해야 한다. 현재 그렇게 하지 않은 것은 무로마치 막부 말기에 천하가 큰 혼란에 휩싸여 무사가 각지의 영토, 즉 국國이나 군郡을 무력으로 자기의 것으로 만들어버렸기 때문이다. 그리하여 군현제도 아래서 오랫동안 조정에 공납하던 조용조租庸調를 바치지 않게 됐다. 그러면서 특산물도 공납하지 않게 된 것이다.

그 후 도요토미 히데요시가 천하를 통일했는데, 그는 거의 문맹인지라 그러한 사정을 알지 못했다. 도쿠가와 막부는 오사카 전투 직후에 도쿠가와 이에야스가 사망했기 때문에 공납제도를 다시 세우지 못했다. 이렇듯 혼란한 시기의 특수한 상황이 전례가 되어, 영주는 공납을 바치지 않아도 된다고 생각하게 된 것이었다.

공납은 막부에서 필요한 분량을 예측해서 각 영주의 녹봉에 따라 바치게 하면 된다. 예를 들어 에치젠번越前藩 즉 후쿠이福井는 닥나무 종이, 아이즈번會津藩은 납촉과 칠기, 난부번南部藩이나 소마번相馬藩은 말, 조슈上州의 여러 번이나 가가번加駕藩은 비단, 센다이번이나 조슈번長州藩은 종이로 정하면 된다. 또 봉록에 비해 다른 지방보다 특산물 공납이 많으면 다른 지방의 산물을 그 보상으로 제공하는 것도 생각해볼 수 있다.

공물은 말로 운반하게 하여 에도 여기저기에 세운 창고에 보관하면 된다. 현재의 헌상물獻上物과 같이 요란스러운 형식을 통해 바치게 하면 영주에게 쓸데없는 손실을 주게 된다. 물건을 사들이는 대신에 영주로부터 물건을 공납하게 하는 정도의 간단한 형식이면 된다. 역대 왕조의 선례도 모두 이와 같았다.

한편 고대에는 명산名山이나 큰 강 지역에는 제후를 봉하지 않는 원칙이 있어 그런 곳은 영주에게 주지 않았다. 이런 원칙에 따라 목재를 산출하는 산, 금·은·동이나 철 혹은 납이 매장된 광산, 물고기를 잡고 소금을 취할 수 있는 곳은 영주 한 사람의 영지로 제공하면 안 된다.

지금 막부가 오와리번尾張藩에 기소木曾의 산림을 주고, 기슈번紀州藩에 구마노熊野의 산림을 주는 것과 같은 일은 옛날 법에는 없었다. 주어서는 안 될 산을 영주에게 주고 정작 막부가 필요할 때는 그곳의 목재를 상인에게서 사고 있으니, 이 얼마나 어리석은가. 특히 도산도東山道[13]와 도카이도東海道[14] 두 길을 오와리번의 영지로 주어 결국 그 길을 막아버린 셈이 됐는데, 이런 일은 절대 있어서는 안 된다.

오와리나 기슈는 원래 쇼군 가문에서 분리된 형제 가문이다. 하지만 세월이 오래 지나 막부로서는 경계하지 않으면 안 되는 것이 바로 이 두 집안이다. 3대 쇼군 때 스루가駿河와 가이甲斐 두 지방을 하나로 합해 번을 설치한 적이 있었다. 이것도 바람직하지 않은 일이었다.

조시銚子나 오다와라小田原의 해안 지역 등도 영주에게 주어서는 안 되는 토지다. 해안 지역 어민이 생선을 잡아서 막부에 공납하는 것은 당연한 일인데, 그런 지방을 영주에게 주어버리고 생선을 돈으로 사고 있으니, 이 역시 어리석은 일이다.

또 경비가 늘어난다면서 막부의 부엌에 제한을 가하고, 드러내놓고 말할 수도 없는 치사한 일을 관리가 행하는 것은 어떠한 경우인가? 이는 그들이 학문을 알지 못하기 때문이다. 에도 근처의 밭만 있는 토지에서는 채소 공납만으로 나머지 연공을 면제해주고, 이것을 농민의 의무로 해야 한다. 그리하면 쇼군의 부엌 반찬으로 좋을 것이다.

각종 물품은 모두 기술자에게 수당을 지급하고 원료를 나누어주어 만들게 해야 한다. 옛날부터 기술자에게 관직을 주었다고 한 것

---

13 일본의 동부 지방을 관통하는 간선도로. 오미국近江國에서 무쓰국陸奧國을 관통하는 행정구역을 말하기도 한다.

14 일본의 서쪽, 즉 서일본의 남쪽 지방 일대. 말하자면 태평양에 접하는 지역을 관통하는 간선도로 혹은 그 지역을 말한다.

은 바로 이러한 이유에서다. 무기 같은 종류는 하급 관리인 도신 등의 의무로 만들면 된다.

내 아버지 쪽 할아버지의 조상으로 오자키 히타치노스케尾崎常陸介라는 분이 있다. 아버지는 증조할머니로부터 다음과 같은 이야기를 들은 적이 있다고 했다. 오자키 히타치노스케는 오타도칸太田道灌[15]의 분가分家에 속한 사람으로 이와쓰키岩槻에 거주했는데, 전쟁터에서 돌아오자마자 그의 도신이나 가신이 갑옷의 미늘을 고치거나 칼 손잡이를 다시 묶고, 칼집을 다시 칠하고, 크고 작은 칼과 창 등을 갈고, 화살과 철포를 수리했다고 한다.

가토 기요마사加藤清正[16]는 돌담 축조의 명인으로 불린다. 그런데 그의 휘하에 사무라이 대장侍大將으로 아다 가쿠베飯田覺兵衛, 아시가루 대장足輕大將으로 미야케 가쿠자에몬三宅角左衛門이 있었다. 이들이 돌담 축조를 관장했는데, 보병 무사에게 돌을 자르게 할 때는 장막을 쳐서 외부에 작업하는 모습을 보이지 않게 했다. 그 기술을 엄중하게 비밀로 유지하기 위해서였다. 이것은 가토 가문을 모셨

15　오타도칸(1432~1486)은 무로마치 시대의 무장으로, 성곽을 잘 짓고 잘 공격하는 장수였다. 에도성을 지은 것으로 유명하며, 학문에도 일가견이 있었으나, 나중에 암살돼 비극적 최후를 맞이했다.

16　1562~1611. 고니시 유키나가小西行長와 함께 임진왜란 때 조선을 침략한 대표적인 일본군 선봉장 중 한 사람이다. 정유재란 때도 참전했으며, 울산왜성을 짓고 조선 관군에게 포위됐다가 살아서 도망간 일도 있다. 세키가하라 전투 때는 동군 소속으로 도쿠가와 이에야스를 도와 도쿠가 막부 성립에 공을 세웠다. 나중에 구마모토번熊本藩의 다이묘가 됐다.

던 노인에게서 내가 직접 들은 말이다. 그때 일했던 보병의 자손이 현재 이즈미의 영주인 미즈노水野 집안에서 하인으로 있는데, 지금도 석공 일을 한다.

오와리번의 하급 관리, 즉 요리키나 도신 등은 번이 막 설립되던 무렵부터 시작해 지금도 여러 세공 일을 한다. 옛날 무사의 기풍은 모두 이와 같았다. 무사가 지방에 거주하던 시절에는 이렇게 하지 않으면 어떤 일도 진척이 되지 않았다.

지금은 그러한 일을 모두 에도성 아래 사는 사람들(조닌)이 한다. 그것이 이윤이 되기 때문이다. 군사력에 필요하기 때문이라는 본래의 정신은 사라졌고, 일의 과정은 아주 조잡해지고 말았다.

요즘 막부의 철포 조직에 속한 도신에게 지급되는 화약은 별로 도움이 되지 않는다. 그래서 도신은 자기 돈으로 에도의 장인에게 부탁해 화약을 다시 만들게 한다. 철포 연습을 할 때는 그것을 쓴다는 말이 있다. 무사가 화약 제조법에도 능통하지 못하다는 것은 너무도 어처구니없는 일이다.

철포를 쏜다고 자랑스럽게 말하는 사람에게 화약의 원료인 염초焰硝가 어느 지방에서 나오는지 물으면 아는 자가 아무도 없다. 땅에서 화약의 원료를 채취하는 것조차 모르는 사람이 많다. 태평한 시대에는 어떡하든 시간에 맞추어 구할 수 있겠지만, 제조법을 잘 아는 사람이 점차 사라진다면 철포는 결국 무용지물이 될 것이다.

말은 목장을 만들어두고 거기서 상납하게 해야 한다. 중국의 역대 왕조도 일본의 궁정귀족 시대[7]에도 모두 그렇게 했다. 관동팔주는 옛날부터 말 산지였는데, 그 좋은 무사시武藏의 들판을 그리 대단한 연공도 받지 못하는 밭으로 개간해버렸기 때문에 지금은 목장이 없다. 그 바람에 말을 에도 교외의 말 시장에서 구입하게 된 것 역시 어리석은 일이다.

가마쿠라 시대의 무사로 '지치부秩父의 쇼지 별당莊司別堂' 혹은 '사이토齋藤 별당' 등으로 불리는 사람이 있었다. 옛날에 목장을 관장하던 관리다. 관동팔주 중에서도 무사시 지방을 별당이라고 부르며 특별히 취급한 것은 무사시의 들판에서 키운 말을 조정에 공납했기 때문이다. 옛날 가이 지방에도 목장이 많았지만 현재 그쪽 말은 좋지 않다고 한다. 말이 나빠진 것인지, 아니면 말 타는 방법이 옛날과 달라진 것인지는 알 수 없다.

육체노동에 해당하는 부역은 무사(하타모토)의 하인과 에도에 사는 일반 시민이 의무적으로 감당해야 한다. 지금부터 70~80년 전까지는 막부의 공사에 인부를 돈으로 고용하는 일이 없었다. 직책이 없는 막부 직속 무사, 즉 하타모토와 그 아래 직급인 고케닌에게서 공사비를 징수하는 것은 옛날 제도의 영향이 남아 있다는 증거다. 즉 인부를 차출하는 대신 돈으로 받는 것이다. 돈을 거두어 일용 근로자를 고용하게 되면서 에도에 유랑하는 사람이 많아졌다. 또 일용 근로자에게 일을 맡김으로써 생기는 폐해도 만만찮다.

모든 일이 이러하므로 잘 조사해서 앞으로는 막부에서 물건을 사

---

17 헤이안 시대를 말한다.

는 일이 없게 해야 한다. 그러면 천하를 통치하는 옛 법과도 상통하고, 막부의 재정이 궁핍해지는 일도 사라지게 될 것이다.

　관리도 지금처럼 주판을 손에서 뗄 수 없는 상황에서 벗어나게 된다. 대략 상황 파악만 해도 일이 잘 해결되고 살 만한 세상이 될 것이다. 사실 주판 따위는 무사가 지닐 물건이 아니었다. 그런데도 절약이 유행하면서 이익이나 계산을 첫 번째로 중시하는 세상이 돼 버린 것이다. 어찌 됐든 옛날 정치 방법에 따르지 않고는 이 세상의 풍습이 바르게 서는 일은 결코 없을 것이다.

영주의 빈곤을
구제하는 방법

영주의 재정도 마찬가지다. 그들의 재정이 곤궁해진 이유는 1년마다 교대로 에도에 와서 살기 때문이며, 또 에도에서는 자신을 돋보이게 하는 생활을 하기 때문이다. 그들은 영지에서 거두어들인 연공, 즉 소작미를 전부 팔아서 돈으로 바꾼 뒤 그것을 에도로 가지고 나와 모두 써버린다. 그렇게 심한 사치를 하지 않아도 에도의 물가가 워낙 비싸기 때문에 경비는 점점 늘어나게 된다.

게이초慶長·간에이寬永 연간(1598~1644)까지 막부는 영주의 모반을 우려했다. 그래서 막부의 고위 관료(로주)는 의도적으로 영주가 가진 자금을 소진하게 했다. 따라서 고위 관리가 영주에게서 선물을 받는 것도 오히려 막부에 대한 봉사라고 생각해 전혀 사양하지 않았다.

그러다가 쇼군 도쿠가와 쓰나요시(1646~1709) 때는 막부가 영주에게 건축·토목 공사를 도와달라는 요청을 자주 했다. 말하자면 막부가 추진하는 대규모 공사의 비용과 진행을 영주가 부담하는 것이다. 이 밖에도 영주들은 쇼군의 위세를 두려워해서 갖가지 선물을 바치는 일도 많았다.

그들은 자신의 빈궁함을 돌아보지 않고 교토나 오사카 상인에게서 돈을 빌렸으나, 대부분의 지출이 회수가 어려운 경우였기 때문에 그 돈을 갚지는 못했다. 그러자 상인은 점차 돈을 빌려주지 않게 됐고, 영주들은 더 이상 절약할 여지조차 없게 됐다. 무사에게 봉록을 제대로 지급하지 못하는 번이 속출했다.

절약할 여지조차 없게 됐다는 것은 영주가 격식에 속박돼 이러지도 저러지도 못하는 진퇴 불능 상황에 빠졌기 때문이다. 격식은 매우 다양하다. 일상의 기거, 의복, 음식, 그릇, 주택 그리고 사람을 부리는 일, 부인이나 시녀의 예식과 의례, 서신 왕래, 외교 사절과 관련된 예식, 에도를 통행할 때의 수행 방법 그리고 여행 중의 행렬에서 관혼상제 예식에 이르기까지 전부 하나하나 정해진 격식이 있다.

그런데 그것은 고대의 제도가 아니며 막부가 정한 규정도 아니다. 세상의 풍속이 자연스레 사치스러워진 것을 사람들이 주변과 서로 비교하며 만들어낸 것이다. 결국 한때의 풍속을 오랫동안 지켜오다 보니 어느새 그것을 격식이라고 하여 영주 자신은 물론이고 그 가신이나 제삼자 역시 중요하게 생각하게 됐다.

영주들은 격식을 반드시 지켜야 한다고 생각한다. 그런데 격식 중에는 즉흥적으로 시작된 것도 있고, 잠깐의 유행이 격식으로 굳어진 것도 적잖다. 모두 무의미한 것뿐이지만 다들 격식이라고 굳게 믿기 때문에 조금도 바꿀 수가 없다. 마치 바위 틈에 손이 끼인 것처럼 꼼짝할 수가 없게 된 것이다.

특히 최근에는 부인들의 사치가 매우 심해졌다. 이는 교토 궁정귀족의 딸과 혼인한 영주가 교토 사람에게 속아서 생긴 격식이 발단이 됐다. 궁정귀족은 직위는 높지만 생활이 빈곤해서 사실 화려한 생활은 하지 못한다. 그런 이들에게 이상한 기풍이 생겼는데, 그것은 궁정귀족의 딸과 막 결혼한 영주를 속여서 물건을 취하는 것이다.

궁정귀족의 딸을 수행하는 하녀는 대개 상인의 딸이거나 궁정귀족을 모시는 가신의 딸이다. 그들은 영주의 은택을 받아내기 위해 어떤 일이든 호화롭고 멋지게 과장해서 말한다. 그러면 원래 궁정귀족과 연을 맺어 부인 집안의 높은 신분을 내세우고 싶었던 새신랑 영주는 교토 사람의 말이라면 다 좋다고 찬성하면서 그 말에 따라 화려하고 멋진 물품과 의례를 좇게 된다. 결국 그런 관계가 마치 유서가 있는 것처럼 보이게 됐고, 다른 영주들까지 따라하면서 지금은 어느 틈엔가 '영주 부인의 격식'이 되어 에도 전체에 퍼져버렸다.

그 밖에 쇼군 도쿠가와 쓰나요시 때부터는 아이를 낳은 첩을 '사모(오헤야御部屋)'라고 부르고, 하인은 거기에 '님(사마様)' 자를 붙여서 부르게 한다. 첩은 친척과도 주제넘게 선물을 주고받으며 공공연히 교제를 한다. 첩을 모시는 시녀도 본처의 시녀와 그다지 차이가 없다. '사모님'이 된 첩은 대개 기생이었다가 신분이 상승한 경우가 많다. 그래서 앞에서 언급한 것보다 더 화려한 생활 풍속이 덧붙여졌는데, 그것도 지금은 격식이 됐다.

또 에도성에서 잡일을 하는 하급 관리, 예를 들어 보즈坊主나[18] 오카치御徒(경비), 오카치메쓰케御徒目付(하급 감찰관), 이가모노伊賀者 (전시에는 밀정이 되는 잡부) 같은 부류에게도 무엇인가 일을 부탁할 경우 그 사례로 물건을 보냈는데, 이렇게 한번 예를 차리게 되자 일이 있을 때마다 혹은 매년 반복하게 됐다. 선물을 보내는 것이 조금이라도 늦으면 그들은 직접 와서 선물을 조르기도 한다. 이른바 격식을 내세워 그에 맞는 선물을 제시하고 요구하는 것이다.

한편 영주들은 루스이留守居[19]라는 직책을 두었는데, 루스이는 다른 영주의 말이나 행동을 듣거나 보면서 정보를 모으는 것이 임무다. 주인인 영주도, 그 영주에 소속된 가신도 그것을 매우 중요한 일로 생각한다. 그런데 루스이가 모은 정보가 그리 대단한 것은 아니다. 어느 영주의 집에서 젓가락이 굴러 떨어졌다는 정도의 아주 사소한 것에 지나지 않는다. 이는 모두 영주들이 막부를 너무 중요하게 생각한 나머지 사소한 일까지 주변의 다른 영주와 맞추려고 노력한 결과다. 그리고 루스이에 의해 그 격식이 점점 더 견고해진 것

---

18 에도성에서 잡일을 하는 하급 직원. 겉모습을 보면 승려 같기 때문에 중(보즈)이라고 불렸다.

19 '집을 지키는 자'라는 뜻으로, '문지기' '경비' 등으로 번역할 수 있다. 에도 시대에 루스이는 막부나 번에서 임명한 관직의 하나로, 하는 일이 많았다. 번주(영주)를 대신해 번 저택의 경비 책임을 맡기도 하고, 다른 영주 혹은 막부와 연락을 담당하기도 했다. 말하자면 외교관, 정보 수집가, 연락 책임자, 경비 책임자 등의 일을 했다고 볼 수 있다.

이다.

　루스이는 동료 집단을 결성하기도 한다. 이들은 동료끼리 만나서 술을 마시고 노는데, 그 비용을 주인이 댄다. 그들은 자신들의 모임도 주인에 대한 봉사라고 주장한다. 심지어 자신들과 막부의 관계가 밀접한 것을 내세워 주인집에서 정한 법도를 지키지 않고 무시하기도 한다. 또 루스이는 면직을 당한 동료가 생기면, 그를 숨겨두고 그의 후임이 임명돼도 동료 집단에 끼워주지 않고 주인인 영주를 곤란하게 만들기도 한다.

　모든 영주의 가장 중요한 의무는 자기 집안의 무사를 잘 통제하고 백성을 잘 다스리며 재정을 궁핍하게 하지 않고 군비를 소홀히 하지 않는 것이다. 그리고 참근교대를 잘 수행하여 쇼군을 보호하는 데 기여하는 것이다. 따라서 막부에서 근무할 때는 크게 틀리지만 않으면 된다. 사소한 것은 각자 생각하기 나름이므로 조금 빠르든지 늦든지 크게 상관할 필요가 없다.

　문제는 이런 근본을 잃고 단지 주위의 사정만을 참고해 모두 일률적으로 통일하려는 기풍이 생긴 것이다. 게다가 영주를 대하는 고위 관리의 행동에도 부당한 구석이 많다. 그러다 보니 루스이가 없어서는 곤란한 것이다. 또 영주 가문에서 일하는 가신도 편안한 것을 좋을 뿐 주인을 생각하는 마음이 없기 때문에 막부와 교섭할 때 루스이를 내세우고 자기는 관여하지 않으려고 한다.

　사정이 이러하니 영주의 재정은 지금 절약을 하려고 해도 절약할 수가 없는 지경이다. 예전에는 영주의 재산을 소진시키는 것이 좋은 책략이었지만, 지금은 영주가 어느 정도 재정을 유지하고 오랫동안 참근교대가 가능하도록 해주어야 한다. 이것이야말로 현재 가장 좋은 방책이다.

그 방법은 막부의 경우와 마찬가지다. 각 지방에서 산출되는 산물을 직접 이용할 수 있게 하면 된다. 돈으로 물건을 사들이지 않아도 생활할 수 있게 해야 한다. 집안의 무사에게도 모두 영지를 나누어주고 거주하게 한 다음, 영주가 있는 성 아래에 와서 당번 근무를 하게 하는 것이 좋다.

한편 에도에 참근을 올 때는 수행원 수를 크게 줄여야 한다. 또 에도를 왕래할 때도 마찬가지다. 부인의 예의범절도 간략하게 하고, 영주 자신이 쓰는 비용도 줄여야 한다. 의복이나 음식, 그릇과 도구, 주택, 사람 부리는 방법, 서신 왕래에 있어서, 그리고 사신에 대한 예식, 관혼상제 등을 행할 때 영주의 지위나 봉록에 따라서 최대한 경비가 들지 않도록 해야 한다. 이런 식으로 회복한 건전한 재정을 유지해 나갈 수 있도록 막부가 새롭게 제도를 제정해야 한다.

막부 내부에서만 제도를 정해서 영주도 거기에 따르도록 명령을 내리는 정도로는 기존의 관습을 좀처럼 타파하기 힘들다. 왜냐하면 지금까지의 관례가 이미 격식이 돼버렸기 때문이다. 막부가 새롭게 예법제도를 제정해서 그 격식을 타파하지 않으면 영주의 재정은 개선될 수 없다.

무사의 빈곤을
구제하는 방법

막부의 직속 무사인 하타모토의 궁핍을 구제하기 위해서는 앞에서 길게 설명한 것처럼 영지에 거주하게 해서 여행자와 같은 생활을 바꾸는 것이 중요하다. 더불어 예법제도를 세워서 빈곤을 구제해야 한다. 다만 영지에 거주하게 하려면 그 지방의 경제가 풍요로워져야 하므로 세심한 주의가 필요하다.

나는 오랫동안 시골에 살면서 직접 보기도 했고, 그 후 시골에서 올라온 이들의 말을 듣기도 했다. 농촌 사람은 어리석어서 이전부터 해오지 않은 일은 좀처럼 하려고 들지 않는다. 그래서 영주가 뽕나무를 심어 양잠을 하게 하거나, 삼이나 옻나무 또는 닥나무를 심게 하거나, 산마다 나무를 심게 하는 등 토지 이용 계획을 세워서 자기 지역을 번영시킬 방법을 강구해야 한다. 옛날부터 백성을 다스리는 방법 중에 권농勸農이 있었는데, 바로 이러한 일을 뜻한다.

미토번水戶藩에서는 영주 도쿠가와 미쓰쿠니德川光圀(1628~1701)

가 종이를 만들거나 차나무를 심게 하고, 바다에 접한 강에서 김을 양식하거나 뱅어 치어를 방류하게 하는 등 다양한 일을 실행해서 그전에 없었던 산물이 많이 나오게 됐다.

또 이와미石見 지방에서는 쓰와노번津和野藩 번주 가메이 오키노가미亀井隠岐守의 가신이 좋은 정책을 제안했다. 그는 이와미 지방에 굽은 나무가 많은 것을 보고 기술자를 불러 말안장을 만들게 했다. 나중에는 이 말안장이 쓰와노 지방의 특산품이 됐다. 가메이 가문이 여러 지방에 보내는 선물로도 그것을 사용한다. 이렇듯 방법은 얼마든지 있다. 백성과 토지를 위해서 그리고 영주를 위해서도 이익이 될 것이다.

수공업 분야에서도 에도나 교토 혹은 오사카 등지에서는 만들기 어려운 것이 있다. 나는 당나라 종이와 붓이 아니면 글씨를 쓸 수 없어서 여기저기 물어 일본에도 그것들을 만드는 사람이 있는지 찾아보았다. 당나라 종이는 오사카에서 만들었으나 경비가 많이 들고 장사가 되지 않아 지금은 그만두었다고 한다. 당나라 붓 또한 손품은 많이 드는데 비해 손해가 나기 때문에 현재는 만들지 않는다고 한다.

활자판 인쇄는 편리하지만 이것도 에도 등지에서는 손품이 많이 들어 목판 인쇄보다 오히려 손해가 난다. 돌판 등에 새겨진 문자를 종이에 찍는 것도 원래의 방법으로는 손품이 많이 들기 때문에 어렵다.

직물은 교토에서 짜게 하고 있으나, 이것도 중국과 같은 방법으로 하면 비용이 많이 들어 얇게 짠다. 당연히 중국산보다 품질이 좋지 않다. 이는 모두 도회지의 집값이 비싸고 물가가 높아서 무슨 일을 하더라도 경비가 많이 들기 때문이다. 만약 무사가 지방에 살면서 그곳의 산물을 육성하려고 한다면 중국산이나 고대의 물건과 같은 수준으로 만들어낼 수 있을 것이다.

결론적으로 예법제도를 정하고, 여행자와 같은 생활 방식을 중지하는 것, 이 두 가지가 빈곤을 구제하는 근본적인 방법이다. 조급한 경향의 풍습은 쇼군이나 로주의 생각에 따른 것이므로 이제 와서 없앨 특별한 방법이 따로 있는 것은 아니다. 상황이 대개 이러하다.

최근에는 빈곤 문제를 더욱 심각하게 만드는 것이 세 가지 더 있는데, 하나는 각종 물가가 올랐다는 점, 또 하나는 금은화의 수량이 감소했다는 점, 그리고 금전의 대차貸借가 원활치 않아 금은화의 통용이 줄었다는 점이다. 적절한 조치를 취해두지 않으면 이로 인한 또 다른 문제가 발생할 것이다. 그 해결 방법을 알아보자.

물가 문제

막부가 가격을 낮추라는 명령을 내리면 물가가 조금 떨어지는 듯하지만, 그때뿐이다. 각종 물건 값은 시간이 갈수록 비싸진다. 여기에는 이유가 있다. 이런 것까지 염두에 두고 생각하지 않으면 당면한 문제를 호도하는 것일 뿐, 결국 아무런 도움도 되지 않는다.

현재 금화는 겐로쿠 금元祿金이나 겐지 금乾字金[20]이 유통되던 시기에 비해 품질은 좋아진 대신 통화량이 반으로 감소했다. 화폐가치가 그만큼 오른 셈이니 물가는 당시보다 반 정도 더 내려가야 원래 수준으로 돌아갔다고 말할 수 있다. 그러나 겐로쿠 이전인 40~50년 전과 비교한다면 지금 물가는 대개 10배에서 20배나 높다. 이러니 백성이 궁핍해지는 것은 당연하다. 그럼 어떻게 하면 물가를 떨어뜨

20　겐로쿠 금은 겐로쿠 연간(1688~1704)에 주조된 금화이고, 겐지 금은 에도 막부가 1710년부터 주조한 금화를 말한다.

릴 수 있을까, 그 방법을 찾아내지 않으면 안 된다. 우선 물가가 점점 오르게 된 이유부터 알아보자.

물가 상승의 이유는 하나가 아니다. 우선 각 지방에서 생산되는 물건은 대개 상인에게 청부 형태로 건네진다는 사실을 알아둘 필요가 있다. 상인은 물건을 청부받으면 영주에게 운조運上²¹를 납부해야 한다. 따라서 상인들은 서로 경쟁적으로 가격을 끌어올려 자신에게 더 많은 상품과 이익이 떨어지게 한다. 그래서 물건 가격이 점차 비싸지는 것이다. 또한 운조는 영주의 수입이 되거나 빌린 돈의 담보물로 쓰이므로, 지금처럼 영주가 빈곤한 상태에 있는 한 가격은 떨어지기 힘들다.

원래 에도에서는 주거비가 매우 비싸기 때문에 상인은 이것도 물건 값에 넣어서 계산한다. 그래서 더더욱 물가가 떨어지지 않는다. 우리 할아버지는 이세伊勢 지방에서 조상이 대대로 경작해온 밭을 팔았다. 그 돈으로 에도 시가지에 겨우 50냥 정도 되는 가옥을 구입했다. 그 뒤 아버지 대에 와서 그 집을 다른 사람에게 팔았다. 약 30년쯤 전 일인데도 이미 그 집 가격이 2000냥에 달했다는 이야기를 아버지께 들었다. 앞서 할아버지가 그 집을 산 것은 아마쿠사의 난天草の亂, 즉 시마바라의 난島原の亂 때보다 상당히 이전이므로 대략 80년 전 일이다. 그동안 집값이 40배 이상 뛰었기 때문에 물가가 오

---

21 농업 외의 각종 산업에 종사하는 사람에게 일정한 세율을 정해 징수하는 세금.

르는 것은 당연한 일이다.

그다음은 물건을 필요로 하는 사람이 많기 때문에 가격이 비싸지는 것이다. 이는 예법제도가 없기 때문에 발생하는 일이라고도 할 수 있다. 원래 고귀한 신분인 사람은 좋은 물건을 사용하고 천한 신분인 사람은 조악한 물건을 사용하게 돼 있다. 그렇게 하면 수요와 공급이 잘 맞아떨어져 물가가 오르지 않는다. 그러나 지금 세상은 신분이 천한 사람도 좋은 물건을 사용하려는 풍조가 만연해 있다.

왜 이렇게 됐을까? 사실 에도에 모여 사는 사람(조닌)은 원래 시골에서 살던 이들이다. 보리, 조, 피 등 잡곡을 먹고 탁주를 마시며 된장은 먹어보지도 못했다. 왕겨나 갈대를 연료로 쓰고 삼베나 목면으로 짠 옷을 입었다. 그리고 멍석이나 거적 위에서 잠을 잤다. 그러다가 에도에 나와서 살게 되자 쌀과 된장을 먹고 장작을 태우며 숯불을 쬐게 됐다. 의복도 잘 갖추어 입게 되고 좋은 술을 마시며, 집에도 농촌에서 살 때는 보지 못했던 병풍을 세우고, 천장을 만들어 당나라 종이를 바르며, 다다미를 깔고 모기장을 치게 됐다.

이것은 멜대를 메고 다니면서 물건을 파는 보테후리 같은 하층민에 이르기까지 모두 마찬가지다. 돈만 있다면 의복, 식사, 주택 그리고 그릇 종류에 이르기까지 영주와 똑같은 것을 사용해도 뭐라고 할 사람이 없다. 이렇게 비싸고 좋은 물건을 사용하는 사람이 많아지면 물가가 오르는 것은 당연한 일이다.

그뿐만이 아니다. 농촌에서도 점차 에도 사람을 보고 따라하게 됐다. 돈만 있으면 무슨 일이든 에도 시민에게 지지 않으려 하고, 그들 못지않게 사치스러운 생활을 한다. 지금은 그런 세상이다.

무사와 일반 시민 그리고 농민 수를 비교해보면, 일반 시민과 농민이 무사의 100배는 될 것이다. 그들의 생활에 제약이 없고 누구든 돈만 있으면 좋은 물건을 쓸 수 있다는 현실을 생각해보면 물가는 아직도 그렇게 많이 올랐다고 할 수 없다. 이렇게 말할 수 있는 것은 세월이 흐르면서 물건을 생산하는 사람도 함께 많아졌기 때문이다. 그러나 앞에서 말했듯이 사람 수의 차이만으로 물가가 움직이는 것은 아니지만, 어쨌든 하늘과 땅 사이에서 산출되는 물건의 수효에는 한도가 있기 때문에 수요자가 많아지면 그에 따라 물가도 당연히 올라가는 것이다.

이렇게 농촌에까지 사치스러운 생활이 퍼진 것은 하루아침, 하룻저녁의 일이 아니다. 해마다 조금씩 확대돼왔다. 40~50년 전과 지금의 물가를 비교해보면 열 배 이상이나 올랐다. 일반 에도 시민과 농촌 사람을 비교하는 것은 차치하더라도 에도나 농촌의 거지까지도 보통 사람과 별 차이가 없어졌다. 이것은 너무도 이상한 일이 아닌가?

어쨌든 수요자가 많기 때문에 물가가 오른 것이다. 그러므로 예법제도를 정해서 에도 시민과 농민의 생활을 엄격하게 제한한다면 대부분의 물건 가격은 내려갈 것이다.

또 도시에서든 시골에서든 생필품을 사서 써야 하는 무사의 여행자와 같은 생활 때문에 상인 세력은 더욱 강해졌다. 상인끼리는 전국적으로 서로 정보를 주고받아 마치 한 장의 나무판처럼 결속돼 있다. 게다가 에도와 지방은 서로 거리가 있어 밀고 당기며 일정한 관계를 유지하기 때문에 수백만 상인이 마치 한 집단처럼 행동하면 물가에 대응하기가 매우 힘들다. 그 때문에 아무리 막부가 물가를 내리라고 명령해도 가격이 좀처럼 떨어지지 않는 것이다.

그리고 물품의 산지가 멀 경우 에도까지 오려면 도중에 몇 번의 중개를 거치게 되는데, 그 중개인마다 각각 이익을 취한다. 이것은 운송비 외의 항목에 들어가 경비를 막대하게 늘어나게 하는 요인으로, 그 때문에 물건 가격이 더 비싸지는 것이다.

더구나 상인은 기술자나 농민과 달리 원래 힘들게 일하지 않고 앉은 채로 돈을 모으는 사람이다. 세력이 점점 더 강해지면서 상인들은 이제 직접 장사조차 하지 않고 단지 수수료만으로 세상을 살 수 있는 방법을 궁리한다. 최근에는 수법이 더 정교해져서 동료와 결속해 상인 조직을 결성하고, 해당 업종의 우두머리가 되어 아무 일도 하지 않고 세상살이를 하려고 한다. 이런 식으로 가격에 덧붙는 돈이 점점 늘어나니 물가가 내려가지 않는다. 이는 상인만이 터득한 묘술로, 관리는 그러한 사정을 잘 알지 못한다.

또 상인은 물건을 사재기하기도 한다. 옛날에는 물건을 사들여 창고에 모아두었기 때문에 상인이 사재기한다는 것을 쉽게 알 수 있었다. 그러나 지금은 그렇지 않다. 그들은 산지에 직접 가서 상품 값을 미리 치른 다음, 다른 사람에게는 팔지 못하게 한다. 결국 그 물건이 아직 제값에 팔리는 시기에는 상인들의 사재기가 다른 사람의 눈에 보이지 않는 것이다.

심지어 고슈甲州[22]에서 포도를 팔러 오는 상인은 가격을 올릴 속셈으로 말 세 필이나 다섯 필 정도의 포도를 도중에 계곡에 던져버린다고 한다. 이익을 얻기 위해서 물건을 버린다는 생각은 보통 사람으로서는 좀처럼 하기 어려운 것이다.

이처럼 상인의 힘은 막강해졌다. 상술 또한 매우 고도화했다. 지금은 관리가 명령을 내려 각종 물건 가격을 내리고 싶어도 그렇게 하기가 쉽지 않다. 하지만 이것은 지엽적이며 하찮은 일이다. 지엽적인 것에 매달려서는 좀처럼 상인의 지혜를 넘어서지 못한다. 골똘히 집중해 살펴본다면 모든 것은 무사가 여행자와 같은 생활을 하기 때문이다. 거기서부터 출발한 악폐다. 그러므로 무사를 근본으로 돌아가 각 지방으로 거주지를 이전하고 쌀을 저장하게 한다면 상인 세력은 바로 쇠퇴하고 물건 가격도 생각한 대로 내려갈 것이다. 쌀 저장에 대해서는 이 책 마지막 부분에서 좀 더 자세하게 설명하려 한다.

다시 말해 물가가 계속 오르는 것은 무사가 여행자와 같은 생활을 하기 때문이며, 아울러 예법제도가 없기 때문이다. 모든 문제는 바로 이 두 가지로 귀착된다.

---

22 가이국甲斐國의 별칭.

금은화의
수량 감소

일반적으로 금은화의 수량이 감소하면 세상이 빈곤해진다. 통화량이 줄어들면 돈의 가치가 오르고 물가가 하락한다. 그렇게 되면 쌀을 팔아서 생활하는 무사나 농민 모두 재산이 줄어들기 때문에 장기적으로 세상 전체가 빈곤해지는 것이다.

그럼에도 "어느 해에는 큰 풍년이 들어서 쌀값이 아주 싸졌다"라고 말하는 사람이 있다. 하지만 그것은 세상이 돌아가는 전체 구조를 잘 알지 못하는 어리석은 사람이 하는 말이다. 물론 풍년이 들면 쌀값이 싸지는 것은 당연하다. 그러므로 그러한 사정도 조금은 영향을 주었을지 모르지만, 전체를 살펴본다면 그렇게 단순한 문제가 아니다.

어느 해에는 100년 만에 풍작이 들었다고 하는데, 이것은 무엇을 근거로 하는 것일까? 사고파는 물건은 어느 집이나 장부에 기록해 두지만, 그렇다 해도 5~6년 전 가격을 지금 기억하는 사람은 없다.

하물며 논밭에서 수확한 쌀이 많았는지, 적었는지를 장부에 기록해 두는 농민은 없다. 사실 겨우 20~30년 만의 풍년일 텐데, 그동안 쌀값이 아주 크게 떨어졌기 때문에 그것을 100년 만의 풍작이라고 떠들어대는 것이다.

내가 농촌에 살면서 본 것은 농민일수록 확실하고 야무진 면이 없고 대충 아무렇게나 일한다는 것이다. 벼 수확기에는 쌀밥을 너무 많이 먹고 보리 수확기에는 보리밥을 쓸데없이 많이 먹는다. 또 연공으로 바치거나 종자로 남겨둬야 할 분량도 결코 고려하지 않는다.

그러한 농민이 어떻게 100년 만에, 20~30년 만에 풍년이 들었다며 그 풍작의 정도를 기억하겠는가? 게다가 옛날에 농촌에는 돈이 아주 부족했다. 그래서 물건을 돈으로 사지 않고 쌀이나 보리를 주고 샀다. 내가 농촌에서 듣고 본 것이라 잘 아는 일이다. 그런데 겐로쿠 연간(1688~1704)부터 농촌에도 돈이 흘러들어가 지금은 모두 돈으로 물건을 산다. 따라서 어떤 사람은 이렇게 말한다.

"금은화의 수량은 겐로쿠 연간과 비교하면 절반 이내로 줄었다. 하지만 금은화의 품질은 게이초 연간(1596~1615) 당시로 돌아갔으니 게이초 시기처럼 세상이 살기 편해졌음은 틀림없다. 이렇게 금은의 품질이 좋아졌기 때문에 물가도 분명히 내려가야 하는데, 사람들의 잔꾀 때문에 물건 가격이 떨어지지 않는다."

이런 주장은 아직 세상 돌아가는 상황을 잘 모르고 하는 말이다. 지금은 게이초 연간에서 이미 100년이나 지났다. 그 시대와 비교해 현재 우리 일상은 신분의 고하와 귀천에 상관없이 알게 모르게 점점 사치스러워졌다. 그리고 그런 풍습이 당연한 것처럼 여겨져서 호사스러운 생활을 그만두기도 쉽지가 않다. 이것은 앞에서 언급했듯 예법제도가 없어서 사람들의 생활에 필요한 지출이 많아졌기 때문이다.

하인의 급여도 높아졌다. 그들의 생활은 대개 다음과 같다. 머리에는 고급 가라伽羅(침향) 기름을 바르고, 뒷머리를 묶는 끈과 잘게 썬 연초를 사며, 취직하기 위해서 보증인에게 도장 값, 즉 보증 수수료를 내고 중개인에게는 사례금을 지급한다. 만약 하인 일을 할 곳이 없어 숙소에 오랫동안 머물게 된다면 그 비용은 점점 늘어난다. 물가가 비싸서 지출도 커진다. 하인 일을 하는 동안에는 좋은 면에 솜을 누빈 누노코布子나 삼베로 만든 여름 옷 가타비라帷子를 입지만, 이것도 옛날보다는 가격이 비싸다.

술집에서는 빈 술통을 모으는 사람이나 주문을 받는 어린 중을 고용해 단골이 있는 곳을 돌아다니게 하기 때문에 하층민이라도 술을 구하는 것이 어렵지 않다. 거기다 추위를 피하기 위해 쉽게 술을 사서 마신다. 이러한 지출까지 합해보면 일해서 받은 월급만으로는 생활비가 부족하다.

50~60년 전에는 고급 머릿기름을 바르는 하인은 없었다. 그리고 뒷머리를 묶는 끈도 스스로 직접 꼬아서 만들었다. 아니면 주인이 주는 것을 사용했다. 또 잘게 썬 연초는 아직 세상에 나오지 않았기에 잎을 그대로 말린 연초를 사서 태웠다. 그래서 가격이 절반 이하였다. 보증 수수료는 아주 적었으며, 중개 사례금은 아예 없었다. 숙

169

소 비용도 아주 저렴했고, 옷값도 아주 쌌다. 술통을 모으는 사람도 없어서 술 마시는 것이 불편했다. 이렇듯 서민 한 사람의 신변만 보더라도 지출이 크게 늘어난 세상이 된 것이다. 하물며 신분이 높은 사람은 돈이 한층 더 들게 마련이다.

옛날에는 농촌에서 바치는 연공이 아주 많았지만 그래도 농가가 무너질 정도는 아니었다. 지금은 연공 부담이 그렇게 크지 않은데도 그보다 조금이라도 더 많아지면 금방 농가가 무너진다. 농민의 생활이 사치스러워져서 어지간한 소득으로는 생계를 유지할 수가 없게 됐기 때문이다.

농가의 사정이 이렇게 된 것은 돈만 있으면 무엇이든 가능하다는 풍습이 퍼져 농민의 생활이 점차 호사로워진 데다 이를 제어할 예법제도마저 없기 때문이다. 세상이 전부 이런 식으로 돌아가기 때문에 물가가 천정부지로 올라간 것이다.

세상이 이렇게 흐르기 시작한 것은 간분寬文 연간(1661~1673)부터인 것 같다. 아버지의 말씀에 따르면, 하리마播磨의 이타미 수령伊丹守은 재정 담당 관리로 일할 때 가까운 사람에게 몰래 이런 말을 했다.

"막부의 세입과 지출을 비교해보니 이미 지출이 많았다. 그래서 창고에 쌓아둔 금화를 매년 1만~2만 냥씩 지출해서 적자를 메우고 있다. 이러다 보면 나중에는 막부 관리가 분명히 곤란해질 것이다."

그 후 창고에서 금은화를 점점 더 많이 꺼내 지출해였는지, 도쿠가와 쓰나요시 쇼군 때는 닛코日光에 있는 도쇼궁東照宮에 참배하려는 계획을 두 번이나 발표했으면서도 경비 때문에 포기했다.

쇼군이 이를 유감스러워하며 관리들에게 널리 의견을 구했다. 그랬더니 오미 수령近江守인 오기와라 시게히데荻原重秀가 "닛코에 오셔서 참배한 후 다시 교토로 올라가시더라도 경비에 지장이 없게 할 만한 묘안이 있습니다"라고 말했다. 그의 의견에 따라서 겐로쿠의 금은화 주조가 시작됐다. 그 결과 창고에 돈이 가득 차게 됐다.

하지만 얼마 지나지 않은 겐로쿠 16년(1703)에 대지진이 일어났고, 그 금은화는 토목 공사에 쓰였다. 그렇게 민간에 퍼지면서 백성 사이에 유통되는 돈이 많아졌다. 사람들은 점점 더 사치하게 됐고, 상인들 또한 이익이 커진 만큼 개인과 가정생활에 씀씀이가 많아졌다. 또 한 집은 두 집으로, 두 집은 네 집, 다섯 집으로 분가해 세대수가 늘어났다. 그 결과 집이 계속 지어져 에도 거리의 끝에서 끝까지 나란히 이어지게 됐다. 그뿐 아니라 농촌 구석구석까지 상인이 다니게 됐는데, 이는 내 기억에 겐로쿠 이후의 일이다.

지금은 금은화의 수량이 절반 이하로 줄고 그 품질도 게이초 연간과 같아졌다고 하지만, 게이초 시기와는 다르게 세상은 너나없이 사치스럽다. 여기에 한번 늘어난 세대수가 원래대로 돌아가지는 않기 때문에 집집마다 재산이 절반으로 줄어든 것과 같으므로, 세상이 빈곤해진 것은 당연한 일이다.

그런데도 '화폐 주조로 세상이 좋아질 것'이라고 주장을 하니, 세상 돌아가는 상황을 잘 모르는 어리석은 자가 아닐 수 없다. 물가가 오른 것은 겐로쿠 연간에 화폐를 다시 주조하면서 금화에는 은을,

은화에는 동을 섞어 금화와 은화의 품질을 떨어뜨렸기 때문이 아니다. 또 그것 때문에 금은화의 통화량이 늘었기 때문도 아니다.

근본적인 원인은 사람들이 여행자와 같은 생활을 하고 세상에 예법제도가 없어 상인 세력이 왕성해진 데 있다. 여기에 다른 여러 요인이 더해져 차츰 물건 값이 비싸진 것이다. 아울러 겐로쿠 연간에 통화량이 증가했기 때문에 더욱더 물가가 상승했다. 이러한 사회적 상황은 그대로 놔둔 채 금은화의 수량만을 절반으로 줄였기 때문에 사람들의 구매력이 그만큼 줄었고, 돈도 쉽게 손에 들어오지 않게 됐다. 그리고 그 때문에 세상은 다시 빈곤해지고 말았다.

겐로쿠 연간에라도 통화량이 증가하는 기세를 틈타 무사의 여행자와 같은 생활양식을 중단하고 예법제도를 세웠더라면 이렇게까지 곤란한 상황에 이르지는 않았을 것이다. 지금이라도 제도를 개혁해 확실하게 세상을 안정시킨다면 금은화가 절반으로 줄었다고 해서 세상이 궁핍해지는 일은 없을 것이다. 그러나 이미 이렇게 된 이상, 우선 금은화의 수량 문제를 개선하지 않으면 여행자와 같은 생활을 그만두는 것도 예법제도를 세우는 것도 아주 어렵다.

세상을 개혁한다는 것은 익숙한 전부를 바꾸려는 움직임이기 때문에 사람들이 스스로 나서서 협력하리라고 기대해서는 안 된다. 한꺼번에 큰 개혁을 추진한다면 소동이 일어날 것이며, 세상은 점차 빈곤해지게 되어 좋은 결과를 바랄 수가 없다. 그러므로 우선 경기가 좋아지는 방법을 강구하지 않으면 안 된다. 어떻게 하면 좋을까? 동전銅錢을 주조하는 것이 무엇보다도 좋은 방법이다.

환전소 등에서는 금은화를 시금석으로 마찰해보고 품질이 좋은 지 나쁜지 판단하는데, 바보 같은 짓이다. 왜냐하면 겐로쿠 연간에 금은의 순도를 떨어뜨려 화폐를 주조했으니 금은화의 품질은 당연히 나빠졌는데, 실제 동전과의 교환 비율은 그다지 변하지 않았기 때문이다. 즉 품질이 좋은 게이초 연간의 금은화와의 상대가치가 그대로였던 셈이다. 지금은 겐로쿠 연간의 금은화를 좋은 품질로 다시 주조했지만 동전과의 교환 비율은 겐로쿠 시대와 비교해 변하지 않았다. 요컨대 겐로쿠 연간의 금은화와 지금 금은화의 상대가치는 완전히 같다.

상대가치가 변하지 않으면 한 냥은 역시 한 냥이며, 한 냥을 두 냥의 가치로 통용하는 것은 불가능하다. 따라서 금은의 품질을 높여도 물가를 진정시키는 데는 아무런 도움이 되지 않는다. 결국 겐로쿠의 금은화를 품질을 높여 다시 주조하지 않고 기존에 통용되어온 금은화의 수량만 절반 이하로 줄인 경우와 완전히 같다. 그렇게 생각해본다면 세상이 궁핍해지는 것도 당연한 일이다.

지금 만약 동전을 다량으로 주조해서 금화 한 냥에 대한 공정 시세가 4관문貫文[23], 즉 4000문文인 것을 한 냥에 7관문이나 8관문이 되도록 한다면 금은화의 통화량이 절반으로 감소하더라도 상대가치가 두 배로 높아지는 셈이니 결국 금은화를 다시 주조하지 않고 그냥 두어도 총통화량은 감소하지 않게 될 것이다.

---

23 관문이란 동전을 세는 단위를 말한다. 1000문을 1관문으로 계산한다. 관

금은화는 동전과의 교환 비율이 높아지면 상대가치가 떨어지고 위력도 적어진다. 반대로 동전과의 교환 비율이 낮아지면 상대가치가 높아지고 위력도 강해진다. 금은화의 품질을 높이는 것만으로는 아무런 도움이 되지 않는 셈이다. 예를 들어 하인을 아주 많이 둔 사람은 신분이 높은 자로 인정받고, 그 반대인 사람은 신분이 낮은 자로 평가되는 것과 같다.

한편 동전 수량이 감소하면 동전의 가치가 높아지므로 금은화의 가치도 따라서 높아진다고 말하는 사람이 있는데, 역시 세상의 실정을 전혀 모르고 하는 말이다. 이런 사람은 말만 잘하고 올바른 판단은 하지 못한다.

가장 싼 물건의 가격은 동전 한 닢이다. 이보다 더 싼 물건은 없다. 동전 수량이 줄어서 그 가치가 높아졌다 하더라도 한 닢을 두 개로, 세 개로 나누어 사용할 수 있는 것은 아니다. 따라서 가장 가치가 낮은 동전을 기준으로 하여 금은화의 위력이나 작용이 강한지 약한지를 측정하는 것이다.

그러한 이치 때문에 동전을 대량으로 주조해서 유통한다면 금은화가 절반으로 감소해도 사람들의 생활이 그다지 고통스럽지는 않을 것이다. 하지만 동전을 늘린다고 해도 여행자와 같은 생활을 바꾸지 않고 예법제도도 세우지 않는다면, 세상 사람의 사치는 더욱

문은 관貫이라고도 한다. 에도 시대에는 960문을 1관문으로 계산했다. 메이지 시대에는 10전이 1관문이었다.

심해지고 마침내는 궁핍에 빠질 것이다. 당분간은 구매력이 커져서 세상이 윤택해 보일지 모르지만 결국 겐로쿠의 금은화를 품질을 높이지 않고 그대로 두는 것과 마찬가지 상황이 되기 때문이다.

한편 동전의 시세는 게이초 연간에는 금화 한 냥에 동전 4관문이었다고 들었다. 그 동전이 여러 지방에 널리 퍼지면서 점점 부족해졌다. 그래서 이즈 지역의 수령 마쓰다이라는 교토 호코지方廣寺의 대불을 부수어 동전을 만들었다.

그 후 동전 수량이 증가해서 지금으로부터 30~40년 전에는 한 냥에 5관문이었다. 그러던 것이 겐로쿠 연간부터 4관문이 됐고, 쇼토쿠正德 연간(1711~1716)이 끝날 즈음에는 한 냥에 2관400문 내지 2관800문이 됐다. 이렇게 된 것은 그 당시 통용되던 겐지 금이 다시 제조된 것을 알고 손해를 보지 않기 위해 동전의 가치를 끌어올린 것으로, 여기에는 상인의 나쁜 기술이 개입된 것이다. 동전의 수량에 따른 것은 아니었다.

현재는 또 금화 한 냥에 4관문 내외가 됐고, 그 이하로는 떨어지지 않는다. 이것은 동전의 수량이 감소했기 때문이다. 그 이유로는 두 가지가 있다.

하나는, 실질적으로 동전의 수량이 줄어든 일은 없었다고 하더라도, 겐로쿠 연간 이후 상인이 농촌의 구석구석까지 그리고 산속 깊은 곳까지 들어가게 돼서 농촌 사람도 돈으로 물건 사는 일을 알게 됐다. 그 때문에 보통의 조그마한 일은 동전으로 해결하게 됐다. 이렇게 동전이 각지에서 유통돼 에도에 쉽게 집중되지 않는다. 이 때문에 실제로 동전의 수량이 감소하지 않았다 하더라도 상인이 각지에 돌아다닐수록 동전의 수요가 많아지는 것은 당연한 이치이며, 결국 부족해지는 것이다.

다른 하나는, 동전이 실제로 감소한 점도 있다. 앞서 말했듯, 이즈 수령 마쓰다이라는 부처의 큰 자비를 깨달아 세상 사람을 위해 대불을 부수어 동전을 만들었다. 하지만 극락왕생을 원하는 백성은 그것을 부처에 대한 무례로 여겨 그때의 동전을 보기만 하면 모아서 다시 불상을 만들거나 범종을 주조하는 화로에 집어넣었다. 그래서 지금은 당시의 동전이 거의 남아 있지 않다. 대불로 만든 동전, 즉 대불전大佛錢은 새겨 넣은 글자 모양이 특이해서 보면 금방 알 수 있었다.

그 외에 화재로 불타 없어지기도 했다. 또 데와 지방의 유도노산湯殿山 가운데 있는 연못에 던지거나 아사마산淺間山 분화구에 동전을 던지는 일도 있었다. 아니면 삼도천三途川[24]을 건널 때 사용하라고 육도전六道錢을 죽은 자와 함께 땅속에 매장하기도 했다. 이런 것이 오랜 시간 동안 쌓이고 쌓여서 막대한 금액이 됐으니, 그 분량만큼 실제로 감소한 셈이다.

한편 동전을 대량으로 주조하려 해도 현재는 나가사키에서 일정 금액의 동銅을 외국에 수출하기 때문에 국내에 동이 부족하다. 그

---

24 죽은 자가 저세상으로 갈 때 건넌다는 큰 내. 생전에 지은 업에 따라 세 가지 다른 여울이 정해진다.

점이 문제가 될 것이다.

국내에 동이 부족한 또 다른 이유도 있다. 최근 30~40년간 에도 는 물론이고 농촌 구석구석의 작은 사찰에 이르기까지 모두 종을 주조하지 않는 곳이 없다. 일본 전국의 60여 주州를 조사해보면 막 대한 동 소비량을 알 수 있을 것이다. 작은 불상도 아주 많다.

불상이나 종이 너무 많아지면 오히려 신앙심은 옅어진다. 그러니 이는 불법을 위해서도 좋지 않은 현상이다. 종루도 없는 작은 사원 에서, 그것도 종을 치는 사람조차 없는 곳에 단가로부터 기부받아 만든 종을 처마 밑에 걸어놓는 것은 무엇 때문일까?

칠 수 없게 만든 종은 소리가 나지 않는다. 소리가 나지 않는 종은 아무런 도움도 되지 않는다. 진실로 쓸모없는 물건이다. 이런 종을 비롯해 세간의 동으로 된 기구를 모두 다 부수어 동전을 주조한다 면 얼마든지 만들 수 있다. 그렇게 하여 세상의 빈곤을 구제한다면 부처의 대자대비에도 어울릴 것이다.

다만 속세 사람이 멋대로 판단해 각지의 절에 있는 종을 철거해 모으거나 한다면 어리석은 사람의 마음을 거슬리게 될 것이다. 그러 므로 지덕 있는 고승과 상담해 교화의 설법을 한 뒤에 종을 수집해 야 한다. 종각이 지어져 있고 종지기도 있는 훌륭한 사찰은 제외한 다. 그 외에 작은 사찰의 종은 모두 모아 동전을 주조하고, 그 동전을 원래의 사찰에 보내 사찰 수리비로 사용하게 하면 좋을 것 같다.

한편 동전은 무거워서 여행 중에 가지고 다니기에 불편하다. 그 러므로 영주가 다스리는 곳에서도 희망에 따라 동전 주조를 허용해

2 부 경제의 란우요

177

야 한다. 중국에서도 동전은 지역별로 주조하고, 그 지역의 이름을 표면에 새기게 했다.

또 유도노산이나 아사마산에서는 종이로 만든 돈을 판매해 그것을 동전 대신 던지게 해야 한다. 그렇게 하면 각 사원에 이익도 되고 세간에 통용되는 보화가 사라지지도 않을 것이다. 원래 승려에게는 금은이나 쌀 혹은 동전을 보내고 부처나 신에게는 종이돈을 올리는 것이 옛날의 법이었다. 사실 부처나 신에게는 금은, 쌀, 동전은 필요 없는 것이다. 그저 신앙을 가진 사람이 정성스러운 마음을 표하기 위해서 그것을 올리는 것이다. 그러니 종이돈을 사서 올리면 된다. 지금도 천태종의 의식에서는 종이돈이 사용된다. 또 죽은 자의 관에 넣는 노잣돈도 종이로 하면 된다.

성인이 정해놓은 법에도 분묘에 매장하는 것은 명기明器라고 하여 사람에게 도움이 되는 기물은 넣지 않았다. 대신 형태를 갖춘 모형을 만들어 관 속에 넣었다. 중국에서는 모두 이와 같이 한다. 이 같은 법제를 정해둔다면 앞으로 동전이 감소하는 일은 적어질 것이다.

금전의
대차거래

요즘 세상에는 금은화를 빌려주고 빌리는 길이 막혀 있다. 다시 말해 금은화의 대차거래가 원활치 않다는 말이다. 최근 수년간 금은화의 대차와 관련한 소송은 거의 당사자 간의 교섭으로 해결해야 하는 문제라고 생각했다. 막부도 그러한 소송에는 판결을 내리지 않는 것을 원칙으로 삼는다.

그 때문에 금은화가 부자의 손에 들어가면 세상에 유통되지 않는다. 그래서 금은화의 기능이 줄어들어 세상이 빈곤해진 것이다. 옛날, 아직 금은화를 사용하지 않았던 시대에 화폐는 동전뿐이었다.

돈이라는 뜻의 글자는 원래 '전錢'이 아니라 '천泉'이었다. 돈의 역할은 땅속에서 흘러나오는 샘물과 같이 온 세상을 여기저기 돌아다니면서 모두를 윤택하게 하는 것이다. 그래서 천에 비유한 것이다. 그러다가 나중에 전으로 바꾸어 사용하게 됐다.

마찬가지로 금은화에도 세상을 돌아다니며 사람에게 도움이 되게 하는 기능이 있다. 부자라도 언제나 돈을 손에 쥐고 있는 것은 아니다. 대개는 다른 사람에게 빌려주고 증서를 가지든지, 돈 대신 저당으로 잡은 담보물을 가지고 있다.

실물의 금은화는 한곳에 모여 있지 않고 여기저기 사방으로 돌아다닌다. 덕분에 100냥의 돈이 10만 냥의 역할을 하기도 한다. 증서를 모아서 계산해보면 10만 냥이 넘는다 해도 실제 움직이는 현금은 겨우 100냥뿐이다. 이것이 금은화가 존재하는 현실 모습이다. 그러므로 금은화의 수량이 감소하고 그 뒤에 다시 대차거래의 길까지 막힌다면 세상 사람들은 아주 곤란한 상황에 처하게 되는 것이다.

특히 1년간 사용하는 생활비를 평균적으로 계산해보면 대략 생활의 기준이 서는데, 살다 보면 불시에 지출해야 하는 일이 생기게 마련인지라 거기까지 미리 계산해두기는 불가능하다. 남는 돈으로 부족분을 메우는 것은 천지자연의 이치이니 금전의 대차는 성인이 다스리던 고대 이래 존재해왔다. 따라서 금전의 대차거래가 막힌다는 것은 이치에 어긋나는 일이다.

최근에는 대차와 관련해 소송이 벌어졌을 때 심판하는 것이 어려운 상황이라 문제가 생기면 대부분 당사자끼리 해결한다. 그런데 이것은 재판을 담당하는 관리가 너무 자의적으로 판단하는 게 아닐까? 다툼은 대개 재화 때문에 일어난다. 소송 시 판결은 그 다툼을 중지하는 방법이다. 따라서 관리가 금전의 대차와 관련한 재판에서 심판하는 것 역시 고대 이래 중요한 정치적 임무였다. 《주례周禮》에도 그렇게 기록돼 있다. 그럼에도 '당사자 해결'을 내세우며 심판하지 않는다면 세상을 통치하는 사람이 존재하지 않는 것과 같다. 이는 무엇보다도 잘못된 일이다.

그들이 판결을 내리기 힘들다고 하는 이유는 다음과 같다. 법대로 심판할수록 무사는 신분의 높고 낮음에 상관없이 모두 몰락할 것이 확실하기 때문이다. 이런 결과는 대차에 관한 법규가 확립돼 있지 않기 때문인데, 그 상태로 오랜 기간이 경과하면 빚이 점점 커져서 더는 손을 쓸 수 없게 돼버린다. 그래서 이때 소송을 제대로 심판한다면 돈을 빌린 자는 모두 망하게 되고 마는 것이다.

하지만 일본에는 옛날부터 '갱시更始'라고 하는 제도가 있다. 갱시란 '다시 시작한다'는 뜻으로, 옛날에 빌린 차입금을 없애고 지금부터 새롭게 시작해서 이후의 소송에서는 올바르게 재판하는 것이다. 세속에서 '덕정德政'[25]이라고 입버릇처럼 하는 말이 여기에 해당한다.

이런 방법이 아니면 계속 쌓여서 엄청나게 늘어난 채무를 해결하기 힘들다. 덕정을 행하지 않으면 돈을 빌린 사람은 대개 파산하고 만다. 10년 이전에 빌린 돈과 관련한 재판은 하지 않는다는 막부의 명령은 덕정과 유사하다. 하지만 그것이 진짜 덕정은 아니다. 또 덕정을 실시했다 하더라도 앞으로 대차에 관한 법규를 확실히 세우지

---

25 여기서 덕정은 무사의 가난을 구제하기 위해 그들이 저당 잡힌 토지나 물건을 무상으로 돌려받게 하는 일을 말한다. 즉 막부의 직권으로 채권이나 채무 관계를 없애는 것이다.

않는다면 10년이나 20년이 지나 또다시 덕정을 행하지 않으리란 법이 없다. 아랫사람은 위정자를 의심하기 마련이고 끊임없이 경계한다. 그래서 점차 금은화의 유통이 정체되는 것이다. 따라서 앞으로는 대차 관련 소송을 정확히 심판해야 한다. 그러기 위해서라도 '현재 이전의 대차거래는 이번에 덕정으로 해결한다' 하고 명시를 했으면 하는 것이다.

현재는 대차거래 시 당사자끼리만 상호 계약을 한다. 그러면서 문제가 생기면 관청에 호소를 한다. 그래서 대차를 둘러싼 여러 가지 나쁜 일이 일어나는 것이다. 이와 관련해 참고할 만한 대차거래 법규로 중국에는 계권법契券法(계약서 법)이라는 것이 있었다. 차용증 용지를 관리가 교부하고 그 대가를 징수해서 용지 비용으로 충당한다. 그 종이를 사용한 차용 계약이 아니면 소송이 제기되더라도 재판을 하지 않는다. 즉 이 종이를 사용한 증서만을 재판에서 취급하는 것으로 정하고, 그 위에 대차거래 법규를 세우는 것이다. 하지만 이 법을 일본에서 실시하기에는 효과가 적고 또 번잡해서 불편할 수도 있다.

대신 용지는 무엇이든 사용해도 좋지만, 영주나 오인조가 날인해서 보증한 차용증서만을 재판에서 취급하고, 그 이외에는 당사자 해결로 하게 하면 된다. 그렇게 하면 분명한 사유가 없는 한 금전 차용은 하지 않을 것이다. 그리고 격식에 맞지 않는 차용이나 대차거래 법규를 위반한 차용금에 대해서는 소송의 대상으로 삼지 않게 될 것이다.

한편 법규로 차용금에 대한 이율을 정하고, 이자가 어느 정도 쌓이면 신고하도록 정해둔다. 법률에 반하는 높은 이자는 죄로 삼고, 이자가 쌓여서 금액이 일정 한도에 달하면 소송을 받아들이지 않도록 한다. 이자를 순조롭게 지불하는 경우라도 이자의 총액이 원금과 같아지게 되면 그 이상은 이자를 납부하지 않고 원금만 상환해 나가게 한다. 이렇게 법규를 세워둔다면 재판이 정체되는 일은 없을 것이다. 외상으로 물건을 산 경우 문제가 생기면 물론 당사자끼리 해결하면 된다.

또 돈이 남는 사람과 부족한 사람 사이에 융통하는 방법으로 계契[26]라는 좋은 제도가 있다. 중국의 사창社倉[27] 또한 아주 훌륭한 제도다. 하지만 에도에서는 주소가 일정치 않거나 갑자기 도망쳐 행방을 감추는 사람이 많기 때문에 금세 계가 붕괴되거나 곤란한 문제가 생기고 만다. 즉 중간에 돈을 타고는 사라져버리는 사람이 많다. 그래서 막부가 계를 금지하는 것이다.

계가 붕괴되는 일을 막으려면 앞에서도 언급했듯이 호적제도를 정한 뒤에 무사의 계는 향리(키모이리肝煎)가, 일반 평민의 계는 이장(마치마누시町名主)이 그 업무를 취급하도록 하면 된다. 그러면 돈이 궁한 사람은 계를 들어 부족함을 메울 수 있다. 지금도 농촌에서는

26 계를 일본어로는 '무진無盡'이라고 한다.
27 기근을 대비해 설치한 곡물 창고. 지역사회에서 공동으로 부조하기 위해 곡물을 공동 출자해 창고에 저장하는데, 그 뒤 기근이 발생하면 그것으로 구제 활동을 한다.

계가 무너지는 일이 없다. 영주가 돈을 빌릴 때도 그 가신이 도장을 찍어야 하기 때문이다. 그러므로 오사카나 에도에서도 그 지역을 담당하는 관리가 도장을 찍은 뒤에 대차거래를 해야 한다.

한편 영주의 영지에서 나는 쌀 수확량에 따라서 어느 정도까지 차용이 가능하다는 한도를 정해야 한다. 그리고 영지 내의 어떤 마을에서 나는 소작미를 이자와 원금 변제를 위한 저당으로 삼는다는 식으로 제도를 정한다면 그 이후에는 차용금이 크게 늘어날 일이 없을 것이다.

예법제도

앞에서 언급했듯이 윗사람이나 아랫사람 모두 절약을 실천하고 사치스러운 생활을 하지 않게 하는 방법 중에 예법제도보다 좋은 것이 없다. 막부에서 절약을 실행하고 세상에 모범을 보이려는 생각이 있더라도 제도를 정해두지 않는다면 아랫사람에게까지 정착되기 힘들다.

그래서 단지 '윗 사람이 이상한 것을 좋아하는 취미가 있어 소박한 물건을 사용한다'는 등 이상한 소문이 퍼질 뿐이며, 아무런 도움이 되지 않는다. 쇼군의 검소한 생활이라는 규칙도 제도를 세우지 않는다면 시대가 바뀐 뒤, 즉 좋아하는 것을 취하고자 하는 다음 쇼군 대에 이르러 완전히 사라져버릴 수도 있다. 그래서 결국 이전의 규칙은 의미 없는 것이 되어버린다.

제도를 세우는 방법은 다음과 같다. 위로는 영주로부터 아래로는 낮은 신분의 무사에 이르기까지 의복, 집, 그릇, 식사, 수행원 수까지도 관직이나 지위 혹은 봉록에 따라 일정한 한도를 세워야 한다. 그렇게 한다면 분에 넘치는 사치는 하고 싶어도 할 수 없게 될 것이다.

집이나 그릇 등은 영구적으로 사용하는 것이기 때문에 세습하는 봉록에 따라서 한도를 정해두면 된다. 의복이나 수행원 수는 관직이나 직위 혹은 봉록에 따라서 다르게 한다. 쇼군이 있는 궁에서는 의복의 종류에 따라서 관직이나 직위, 봉록의 구별이 분명히 보이기 때문에 저절로 무례를 범하지 않게 된다.

도로에서는 수행원의 복장이나 주인의 가마, 마구 등의 종류에 따라서 관직이나 직위, 봉록이 분명히 드러나기 때문에 역시 무례를 범하는 일이 자연적으로 없어질 것이다. 지금처럼 수행원을 많이 데리고 돌아다니면서 혼잡을 일으키거나 불필요한 일용직을 고용해서까지 사람 수를 많아 보이도록 과시하는 풍조 또한 저절로 사라질 것이다.

의복제도를 세울 때는 에보시나 히타타레를 사용하도록 해야 한다. 지금은 가미시모上下를 입어도, 아니면 긴 가미시모長上下를 입어도 밑에 받쳐 입는 흰 옷이 아래쪽에 드러난다. 즉 가미시모 밑에 보이는 고소데小袖가 그것이다.[28] 원래는 흰색이지만, 현재 여러 가지 바탕색의 고소데가 나와 있다.

---

28 에보시는 '검은색 두건', 히타타레는 '옷깃이 긴 상의', 가미시모는 '무사의 예복', 긴 가미시모는 '무사의 긴 예복', 고소데는 '소매통이 좁은 평상복'을 말한다.

에도 시대의 히타타레 착용도(일본 국회도서관 소장). 소라이는 무사의 복식으로
상대적으로 간편한 히타타레를 지지하면서도 값싼 삼베를 옷감으로 삼는 것은 피했다.
사치를 막되 신분 구별은 명확해야 한다는 그의 가치관이 드러나는 대목이다.

　　이러한 옷은 개인의 취향이나 세상의 유행에 따라서 변하기 때문
에 제도를 정하기가 어렵다. 무사의 예복도 단순한 가미시모가 있
고, 속감이 달린 것이나 긴 가미시모 혹은 여름용 가미시모가 있다.
하오리羽織(소매가 짧은 상의)도 필요한가 하면, 노시메熨斗目(소매가
넓은 상의)도 필요하다. 하의도 면이 들어간 것이 있는가 하면 안감을
덧댄 것도 있고, 안감을 대지 않은 옷(카타비라帷子)도 있다.

　　이렇게 많은 종류의 옷이 필요하기 때문에 절약할 수가 없는 것이

다. 지금 제도를 세워서 속옷 위에 히타타레를 입도록 정한다면, 속옷은 보이지 않기 때문에 무엇을 입어도 좋아 진실로 편할 것이다.

히타타레를 조금 화려하게 해서 우선 두 벌 정도 만들어둔다면 1년 내내 아쉬운 대로 사용이 가능할 것이다. 그 속에 입는 옷은 현재의 고소데도 좋고, 면을 넣은 것도 좋고, 부인의 고소데라도 좋다. 무엇이든지 겉으로 보이지 않기 때문에 입고 다니는 데는 지장이 없다. 승려복처럼 겉을 한 번 감싸주면 그것으로 끝나는 것이다. 히타타레는 옷감도 일정하고 색도 일정하며 문양도 없고 모양도 바꿀 수 없으니 자유롭게 사치할 수 있는 옷이 아니다. 그러므로 별나게 꾸밀 수 있는 여지가 없다.

또 히타타레의 일종인 스오素袍[29]를 입어도 좋은데, 다만 스오를 만드는 옷감은 삼베라 너무 소박하다. 이 옷은 옛날 무사의 사회적 지위가 농민과 마찬가지로 비천했을 때 입던 것이다. 서민의 옷을 옛날부터 포의布衣라고 했는데, 당시 무사는 삼베로 된 옷을 입는 사람이었다. 당시로서는 신분에 잘 맞는 옷이었다.

하지만 지금 무사와 농민은 분명히 다르기 때문에 무사가 삼베 의복을 입는 것은 오늘날의 인정人情에 맞지 않다. 특히 훌륭하고 아름다운 복장을 좋아하는 것은 인지상정이다. 너무 소박하게 제도를 정하면 사람들이 좋아하지 않고, 결국 따르려고 하지 않기 때문

---

29 히타타레와 비슷한 옷으로, 원래 서민의 평상복이었으나 나중에 무사의 평상복이 됐다가 예복으로 쓰였다.

에 반드시 법이 무너지고 만다.

수행원 수를 제도로 정할 때는 영주라도 많은 수의 수행원을 거느리지 못하게 해야 한다. 한 지방 이상을 보유한 대영주라도 1만 석을 받는 영주 정도로 수행원 수를 줄여야 한다. 그 아래의 영주도 단계별로 줄여서 200~300석 이하의 무사는 수행원을 한 명 정도로 하면 좋을 것 같다. 수행원을 격식에 따라 많이 쓸 수 있게 정해두면 어쨌든 임시로 사람을 고용하게 되며, 결국 감당하지 못하는 상황이 벌어지기 때문이다.

그 대신 수행원의 의복이나 주인의 가마, 마구의 장식 혹은 우산이나 창의 장식 등에 등급을 매겨서 그것을 소유한 주인의 직위나 봉록 혹은 관직을 한눈에 알아볼 수 있게 해야 한다. 지금처럼 수행원을 많이 데리고 다니면서 떠들썩하게 보이는 것이 훌륭하다고 생각하는 관습을 바꾸기 위해서는 행렬이 가능하면 멋있어 보이게끔 장식을 격식에 따라 사용할 수 있도록 제도로 정해두면 좋을 것이다.

예컨대 중국식 깃발이라도 들게 하고, 양산이라도 들게 하는 정도로 하면 좋을 것 같다. 다만 중국식이라 하더라도 일본 고대 조정의 제도에 구애를 받을 필요는 없다. 궁정귀족이 지배하던 시대의 무사는 아주 하찮은 신분이었다. 그 시대의 제도를 채용하는 것은 요즘 사회와 어울리지 않는다.

그런 점에서 보더라도 에보시나 히타타레는 궁정귀족의 예복이 아니다. 옛날에는 엄연한 무사의 풍속이었다. 거기에 지금 무사의 격식에 맞도록 등급을 붙인다면 어렵지 않게 제도화할 수 있다. 다만 에보시에 히타타레를 입은 모습이 어쩐지 연약해 보인다고 말하는 사람이 많다. 하지만 이것도 드러난 흰옷의 모습을 자꾸 보아서 생긴 편견에 지나지 않는다. 그림으로 그린 것을 보면 가미시모를 입은 모습이 결코 보기에 좋지 않다. 이것이 정직한 관찰이다.

또 히타타레를 입고 무술을 하기에는 불편하다고 말하는 사람도 있는 것 같은데, 겐페이源平 시대나《태평기》에 그려진 시대에는 모두 에보시에 히타타레를 입은 모습이었다. 그러한 복장으로도 무사로서 할 일을 다 했다. 에보시 역시 너무도 궁핍해 보이기 때문에 하루도 그것을 쓸 수 없다는 사람이 있으나, 이것도 습관이다. 기존 습관을 계속 유지하려고 하는 것은 좋지 않은 버릇이다.

어쨌든 절약하기 위해서, 그리고 궁핍을 벗어나기 위해서는 에보시에 히타타레를 입도록 제도로 정하고, 수행원 수를 줄이는 것 외의 다른 방법은 없을 것이다.

그런데 이러한 제도를 만들려고 할 때 어떤 계기가 없으면 실행하기 힘들다. 우선 닛코日光에 있는 도쇼궁東照宮[30]에 먼저 보고해야한다. 그런 다음 닛코에 참배를 가기 약 2~3년 전부터 '수행원을 데리고 다닐 때의 복장이나 영주의 참배 복장을 이번에는 이렇게 정

---

30 에도 막부의 초대 쇼군인 도쿠가와 이에야스를 모신 신사다. 일본 신도에서는 도쿠가와 이에야스 사후에 그를 '도쇼 다이곤겐東照大權現'이라는 신으로 모신다.

한다'라고 명령을 내려서 충분히 준비하게 한다. 그리고 참배 이후 곧바로 평소에도 그렇게 하도록 새로운 제도를 발표하고 적용하면 좋을 것이다.

한편 이는 윗사람에서 아랫사람에 이르기까지 복장을 전부 바꾸는 것이기 때문에 기술자나 상인이 그동안의 손버릇을 이용해 이익을 높이려고 분명히 일을 꾸밀 것이다. 따라서 그러한 점에 대해서도 미리 조치를 강구해둘 필요가 있다.

이처럼 상세하게 무가의 제도를 세우는 것이 절약하는 가장 좋은 방법이다. 하지만 여러 가지 일을 새롭게 바꾸는 것이기 때문에 지금처럼 궁핍한 세상에서는 한꺼번에 하기 어렵다. 그래서 우선 영주들에게 참근교대를 하러 가는 도중이나, 혹은 에도 거리를 왕래할 때라도 수행원 수를 줄이고 에도 저택에 근무하는 가신 수도 줄이도록 해야 한다.

무엇이든 중대한 일을 하려 할 때는 우선 큰 줄거리를 세우고 그 뒤에 상세한 내용을 채워 나가면 실행하기가 쉬운 법이다. 선후先後 완급緩急의 순서는 이런 것을 말한다. 즉 상민이나 농민의 의복은 삼베와 면으로 정한다. 노인이나 여성의 의복은 비단으로 만든 쓰무기紬[31]까지는 허용하고 그 외에는 엄격히 금한다. 다만 면으로 된 것 중 산토메지마棧留縞나 가나킨金巾 혹은 당나라 면 같은 수입 직물의 사용은 허용하지 않는다.

---

31   기모노의 일종으로, 비단으로 만든 평상복이다.

주택에는 도코노마床の間나 그 안의 선반[32] 혹은 서원식 건축(쇼인즈쿠리書院造り) 제작은 금지한다. 또 상인방(나게시長押), 툇마루, 중국 종이를 붙인 미닫이문, 벽 치장, 붉은색 칠, 백토 사용, 아랫부분에 판자를 댄 미닫이, 각목을 덧댄 판자문, 삼나무 문, 통풍이나 채광을 위해 천장 바로 아래 벽에 만든 작은 창(란마欄間) 등도 반드시 금지해야 한다. 현관에 마루를 내거나 천장을 별도로 붙이는 것도 금지해야 한다.

또 주변의 기물을 금은 가루를 사용한 칠공예[33]나 자개 세공 혹은 금·은, 붉은 동을 사용하거나 검은색 혹은 붉은색으로 칠해 멋을 내는 일도 엄격히 금해야 한다. 허리에 차는 호신용 칼[34]은 가죽이나 등나무로 손잡이를 만들고, 손잡이에 달아 늘어뜨리는 끈은 가죽으로 만들게 한다. 다만 칼집은 검은 칠을 허락해도 좋다. 가마는 상인과 농민 등 일반 평민은 모두 이용할 수 없게 금지해야 한다.

종이도 다음과 같은 종류는 엄격히 그 사용을 금지해야 한다. 예를 들면 쇼군이 명령을 내릴 때 사용하는 봉서, 삼나무로 만든 종이,

32 도코노마는 일본 건축물의 객실 정면에 바닥을 조금 높여 꾸민 장소. 벽에는 그림 등을 걸고 바닥에는 장식품을 올려둔다. 선반은 '지가이다나違い棚'라고 하는데, 도코노마의 벽에 두 개의 판자를 위아래로 설치하되, 끝부분이 겹쳐지게 연결한다. 장식용 선반이다.

33 원문은 마키에蒔繪와 나시지梨地로, 마키에는 옻으로 문양을 그린 다음 금·은·주석 가루나 색색의 가루를 뿌려 굳히는 기법이고, 나시지는 배 껍질이 주는 느낌처럼 거친 질감이 나게 하는 기법이다.

34 원문은 와키자시脇差로 왼쪽 허리에 차는 호신용 칼을 일컫는데, 에도 시대에는 장도인 우치가타나打刀와 함께 휴대하며 보조용으로 사용했다.

에도 시대 가옥을 재현한 주택의 내부. 정면 우측의 벽장과 같은 곳이 도코노마다.
그 오른편 천장과 미닫이문 사이의 작은 창이 란마이고, 란마와 미닫이문 사이에 길게 댄
판자가 나게시(상인방)이다.

쌀가루를 섞어 만든 종이, 미농지, 단지檀紙 등이다. 농민이 촛대나
초롱, 우의를 사용하는 것도 엄격히 금해야 한다.

이는 상인이나 농민을 미워해서가 아니다. 그들의 생활이 호사스
러워져서 지출이 지나치게 늘어났기 때문이다. 이러한 법규를 세워
서 사치를 제한하는 것은 그들을 위해서도 좋은 것이다.

원래 상인이나 농민이 여러 가지 물건을 제멋대로 사용하기 때문
에 물가도 뒤따라서 날마다 오르는 것이다. 하지만 생활을 규제하는
일은 막대기 끝에 종을 매달아놓는 것과 같다. 먼 곳에서 명령을 내

리는 것만으로는 좀처럼 철저하게 바꿀 수 없을 것이다. 따라서 현재 기독교 신자(기리시탄吉利支丹)를 탄압하는 것처럼 엄밀하게 처리하지 않으면 안 된다. 무엇보다도 무사를 영지에 머물게 해야 한다. 그러지 않는다면 규제를 실시한다 해도 농촌까지 그 효력이 미치기는 힘들 것이다.

먼저 상인이나 농민을 대상으로 제도를 세우는 것만으로도 물가는 생각 이상으로 떨어질 것이다. 그런 식으로 4~5년이 지나면 생활이 조금은 안락해질 것이다. 그런 다음 무사를 대상으로도 제도를 상세하게 세워 나간다면 막부에서 추진하는 정치의 도가 막히지 않고 자연스럽게 흘러갈 것이다. 이것이야말로 선후와 완급을 구별하는 것이다.

무가의 미곡 저장

지금까지 설명한 대로 실행한다면 세상의 빈곤은 구제될 것이다. 하지만 무사의 영지에 수해나 풍해가 올 수도 있다. 또 어느 집이든 아이가 많거나 다수의 며느리 혹은 사위를 들였거나 혹은 가족이 병에 걸리게 되면 대체로 빈곤에 빠지게 마련이다. 평소 마음의 준비가 덜 되어 있어서 이런 일이 생기는 것은 아니다. 이때 주변 사람은 그런 이웃을 도와주거나 규제를 해야 한다.

에도에서는 거리(마치町)마다 그 거리, 즉 마을 바깥으로 나갈 수 없도록 정해둘 필요가 있다. 농촌에서는 무사가 영지에 거주하면서 일정 지역(고리郡) 내에 살고 있는 무사들을 하나의 조직으로 만들어둘 필요가 있다. 그리고 같은 지역에 사는 무사끼리 어릴 때부터 친근하게 교제하고 서로 익숙해지도록 해야 한다. 나쁜 일은 서로 충고하게 하고, 그래도 고치지 않는 자가 있다면 그 조직의 우두머리에게 보고해야 한다. 이런 제도를 만들어둔다면 자연적으로 서로

2부 경제의 완화 요

195

돕게 될 것이다. 이것이 인지상정이다.

그런 다음 쇼군 직속의 영지나 무사 개인의 영지에서 연공으로 수납한 쌀을 함부로 모두 팔아버릴 수 없게 창고를 세워 저장해두어야 한다. 우선 창고의 한켠에 공간을 마련해 탈곡하지 않은 벼를 그대로 보관한다. 벼 껍질을 벗기지 않고 저장해두면 몇 년이라도 보존이 가능하기 때문이다. 가마니에 넣지 않으면 도난 방지도 가능하고 벌레도 생기지 않는다. 이것은 중국에서 사용하는 방법이며 오미近江[35] 지방에서는 지금도 이렇게 한다. 일본 고대의 토지대장을 보면 연공 가격이 의외로 매우 높다. 이 또한 탈곡하지 않은 채 저장하던 시대의 계산일 것이다.

매년 연공의 4분의 1 정도는 결코 팔아버려서는 안 된다. 이는 고대 중국의 법제다. 이렇게 하면 몇 년 후에는 1년분의 연공을 저장할 수 있다. 이렇게 방비해두면 주변의 동료가 어려워졌을 때 도와줄 수 있다. 또 큰 기근이 들었을 때 백성을 구제할 수도 있다. 반란이 일어났을 때 이를 진압할 병사의 식량을 대는 데도 부족함이 없을 것이다.

어리석은 병법가는 전쟁을 준비할 때 돈을 저축하지만, 정작 전시에 필요한 것은 식량이다. 아무리 많은 돈을 가지고 있어 봐야 흙이나 돌멩이를 쌓아둔 것과 같다. 아무짝에도 쓸모없는 금속 덩어리에 불과한 것이다.

---

35 현재의 시가현滋賀縣.

병법에서는 농성을 할 때 한 사람분의 하루 식사를 쌀 세 되로 계산한다. 본디 농성은 매우 고되기 때문에 평시보다 훨씬 많은 식량이 요구된다. 그런데 연공을 받자마자 전부 팔아버리면 어떻게 되겠는가. 식량이 모두 상인의 손에 넘어가버리면 중요한 사태가 벌어졌을 때 이를 다시 회수할 방법이 있을까? 아마 불가능할 것이다.

무사가 영지에 거주하면 집을 세울 때 그 지역의 수목을 잘라서 쓰면 된다. 밥은 연공미를 받아서 짓고, 된장은 그 땅에서 나는 대두로 만들면 된다. 의복은 자기 집에서 직접 짜서 입는다. 이런 식으로 생활하면 의식주에 큰 비용이 들지 않는다.

하인에게 지급하는 월급도 쌀로 주면 된다. 또 가신에게는 칼 두 자루를 지참하게 하고[36] 무사 복장을 할 수 있게 허락한다면 부유한 농민은 너도나도 가신이 되려고 할 것이다.

도시에 살던 영지 주민을 소환하게 된다면 귀향한 하인은 다른 곳으로 이주하는 것이 허락되지 않기 때문에 모두 그 토지를 통치하는 영주의 가신으로서 세습 하인이 된다. 이렇게 되면 화폐의 필요성이 없어지기 때문에 쌀을 팔아서 돈으로 바꾸는 일은 하지 않아도 된다.

연공의 4분의 1을 저장하는 것은 최저 기준이다. 이 밖에도 쌀을 함부로 내다 팔지 못하도록 제도를 정비할 필요가 있다. 현재 무사는 여행자와 같은 생활을 하기 때문에 돈이 없으면 살 수가 없다. 그

---

36 에도 시대 무사의 관습이다.

래서 쌀을 팔아서 돈을 받고, 그 돈으로 상인에게서 물건을 사서 일상생활을 한다. 다시 말해 상인이 주가 되고 무사는 객이 되는 것이다. 그래서 무사의 생각처럼 물가가 떨어지지 않는 것이다. 그러나 무사가 영지에 거주한다면 쌀을 팔지 않아도 되고, 오히려 상인이 쌀을 필요로 하게 된다. 무사가 주가 되고 상인이 객이 되는 것이다. 그렇게 하여 무사가 곡식 수급을 장악하게 되면 상인은 돈을 쌀로 바꾸지 않으면 살 수 없으므로 처지가 크게 곤란해질 것이고, 따라서 물가는 무사의 생각대로 떨어지게 된다. 이것이 주객지세主客之勢다. 즉 손님의 처지에 있는 사람은 아무리 해도 주인의 처지에 있는 사람을 이겨내지 못한다는 것이다. 이는 모두 고대 성인의 심오한 지혜에서 나온 만고불변의 법칙이다.

이렇게 쌀 가격을 충분히 높여둔다면 에도 상인은 모두 잡곡을 먹게 될 것이다. 따라서 위정자인 군자와 피지배자인 소인의 음식물은 자연히 구별이 된다. 이것은 옛날 법도에도 걸맞다.

상인은 많은 이익을 탐욕스럽게 추구하기 때문에 지금도 하룻밤에 벼락부자가 되거나, 반대로 금세 망해버리거나 한다. 이는 생활의 근거가 불안정하기 때문이다. 반면 무사와 농민은 농지 외에는 다른 생활수단이 없다. 달리 말하면 상인에 비해 안정된 생활을 할 수 있다는 뜻이다.

그러므로 위정자는 정치의 근본을 무사와 농민의 형편이 좋아지도록 하는 데 두어야 한다. 상인은 불안정하게 세상을 사는 자들이기 때문에 그들의 선과 악은 앞에서 말한 대로다. 그러니 상인이 망하는 것은 전혀 신경 쓸 필요가 없다. 이 역시 정치의 도를 논할 때 기본이 되는 마음가짐임을 알아두어야 한다.

3

- 관리의 처우와 직위, 봉록 그리고 위계
- 사등관제도 도입
- 관리의 조직과 직무 분담
- 관리의 재능을 판별하는 일
- 대관의 직책
- 하타모토 등 관리의 인재 등용
- 관리는 기량 있는 자를 선발해야 한다
- 근무 시간은 여유가 있어야 한다
- 관직은 문무의 구별이 있어야 한다

관리의 등용과 처우에　　관하여

국가를 잘 단속해 경제를 풍요롭게 하는 방법에 대해서는 1부와 2부에서 설명했다. 그런데 정무를 실제로 처리하는 것은 관리다. 따라서 관직을 어떻게 만들 것인가 하는 것이 문제가 된다. 여기에 정치의 근본이 있다. 현재 막부의 관직 상황을 살펴본다면, 다소 바람직하지 않은 점도 있기에 그것을 설명하기로 한다.

관리의 처우와
직위, 봉록 그리고 위계

옛날부터 관官, 위位, 작爵, 녹祿이 있었다. '관'은 지금의 관직이다. '위'는 지금의 등급이다. '작'은 직위 외에 별도의 명예를 정해두고 하사하는 것이다. '녹'은 옛날이나 지금이나 변함이 없다. 그런데 현재는 관직 하나에 등급이 하나뿐이다. 따라서 관직이 오르면 등급도 오르고 관직이 낮아지면 등급도 내려간다. 매우 불편한 제도다.

옛날에도 지금의 관직에 해당하는 직위가 있었는데, 마찬가지로 위계가 정해져 있었다. 그런데 실제로는 직위는 높은데 위계가 낮거나, 직위는 낮은데 위계가 높은 경우도 있었다. 반드시 서로 일치하지 않는 것에는 그 이유가 있었다. 지금처럼 관직과 등급을 연계해두면, 관직이 바뀌면 등급도 반드시 그에 따라서 변한다.

누구나 자기가 잘하는 분야와 못하는 분야가 있게 마련이다. 적성에 맞지 않은 관직에 임명된다면 그 일을 잘 수행하지 못하는 것이 당연하다. 그러면 관리를 바꾸게 되는데, 그에 따라 등급도 높아지거나 내려가게 된다. 이때 상급 관직에 오른다면 승진하는 것이고, 하급 관직으로 간다면 좌천으로 여겨 매우 당황하게 된다.

물론 칭찬이나 징벌을 위해서 그렇게 한다면 큰 문제가 되지 않는다. 하지만 단지 잘하는 분야로 자리를 이동할 뿐인데, 등급을 높이거나 떨어뜨리는 것은 의미가 없을 뿐 아니라 오히려 해가 될 수도 있다. 따라서 대우가 같은 등급의 관직을 여러 개 만들어둘 필요가 있다. 그러면 그런 불편함은 없어질 것이다. 그러나 현재는 단지 그 관직에 상응하는 등급만 있기에 관직과 등급을 따로 생각하려 해도 그럴 수가 없다.

한편 관리가 오랫동안 한 관직에 있으면 불평하는 마음이 생기기 쉬우므로 다른 관직으로 옮기게 하는데, 사실 능력 있는 사람을 떠나보내는 것은 매우 안타까운 일이다. 그렇다면 능력 있는 사람을 오랫동안 한 관직에 묶어두려면 어떻게 해야 할까? 봉록을 더 많이 주든가, 직위를 높여서 대우를 해주는 방법밖에는 없다.

이는 아랫사람을 격려하기 위한 방법이 많지 않기 때문이다. 예를 들어 거리를 담당하거나 도적을 담당하는 관직에 임명된 사람이 일을 잘할 때는 다른 관직으로 보내기가 매우 아까울 것이다. 하지만 봉록을 그렇게 자주 올려줄 수는 없으니 할 수 없이 감찰관(오메츠케大目付)¹ 등으로 전임시키고 다른 사람을 후임으로 받게 된다.

하지만 그 후임이 전임자만큼 유능하지 못하다면 구관을 다시 부

---

¹ 로주 밑에서 막부의 정치를 감찰하고 지방 영주들을 감시하던 관리.

르고 싶어지지 않겠는가. 하지만 그러자면 등급을 끌어내려야 하기 때문에 실제로는 다시 부르지 못한다. 다른 관직도 마찬가지다. 이는 모두 한 관직에 하나의 등급만 있기 때문에 발생하는 불편이다.

다행히도 옛날 법에 위계勳階라고 하는 것이 있다. 훈1등부터 12등까지 열두 단계가 있다. 이것은 직위와는 별도다. 고대에는 공훈에 기초해 농지를 하사할 때 이 12등급에 따라 차별을 두었다. 이것은 서민에게만 해당하며, 관리에게는 적용되지 않았다. 그래서 지금 궁정귀족에게 이러한 위계제도는 남아 있지 않다.

다만 지금 이것을 무가에 채용하면 된다. 격식과 질서를 만들어 현재와 같이 하나의 관직에 하나의 등급이 아니라, 등급은 위계에 따른 것으로 정하여 같은 위계에 상응하는 관직을 몇 쯤 만들어 두는 것이다. 그러면 어떤 사람을 관직에 임명할 때 그 사람의 능력에 따라서 활용할 수 있어 편리할 것이다.

또 각종 관직에 장관, 차관 혹은 삼등관, 사등관 같은 직위가 있는 경우에도 편리할 것이다. 이 네 직위의 관직에 대해서는 다음에 서술하기로 한다.

또 천하의 영주는 모두 쇼군의 가신인데, 직위에 임명될 때는 교토로부터 천황의 윤지綸旨나 위기位記를 받아야 한다. 그러므로 영주 가운데는 마음속으로 교토의 조정을 진정한 주군으로 생각하는 자도 있을 것이다. 막부에 복종하는 것은 단지 일시적인 것으로, 막부의 위세가 무서워서라는 마음이 없다고는 할 수 없다. 그런 마음이 계속된다면 후대에 막부의 지배력이 약해졌을 때 안심할 수 없는 사태가 발생할 수도 있다.

막부에서는 무사의 복장도 에보시와 히타타레로 한정하고 여기에 12등급을 적용해 규정한다. 명목상 직위에 상응하는 복장은 쇼군이 교토로 행차할 때만 갖추도록 한다. 즉 재상宰相, 중장中將, 소장小將, 시종侍從 등의 관명은 단지 표면적인 직위일 뿐 실제로는 위계를 중시하게 하는 것이다.

습관은 매우 중요하다. 오랫동안 이러한 규정을 지켜서 그것이 습관이 되도록 한다면 궁정귀족과 무사, 즉 조정과 막부는 완전히 다른 것임이 명확해질 것이다. 막부가 하는 모든 정치에 교토의 궁정귀족이 방해하는 일이 잦아 쇼군이 제대로 일을 처리하기 힘들기 때문에 이러한 제안을 하는 것이다.

또 조선국에서 일본에 오는 사절단에는 세 명의 대표, 즉 삼사三使가 있는데, 정사正使, 부사副使 그리고 종사관從事官이다. 삼사를 상대하는 일본 측 관리는 고산케御三家[2]다. 즉 오와리尾張, 기이紀伊, 미토水戶의 각 번주가 사절단을 맞는다.

조선의 대표는 모두 조선에서 3등의 위계를 가지고 있는데, 고산케의 번주도 3등의 직위이기 때문에 위계가 같다고 생각해 그들로

---

2 에도 막부 때 도쿠가와 성씨를 사용하는 오와리, 미토, 기슈(기이)의 '세 가문'을 일컫는 말. 오와리 도쿠가와 가문尾張德川家, 기슈(기이) 도쿠가와 가문紀州紀伊德川家, 미토 도쿠가와 가문水戶德川家을 말한다. 이들 가문은 다른 영주와 비교해 특별한 대우를 받았으며, 도쿠가와 본가에 대가 끊어질 경우 후계자를 낼 수 있는 권한을 가지고 있었다.

하여금 사절단을 맞게 했을 것이다. 이런 결정은 오산五山의 장로[3]나 하야시 라잔林羅山(1583~1657)[4] 주변의 생각에 따른 것 같다. 하지만 이는 사정을 잘 모르는 무지한 이들이 정한 것이다. 왜냐하면 조선의 사절이 오는 것은 온전히 막부와의 관계 때문이다. 조정과는 아무런 관련이 없다. 그러므로 쇼군과 조선의 왕을 동격으로 간주하고 의식을 정해야 한다. 게다가 일본에서 쇼군의 사절을 조선에 파견하는 일은 없다. 조선에서만 사절을 보내온다. 이런 점에서 본다면 조선이 일본에 머리를 굽히고 오는 형태다. 이것이 조선과 일본이 교제하는 대원칙이다.

쇼군을 조선 국왕과 동격으로 간주한다면 고산케의 영주는 쇼군의 친족이므로 조선의 종실宗室이나 친왕親王의 격에 상응한다. 종실이나 친왕은 1등 관직보다 높다. 그러니 고산케를 조선에서 온 삼사의 상대로 삼는 것은 일본의 격을 상당히 낮춘 예법이다. 만약 조선에서 삼사를 보내온다면 막부에서는 3등 관직의 사람을 조선 사절의 상대로 보내는 것이 적당하다.

이와 관련해 일본 고대의 제도도 살펴볼 필요가 있다. 고대에는 조선 국왕을 천황과 동급으로 세우지 않았다. 천황은 중국의 황제다. 조선 국왕은 그 황제의 밑에 있는 왕이다. 따라서 조선은 일본에

---

3 오산은 교토에 있는 임제종臨濟宗의 큰 절 다섯 개를 말하며, 오산의 장로는 곤치인金地院을 창건한 승려 스덴崇傳(1569~1633) 등을 뜻한다.
4 에도 막부 때의 유학자. 초대부터 4대까지 쇼군을 모시며 그들에게 주자학을 가르쳤다.

대해서도 신하로 칭하는 예법이 있어서 일본은 조선을 항상 가신으로 대우하고 있었다. 조선의 사절은 그 가신인 국왕의 신하이기 때문에 일본에서 본다면 바이신陪臣, 즉 신하의 신하 격이 된다. 따라서 조선의 삼사가 올 때 지키신直臣인 3등급의 고산케를 나가게 하는 것은 적합하지 않다.

문제는 현재 막부가 조정의 관리제도를 굳게 지키고 바이신과 지키신의 3등급을 동격으로 삼는 것에 있다. 이 때문에 조선을 일본의 조정과 동격으로 간주하게 되고, 그에 따라 막부는 한 등급 격이 떨어지게 되는 것이다. 이렇게 되면 외국을 대할 때 우리 체면을 손상하게 되므로 아주 바람직하지 않다.

쇼군 도쿠가와 이에노부德川家宣[5] 대에 아라이 하쿠세키新井白石[6]가 이러한 제도의 불합리성에 분개하며 조선 사절을 맞는 고산케의 대응을 중지했다. 하지만 3등급이라는 명목이 있기 때문에 조선에서는 종래의 관례에 반한다 하여 받아들이지 않았다.

이는 모두 제도가 좋지 않기 때문에 발생한 문제다. 막부는 위계를 적용하는 제도를 세워야 한다. 그리하여 훈3등의 관리를 조선 삼

---

5 에도 막부의 6대 쇼군. 재위 기간은 1709~1712. 아라이 하쿠세키의 정책을 받아들여 재정 개혁과 의례 정비 등을 이루고자 했지만, 결과를 보지 못한 채 죽었다.

6 1657~1725. 처음에는 쇼군 후보였던 도쿠가와 이에노부의 가정교사였다. 도쿠가와 이에노부가 쇼군이 된 후 측근으로서 많은 정책을 입안했다. 공직에서 물러난 후 160여 권의 책을 썼다.

사의 상대로 삼는다면 중국의 명이나 청 조정에서도 훈1등을 1등급의 관리와 동격으로 삼기 때문에 조선 사람도 납득할 것이다. 나아가 제도의 체제도 정비되고 만사가 다 잘 진행될 것이다.

하지만 아라이 하쿠세키 등은 무지해서 이런 데까지는 생각이 미치지 않았던 것이다. 어찌 됐든 어떠한 일도 조정과 막부는 별개라고 하는 원칙을 분명히 세워야 한다.

사등관제도 도입

가미頭(장관), 스케助(차관), 조丞(삼등관), 사칸目(사등관)으로 구성되는 사등관제도는 고대의 성인 시대부터 시작돼 중국의 역대 왕조에서도, 또 일본의 고대국가에서도 모두 운용됐다. 그만큼 훌륭한 인사제도이기 때문이다.

하지만 현재 막부의 관직에는 이러한 구별이 없다. 같은 관직에 임명된 자는 두 사람이든, 세 사람, 네 사람이든 모두 동격이다. 그 때문에 서로 이야기를 나누며 부족한 생각을 도와주는 데는 도움이 된다. 또 병이 나거나 사정이 생겨 결근할 때 전체 업무에 지장을 초래하지 않도록 하는 데도 도움이 된다. 하지만 같은 관직에 있는 사람은 모두 동격이기 때문에 서로 일을 미루기 쉽다. 한 사람 한 사람이 온힘을 다해 적극적으로 근무하는 분위기는 점차 사라지고 만다.

아니면 같은 관직에 있는 다른 사람의 꼭두각시가 돼버린다든지, 혹은 이것저것 생각하다 엉뚱한 것을 생각해내 서로 사이가 멀어져 뿔뿔이 흩어지기 쉬운 점도 있다. 그 때문에 월번月番⁷이라고 하여 한 사람이 한 달씩 사무를 담당해 처리하게 했다. 이것에도 문제가 있다. 자기가 책임을 맡은 일만 하여 우선 체면치레만 하고, 그다음 일은 전혀 신경 쓰지 않는 풍조가 되는 것이다. 일의 전후 관련 사항을 잘 지켜보면서 자기 책임을 다하는 사람은 없다. 같은 관직의 동료가 몇이나 있지만 달마다 교대로 한 사람이 직무를 담당하기 때문에, 실제로는 모든 사무가 담당자 한 사람에게 집중돼 일이 매우 바빠진다. 그 때문에 직무 수행 과정이 자연스레 조잡해진다.

이는 모두 앞서 언급한 '가미, 스케, 조, 사칸'의 사등관 제도를 세우지 않았기 때문에 발생한 결과다. 어떠한 관직이라도 장관, 차관 그리고 삼등관, 사등관의 네 단계 구분이 필요하다. 만약 가벼운 관직이라면 차관을 빼고 3단계로 하거나, 더 가벼운 관직은 차관과 삼등관을 빼고 2단계로 하면 된다. 어쨌든 책임자는 한 사람으로 정해 둔다. 그러면 업무가 혼란스러워지지 않고 모두 마음을 다해 근무하게 될 것이다.

차관은 책임자보다 한 등급 밑에 두는 것으로 하고, 능력은 그에 버금가는 자로 한두 명을 임명한다. 그리하면 책임자의 상담 상대로서도 적합하며, 또 책임자가 병에 걸리거나 사정이 생겨도 업무에 지장이 있거나 곤란에 처하지 않을 것이다.

삼등관은 차관보다 한 등급 정도 밑으로 정하고 두 사람 혹은 세

7 한 달씩 교대하는 당번.

네 사람을 임명한다. 관직에 따라서 대여섯 명쯤 임명해둔다면 그 관직의 업무를 분담해 성실하게 일처리를 할 수 있다. 마지막으로 사등관의 역할은 가볍게 하고, 관리로서 해야 할 일을 차분하게 모두 기록하도록 한다. 책임자인 장관은 모든 일을 총괄하고 중요한 사무를 관장하며 또 전체를 감독한다. 그 밑에 소속된 사람은 세밀한 것까지 구분해서 일을 분담하기 때문에 각각 온 마음을 다해서 근무를 하게 된다. 이것이 고대의 법이었다.

관리의 조직과
직무 분담

막부의 고위 관리인 로주는 영주를 지배하고, 와카도시요리若年寄
는 막부 직속 무사인 하타모토를 지배한다. 영주나 하타모토의 관직
승진이나 결혼, 양자養子, 가독家督 상속 등에 관한 일은 일정한 관
례에 따라야 하는데, 각각 월번에 해당하는 자라도 처리할 수 있다.

하지만 각종 정치 문제까지 모두 일괄해서 월번에게 맡기면 업무
가 번잡해져서 조잡한 처리밖에는 할 수 없다. 한 달 안에 일을 처리
해야 하기 때문이다.

《주례》에서는 중앙정부를 천관天官, 지관地官, 춘관春官, 하관夏
官, 추관秋官, 동관冬官의 여섯 관직으로 구분한다. 그리고 후세의 여
러 왕조도 이부吏部, 호부戶部, 예부禮部, 형부刑部, 병부兵部, 공부工
部의 여섯 부로 나누었다. 이것이 고대로부터 내려오는 좋은 제도
다. 로주나 와카도시요리도 이렇게 직무를 구분해서 각각 분담시키
면 좋을 것 같다.

그 방법은 다음과 같다. 우선 조정이나 궁정귀족과 관련한 사무를 관장하는 로주는 고게高家를 속관屬官으로 삼아야 한다.[8] 예의나 예법, 궁정 의식과 관련해서는 소자반奏者番[9]을 속관으로 삼아야 한다.

절이나 사원 일은 지금까지와 마찬가지로 사찰 및 사원 담당 관리(지샤부교寺社奉行)를 속관으로 삼아 관리케 하고, 행정 관련 일은 행정 담당 관리(마치부교町奉行)를 속관으로 삼아 처리한다. 천령天領[10]에서 연공을 수납하는 일은 재정 담당 관리(간조부교勘定奉行)가 맡게 한다.

재판이나 형벌 분야의 일(감옥 관리 등)은 따로 공사 담당 관리(고지부교公事奉行)를 두어 관장하게 한다. 사찰이나 사원에 소속된 자 혹은 상인과 농민의 재판이나 형벌도 모두 이들이 담당하게 한다. 현재는 예를 들어 무사가 저지른 범죄라도 형벌을 심리할 때는 행정 담당 관리에게 인도하도록 하고 있는데, 이렇게 하면 무사와 일반 백성 사이의 차별이 서지 않는다. 이것은 매우 바람직하지 못한 일이다.

이외에 토목, 건축도 하나의 관리 부문이 될 수 있다. 고대에는 군비 중에서도 무기 관련 업무는 병부가 관할했다. 하지만 이것도 하나의 부문으로 독립시킬 수 있을 것이다. 그 밖에 각종 기물을 제작

---

8 고게는 높은 신분의 집안 출신으로 의전을 맡은 관리이고, 속관이란 소속 관리라는 뜻이다.

9 에도성에서 행하는 의식을 총괄하는 관리.

10 막부 소유의 토지.

하는 일도 하나의 독립 부문으로 만들 수 있다. 고대에는 공부工部의 관리가 이를 관할했다. 그러므로 공예와 관련된 모든 기술자는 숙련돼 있었으며, 완성된 기물도 모두 매우 품질이 좋았다. 현재는 기술자도 모두 행정 담당 관리가 담당하고, 이들만을 전문으로 관할하는 관리가 없다. 그래서 어떤 일이나 모두 기술자에게 맡기게 됐다. 관리는 단지 가격만을 문제시하는 것 같다. 학문 내지 각종 기술이나 예도藝道 역시 하나의 독립 부문으로 둘 수 있을 것이다.

각 부문은 모두 로주와 와카도시요리 중에서 업무를 통괄하는 총책임자를 뽑는다. 그리고 그 밑에 속관을 배치한다. 현재 막부의 실정을 살펴보면, 상급 관리가 책임을 지고 아랫사람을 통솔한다는 것은 꿈에도 생각하지 못한다. 그리고 아랫사람의 요청이 없는 한 일의 사정을 잘 안다 하더라도 절대 그 업무에 관여하지 않는다. 오직 요청이 있을 때만, 그리고 요청한 내용에 국한해 일을 처리하는 것이 로주를 비롯한 현재 막부 상급 관리의 태도다.

요청이 없는 일이라 안팎의 사정을 잘 알면서도 모르는 척하는 것이라면 그것도 나쁘지는 않다. 하지만 실제로는 아랫사람으로부터 아무런 정보도 받지 못하고, 어떤 일이 일어나고 있는지도 전혀 모르는 것이 대부분이다. 그리고 요청이 있다 해도 선례가 있는 일이라면 어쨌든 해결을 하지만, 선례가 없으면 임기응변으로 대충 처리하고 넘어간다. 그래서 결국 어딘가에서 다시 문제에 봉착하게 되는 것이다.

특히 로주나 와카도시요리는 막부의 정무를 담당하는 중요한 책임 관리이므로 정세에 밝지 않으면 안 된다. 그래야 어떤 일이 일어나도 적절하게 조치를 취할 수 있다.

예를 들어 국경이나 각 농촌의 경계에 자리한 산의 소유와 권리 관계가 불명확한 경우가 많은데, 그 때문에 여기저기서 소송이 끊이지 않는다. 이것은 영주나 대관이 자기 땅에 대해 명확히 알지 못해서 일어나는 일이다. 자신이 지배하는 영지 가운데 문제가 일어날 것 같은 곳은 소송이 제기되지 않더라도 윗사람에게 보고를 하여 미리 막부가 조치를 취해두도록 하는 게 좋다.

막부가 아무것도 규정하지 않으면 먼 지방에서 일어난 소송 사건은 에도의 관리가 재판을 하려고 해도 손이 미치지 못한다. 그래서 하급 관리를 조사관으로 임명해 파견한다. 하지만 그렇게 해도 그 조사관이 증거를 찾지 못해 재판을 하지 못하는 경우가 발생한다. 그래서 고호조씨後北條氏나 다케다 신겐武田信玄 혹은 오다 노부나가織田信長나 도요토미 히데요시 등 당대의 관리가 작성했던 서류를 증거로 제시하기도 하지만, 그것은 전국시대의 일이며, 지금 세상은 그때와는 완전히 달라졌다. 그런데도 그런 것을 증거로 내세우다니, 어처구니없는 일이다.

어떤 이는 무로마치 막부나 가마쿠라 막부의 문서 혹은 옛날 조정에서 천황이 내린 윤지를 증거로 제시하기도 한다. 그러나 이런 것도 먼 고대의 문서이기 때문에 증거로 적절하지 않다. 이는 모두 문제를 해결하고자 하는 뜻에서 너무 오래된 선례까지 인용한 결과다. 하지만 이런 일이 일어나는 것도 현재의 막부에 규정이 없기 때문이다.

막부에 규정이 없는 것은 토지를 통치하는 책임자가 단지 연공을 취하는 것만을 자신의 역할로 생각하기 때문이다. 백성을 다스린다는 일은 꿈에도 생각하지 못한다. 말하자면 막부의 관리는 허수아비와 같은 생활을 하고 있다.

이런 폐단은 아래로부터 요청이 없는 일에는 관여하지 않는다는 관리의 자세에서 파생한 것이다. 특히 상급자는 하급자의 잘못을 꾸짖기만 하면 된다고 생각한다. 그래서 해결하기 어려운 다양한 소송 사건이 끊이지 않고 일어나는 것이다.

관리의 재능을
판별하는 일

정무를 총괄하는 로주는 점잖은 말씨와 용모를 갖춰야 한다. 우선 아랫사람에게 난폭한 말을 하거나 무례하게 행동하지 않도록 신경 써야 한다. 이것은 성현이 가르쳐주는 깊은 경계警戒다. 소홀히 생각해서는 안 된다. 사람들은 재능과 지식만 있다면 말투나 용모는 신경 쓰지 않아도 상관없다고 생각하지만, 아니다. 로주는 고대의 관직으로는 대신에 해당한다.

《시경》에는 "천자의 스승이자 대신인 윤씨여, 백성은 모두 당신을 주목한다"라는 문장이 나온다. 이 문장은 《대학》에도 인용돼 있는데, 성현의 도를 가르칠 때 이것을 매우 중시했음을 알 수 있다. 로주는 무거운 직책이기에 항상 만인이 그의 말투나 행동을 지켜본다는 뜻이다. 말 한마디, 작은 행위 하나도 평판의 대상이 된다. 소문은 먼 지방까지도 퍼져서 천하에 감출 수 있는 일은 없는 법이다. 그러므로 자신의 직책을 중요시하고 윗사람으로서 백성의 이익을 중요하게 생각한다면 말투나 표정에도 신경을 써서 신중하게 행동하지 않으면 안 된다.

겐로쿠 시대까지만 해도 로주는 모두 그런 마음을 가지고 있었다. 말투나 용모도 아주 근사했다. 하지만 쇼토쿠 연간(1711~1716)부터 이러한 풍조가 쇠퇴하여 지금은 진중하고 훌륭한 태도를 가진 로주는 거의 찾아보기 힘들다. 이렇게 된 원인은 우선 학문이 깊지 못해 높거나 먼 곳에 가는 것을 싫어하고 자기 주변에서만 일을 처리하려고 하기 때문이다. 재능과 지혜가 있는 자들 또한 제 역량을 발휘하는 데만 몰두해 용모도, 말투도 진중하지 못하다.

하지만 로주의 첫째가는 임무는 자신의 재능과 지식을 발휘하는 것이 아니라, 하급자의 재주를 활용해 쓸모 있는 인물이 많이 나오도록 육성하는 것이다. 재능과 지식을 발휘하는 것은 보통 관리의 임무이지, 로주의 직무가 아니다.

아랫사람을 활용하지 않고 로주 자신의 재능과 지식만 가지고는 일을 충분히 처리하기가 힘들다. 정권을 쥔 자가 자신의 재능과 지식을 직접 발휘하려고 하는 것은 잘못이다. 이는 결국 로주가 모시는 쇼군에게도 불충한 과오를 저지르는 셈인데, 그것을 알지 못하는 것은 학문의 깊이가 낮기 때문이다.

언어나 용모에 신경을 쓰라고 하면, 학문의 깊이가 낮은 사람은 태도가 무거워 보이도록 외면을 꾸미려고 하는데, 그것은 아니다. 맡은 직책이 무거우면 태도는 자연스럽게 무거워지는 것이다. 그리고 그러한 사람을 아랫사람이 존경하는 것은 자연의 이치다. 존경하는 윗사람이 명령을 내리면 아랫사람은 그에 충실히 따른다. 이것 역시 자연의 이치다.

옛부터 관직이 중할수록 언어나 용모에 신경을 써야 하는 것은 당연한 일이었다. 이것은 따로 외면을 꾸미는 것과는 다르다. 언어나 태도가 거칠고 무례한 행동을 하는 사람은 아랫사람의 재능과 지혜를 보고도 그것을 알아챌 수 없다. 오히려 번잡스럽게 아랫사람의 일에 간섭하고 나선다. 이런 태도를 보이는 윗사람에게 그 누가 마음으로부터 복종을 하겠는가. 결국 이런 상급자는 정무를 제대로 보지 못해 일을 정체시키고 쇼군의 생각도 하급자에게 제대로 전달하지 못한다.

도쿠가와 이에야스가 다스리던 시기에는 중요한 지위에 관리를 임명할 때면 반드시 아랫사람의 평판을 들었다. 그가 적임자라는 평판을 꼭 듣고 나서야 임명장을 내렸다. 옛사람의 말에 따르면, 아랫사람이 흠모하는 자를 임명해야 그의 명령에 잘 따르기 마련이다. 이것이 무엇보다 중요한 이유이긴 하지만, 꼭 그것 때문만은 아니다. 더 깊은 생각이 있었을 것이다. 다시 말해 윗사람은 아랫사람의 선과 악을 판단하기 힘들기 때문이다.

아랫사람은 대부분 윗사람의 의향에 자신의 사정을 맞추고자 하며, 그리하여 그의 마음에 들려고 한다. 그것이 인지상정이다. 따라서 윗사람은 아랫사람이 본심을 숨길 경우 얼른 알아보기가 힘들다. 성인이나 현자와 같이 아주 뛰어난 주군이라도 아랫사람의 선악을 알아보는 것은 아주 어려운 일이다.

게다가 간사한 사람은 능숙한 기술까지 갖추고 있다. 드러내놓고 윗사람의 생각에 자신의 사정을 맞추려고 하면 경박하게 보일 것이고, 또 그런 의도가 금세 눈에 띄기 때문에 표면적으로는 아닌 듯 보이게 하는 것이다. 하지만 실제로는 기가 막힐 만큼 윗사람의 의중을 좇는다. 이러한 사람은 특히 경계해야 한다.

그러한 이유 때문에 옛날 성인이 다스리던 시대에는 대신을 등용할 때 "경卿, 대부大夫, 사士에게 물어보고, 여러 가지로 서민의 의견을 들으며, 점을 치기도 한다"라고 법으로 정했다. 중요한 관리를 임명할 때는 여러 관리에게 물어보고 또 백성에게 물어보며, 나아가 조상의 신령에게도 묻고 그 응답에 따라서 행해야 한다는 것이다.

누구든지 윗사람에게는 사정을 잘 맞추려고 하지만 아랫사람에게는 그러지 않는다. 그뿐 아니라 윗사람에게는 알려지기 힘든 일도 아랫사람에게는 잘 알려진다. 아무리 덮고 숨기려 해도 아랫사람인 만민의 눈을 가리는 것은 가능한 일이 아니기 때문이다. 그래서 성현의 법에서는 백성에게 물어야 한다고 한 것이다. 쇼군 도쿠가와 이에야스는 학문을 닦을 시간 여유가 조금도 없었을 텐데, 가능한 한 성인의 도에 합치해 다스리려고 했다. 이것은 진실로 후세에 이르기까지 모범으로 삼아야 한다.

다만, 작은 직책의 관리 혹은 메쓰케目付(감찰) 등의 경우 사람들이 경계하는 자를 임명하기도 했다. 혹은 먼 지방에 파견되는 관리를 뽑을 때는 사이가 좋지 않은 사람끼리 조를 만들어 보내기도 했다. 왜냐하면 서로 감시하게 하기 위해서이고, 또 이는 사람을 부리는 하나의 방법이기도 하다.

　하지만 중요한 지위에 있는 관리는 일반 사람이 싫어하는 자를 좋아하거나, 일반 사람이 좋아하는 자를 싫어하는 식의 치우친 생각을 갖는 것을 조심해야 한다.《대학》에도 이것을 깊이 경계하라고 나온다. 사람들이 좋아하는 것을 좋아하고 사람들이 싫어하는 것을 싫어하는 것이야말로 백성의 부모다운 자가 지녀야 할 마음이라고 했다. 그러므로 이러한 인물을 선택해서 등용하는 것이 성인의 도가 담고 있는 깊은 뜻이다.

대관의 직책

대관代官이라는 직책은 매우 중요하다. 옛날 헤이안 시대에 국사國司 등의 관직은 교토에 있는 관리가 겸직을 했다. 그리고 직할지에는 묘다이名代라는 대리인을 파견했는데, 여기서 '대관'이라는 관직이 시작됐다. 이들은 문관文官이기 때문에 전국시대(1467~1590)에는 이들을 경멸하는 뜻으로 '겁쟁이 관리(고시누케야쿠腰抜役)'라고 했으며, 천한 일을 담당하는 관리와 비슷하게 평가됐다. 현재는 재정 담당 관리 밑에 소속돼 있으며, 낮은 신분의 인물이 임명된다. 그 밑에 '데다이手代''라고 하는 천한 신분의 관리를 두었다. 데다이는 연공 수납을 담당하는 하급 관리다. 사람들은 이 일 외에 데다이가 맡은

---

11 '지배인' '수석 점원' 등의 뜻을 가지고 있다. 에도 시대에는 하급 관리를 지칭했으며, 상인이나 농민 중에서 채용해 세금 징수 등 각종 사무를 담당하게 했다.

중요한 직무는 없다고 생각하는데, 이는 매우 잘못된 판단이다.

대관에 임명된 자는 입신출세의 희망도 없고, 게다가 신분이 낮았다. 그들에게는 아주 열등한 일이 맡겨졌다. 그들이 사리사욕을 꾀해 범죄를 저지르는 것은 어쩌면 자연스러운 일이었고, 따라서 처벌받는 자가 끊이지 않았다.

이들을 문관으로 간주하는 이유는 무엇일까? 원래 궁정귀족 시대에 지방의 가미, 스케, 조, 사칸 등의 국사國司나 군사郡司는 문무를 겸했다. 하지만 가마쿠라 시대부터 막부는 각 지방에 '수호守護'라는 관리를 두었고, 이때 무관으로서의 직무는 수호의 손으로 넘어갔다. 그래서 대관은 문관과 같이 돼버린 것이다.

내가 대관에게 바라는 것은 다음과 같다. 대관에 임명할 때는 2000~3000석 이상의 지체 높은 사람(다이신大身)을 대상으로 해야 한다. 사실 대관이라는 명칭도 변경할 필요가 있다. 그리고 지금의 대관 정도에 해당하는 사람을 하급자로 밑에 둔다면 무력도 자연적으로 갖추게 될 것이다. 가벼운 형벌은 대관이 현지에서 직접 집행하게 하고, 오로지 백성 다스리는 일을 가장 중요한 직무로 삼도록해야 한다. 농사일 가운데 농민이 모르는 것이 있다면 가르치게 하고, 수해 방지나 제방 공사 등을 실시하면 좋을 것이다. 또한 도적이나 도박 혹은 사이비 종교나 요술 등도 단속하면 좋을 것 같다.

최근에는 농민도 사치한 생활을 하게 됐기 때문에 농사를 그만두고 상인이 되려는 자가 많아지고 있다. 따라서 농촌이 크게 쇠락하는 중이다. 그 때문에 도박이나 도적도 끊이지 않는다. 살인 사건이 발생해도 현지에는 관리가 없기 때문에 우선 에도에 보고하게 되는데, 그러는 동안 며칠이 지나버린다. 그러면 진상을 조사하는 일이 불가능해진다.

게다가 농촌에서는 대개 무슨 일에든 지출을 싫어하기 때문에 에도에 사건 조사를 의뢰하는 일조차 하지 않는다. 따라서 도적이나 도박꾼은 제멋대로 행동할 수 있다. 현재 대관은 에도에 거주하기 때문에 수해 방지나 제방 공사 같은 일이 진행 중이어도 현지의 실정을 제대로 알 수 없다. 그 때문에 아랫사람인 데다이에게 일임하는데, 데다이는 에도의 상인과 손을 잡고 에도에서 하는 방식대로 일을 처리하려 한다. 그렇기 때문에 경비가 늘어나는 것이다.

또 지체 높은 사람을 대관으로 임명하고 무력을 갖추게 하여 준비를 해두지 않으면, 기근이 계속돼 도적이 횡행할 때 그들을 진압할 수가 없다. 과거 아마쿠사天草의 난, 즉 시마바라의 난島原の亂(1637~1638)이 일어났을 때는 히고肥後[12] 지방의 가와지리川尻 항구에 구마모토 성주 호소카와細川越中守의 쌀 창고가 있었다. 그 지방의 대관은 가와키타川北九太夫라는 자였는데, 매우 사려 깊은 인물로 평소 총을 아주 많이 만들어두었다. 또 미리 해안의 면적까지 측량해두었다.

아마쿠사에서 농민 반란이 일어났다는 소식을 듣자마자 가와키타는 바로 명령을 내려 해안으로 가서 일정한 간격을 두고 말뚝을

12　현재의 구마모토현熊本縣.

3부 진리의 에양부 치우와 판위요

박게 했다. 그리고 말뚝마다 도화선을 연결한 다음 총을 배치하고 밤새 총을 쏘았다. 반란군은 농성을 위해 가와지리 항구의 창고에 보관된 쌀을 탈취하려고 군함을 타고 접근했다. 하지만 수많은 도화선과 계속해서 들리는 총소리에 구마모토성의 군세가 이미 가와지리를 장악했다고 생각했다. 그들은 결국 상륙하지 않고 군함을 돌렸다. 이는 나중에 포로가 된 사람에게서 들은 이야기다.

만약 그때 그들이 가와지리 창고의 쌀을 탈취해 갔다면 아마쿠사에 식량이 풍족해져서 성은 쉽게 함락되지 않았을 것이다. 그러므로 가와키타는 쇼군을 위해서도, 그리고 천하를 위해서도 아주 훌륭한 공을 세운 것이다. 하지만 당시 이러한 일은 공적에 포함되지 않았다. 가와키타는 나중에 반란군의 성을 공격할 때 제일 먼저 성벽을 타고 올라갔는데, 그 공으로 1000석 관리가 된 것이다.

그러므로 대관은 무력을 갖추고 미리 준비를 하지 않으면 안 되는 것이다. 조세 업무는 재정 담당 관리의 명령에 따르게 하고, 관직 자체는 로주 또는 와카도시요리에 직속하게 하여 중요한 일을 맡기는 식으로 정해놓으면 좋을 것이다.

하타모토 등 관리의
인재 등용

막부의 하급 관리인 오카치御徒나 요리키與力는 그 조직의 우두머리가 판단해 자유롭게 임용할 수 있다. 그 때문에 금전에 따라 채용 여부가 결정되는 것처럼 보인다. 요즘 상인이나 농민 혹은 고부신가타小普請方[13]의 데다이와 같이 낮은 직급의 관리는 돈으로 요리키의 지위를 사두거나 한다. 돈을 들여 아들을 반슈番衆(경비 담당 무사)의 양자로 보내는 일도 있다. 이렇듯 하타모토인 반슈의 지위를 얻기 위해 먼저 하급 관리의 지위를 사서 중간 단계로 삼는 사람이 요즘은 아주 많아졌다. 하지만 이들 관직은 전쟁이 일어났을 때 군무에 복종해야 할 의무를 지니기에 이렇게 돈으로 관리가 되는 일이 있어서는 안 된다.

오카치는 원래 세습 가신이었다. 이 신분에서 입신출세한 사람이

---

13 에도 막부의 직명으로 고부신부교小普請奉行의 밑에 있는 하급 관리다.

많은데, 구제 산시로久世三四郎도 오카치 출신이다. 오카치는 도쿠가와 쓰나요시 쇼군 때 생계를 유지할 수 없다는 이유로 자기들끼리 협의한 후 세습되지 않게 해달라고 요청했고, 그렇게 결정됐다. 그리하여 오카치는 신분 보증인의 보증서를 받아서 채용하는 방식으로 바뀌었다. 그러나 이러한 방식은 바람직하지 않다.

막부에서 사람을 채용할 때 보증서를 받는다는 것은 어떤 의미일까? 일본 땅은 모두 쇼군의 지배 영역이다. 따라서 어떠한 일도 쇼군의 명령에 따르는 것이 당연한데 따로 보증서를 요구한다? 관리의 학식이 너무 낮아서 이러한 일이 일어난 것이다.

옛날에는 요리키를 뽑을 때 막부에서 일하고 싶어 하는 자를 요리키 조직에 배치해 능력을 살펴본 다음 등용하는 것이 대부분이었다. 그 후에는 실직한 무사가 다시 과거에 받던 봉록만큼 받을 수 있는 곳에 취직할 때까지 잠시 요리키로 일하는 경우가 많았다. 실직한 무사의 임시 일터인 셈이다. 그래서 훌륭한 경력을 가진 무사가 많았다. 그러나 지금은 돈만 있으면 요리키가 되기 때문에 모두 엉망이다.

옛날에는 하타모토의 차남이나 삼남이 등용되는 일도 있었다. 하지만 근년에 그런 일은 완전히 사라졌다. 지금 차남이나 삼남은 단지 다른 가문의 양자로 들어갈 수 있는지의 여부만을 노리게 됐다. 그러다 나이를 먹게 되면 제멋대로 돼버리는 사람이 많다. 이러한 자를 오카치나 요리키, 혹은 간조勘定(감정소勘定所의 하급 관리)나 유희쓰右筆(서기) 등으로 채용해서 일하도록 한 다음 그중 능력 있는 자를 뽑아 입신출세하게 하면 되지 않을까.

사람은 선천적으로 문과 무의 성질로 구별된다. 신체가 강건하고 무예를 좋아하는 사람은 오카치나 요리키로 뽑아서 일을 시키는 것이 좋다. 신체가 약하고 몸 쓰는 일을 좋아하지 않는 사람이라면 서도書道나 산술을 습득하게 하여 간조나 유히쓰로 뽑는 것이 좋다. 그런 뒤 대관 등으로 임명해 지방에 파견하여 대관소代官所(지방 관청)의 데다이를 대신해서 근무하게 한다. 그러면 자연스레 멀리 떨어진 지방 농촌을 여기저기 돌아다니고 관찰하면서 그곳의 산천과 지리에 대해 잘 알게 될 것이다. 결과적으로 지금처럼 에도에서 우물 안 개구리처럼 살면서 아무것도 모르는 바보가 되는 일은 없을 것이다.

오래된 사물은 차츰 사라지고 새로운 사물이 등장해 성장하는 것은 당연한 일이다. 이는 천지자연의 이치다. 천지 사이에 있는 사물은 모두 마찬가지다. 오래된 물건을 영원히 보존하고 싶어도 그것은 불가능하다. 재목은 썩고 무너진다. 오곡은 매년 새롭게 열리며, 사람도 나이가 들면 죽는다. 새로운 것이 나타났다가 또 스러져간다. 밑에서 점차 위로 올라가 윗사람이 되고, 다 올라간 사람은 차츰 사라진다. 이것 역시 당연한 이치다.

그런데 정치 분야에서는 오래전에 공적을 세웠던 가문을 아주 중요하게 여겨서 최대한 존속시키려는 경향이 있다. 또 한 집안에서도 노인이 된 증조부모, 조부모, 부모 등의 수명이 언제까지나 계속되기를 기도하고, 그들이 빨리 죽는 것은 조금도 생각하지 않는다. 이것은 인지상정이다.

그러나 세상의 이치와 인지상정은 일치하지 않는다. 아무리 보존해두고 싶어도 오래된 사물은 사라져 없어지기 마련이다. 그렇다고 오래된 것은 빨리 없어져야 좋다는 생각은 너무 지나치다. 이는 성인의 도에 맞지 않는다.

하지만 오래된 사물을 보존해두려고만 생각하는 것도 너무 어리석은 생각이다. 이 또한 성인의 도에 맞지 않는다. 성인의 도는 사람이라면 누구나 갖는 인지상정을 최대한 중시한다. 사람의 감정과 모순되지 않으면서 사물의 이치를 처음부터 끝까지 명확하게 꿰뚫어 보는 것이 성인의 도다. 따라서 어리석게도 인지상정에만 구애를 받는 일은 없다. 이것이 세상 사람을 보살피는 표준적인 방법이다.

그렇기 때문에 고대 중국의 성인인 요, 순, 우 그리고 은나라 탕왕, 주나라 문공과 무왕의 자손도 지금은 대가 끊어져 형적을 찾을 수 없다. 일본의 역사를 돌아봐도 미나모토노 요리토모源賴朝나 아시카가 다카우지足利尊氏[14]의 후계자는 지금 이 세상에 없다. 그 밖에 다른 명가名家도 모두 단절됐다. 지금 영주들 가운데는 과거에는 천한 신분이었지만 전쟁에 공을 세워 높은 지위에 오른 경우가 많다. 그들조차 지금까지 혈통이 끊어지지 않고 이어져온 집안은

---

14 미나모토노 요리토모는 가마쿠라 막부의 초대 쇼군으로, 일본 최초로 무사 정권을 세운 인물이다. 아시카가 다카우지는 천황 정부를 무너뜨리고 무로마치 막부를 연 쇼군이다.

매우 드물다. 후사가 없어 양자를 들여서 겨우 대를 이은 가문이 많은 것이다.

그런데도 지체 높은 가문 사람은 '위는 위, 아래는 아래'라는 가계家系를 세우고 그것을 불안한 정세 속에서도 계속 유지해 나가려고 한다. 즉 이미 사라져버릴 때가 됐지만 억지로라도 계속 가문을 이어가려는 것이다. 이는 천지자연의 이치에 맞지 않는다. 신분이 높더라도 재능과 지혜가 없다면, 난세가 왔을 때 비록 신분은 낮아도 재능과 지혜가 있는 자에게 정권을 빼앗길 것이다.

성인은 이러한 이치를 잘 알고 있었다. 그래서 오랫동안 정권을 유지할 수 있도록 상벌제도를 만들고, 신분이 낮아도 실력이 있으면 발탁해 등용하며, 반대로 지체 높은 집안이라도 아들이 없어 가계가 끊긴다든지 범죄를 저질러 멸족하게 되면 하늘의 처분에 맡기고 내버려둔다. 이렇게 하면 지혜로운 자는 언제나 위에 있고 어리석은 자는 밑에 있게 되기 때문에 세상의 이치에도 맞고, 정권도 오랫동안 유지할 수 있다.

이러한 균형을 모르면 천지인天地人의 이치에 통달하지 못한 것이다. 다시 말해 하늘의 뜻에 반하는 것이며, 진정한 정치도 아니다. 《역경》에 "아래에서 올라간다"라는 구절이 나오는데, 이는 추상적인 이법理法을 넘어서는 설명이다. 봄과 여름에는 하늘의 기가 밑으로 내려가고 땅의 기가 위쪽으로 올라가 천지가 화합해 만물이 성장한다. 반대로 가을과 겨울이 되면 하늘의 기는 올라가고 땅의 기는 내려와서 하늘과 땅이 서로 떨어져 화합하지 않아 만물이 말라가고 사라져간다.

　인간 세상도 마찬가지다. 아래에 있는 재능과 지혜가 뛰어난 사람을 선발해 등용하면 위에 있는 군주의 마음이 널리 퍼지는데, 마치 하늘의 기가 아래로 내려가는 것과 같다. 재능과 지혜가 있는 사람이 아래로부터 올라와 중요한 관직에 임명된다면 아랫사람의 고통이나 상황, 즉 인정이 윗사람에게 잘 알려질 것이다. 마치 땅의 기가 위로 올라가는 것과 같다. 그렇게 되면 상하에 단절이 없고 소통도 잘되기 때문에 하늘과 땅이 화합하는 것과 마찬가지다. 그래서 국가가 잘 통치되고 봄과 여름에 만물이 성장하는 것처럼 세상은 풍요롭게 번영한다.

　반대로 아래에서 재능과 지식이 있는 자를 취하지 않으면 군주의 마음이 아래로 전파되지 않는다. 이는 하늘의 기가 밑으로 내려오지 않는 것과 같다. 아래에 있는 뛰어난 사람이 위로 올라가는 일이 없기 때문에 아랫사람의 인정 또한 윗사람에게 전해지지 않는다. 즉 땅의 기가 하늘로 상승하지 않는 것과 같다. 결국 상하가 단절돼 의사소통이 되지 않는다. 마치 하늘과 땅이 화합하지 않는 것과 같다. 국가의 쇠퇴는 가을과 겨울에 만물이 말라서 없어지는 것과 같다.

　평화로운 세상이 계속되면 능력 있는 사람은 늘 아래에 있고, 위에는 신분은 높지만 어리석은 사람으로 가득하다. 왜 그렇게 되는가? 사람의 재능과 지혜는 많은 어려움과 곤궁을 경험함으로써 생기기 때문이다. 우리 몸은 자주 사용하는 부분이 정교하게 발달하기 마련이다. 손을 많이 쓰면 팔이 강해지고, 발을 많이 쓰면 다리가 강해진다. 활이나 총으로 목표물을 맞히는 것에 숙련되면 눈이 강해지고, 마음을 자주 사용하면 재능과 지식이 생긴다.

많은 어려움과 곤궁 속에서 재능과 지혜가 훌륭하게 발달하는 것은 자연의 이치다.《맹자》〈고자〉에도 "하늘이 어떤 사람에게 큰 임무를 맡기려고 할 때는 우선 여러 가지 고통을 경험하도록 한다"라고 기록돼 있다. 특히 밑에 있는 사람은 아랫사람의 사정을 잘 알고 있으므로 요직에 등용되면 정치를 할 때 큰 도움이 된다. 성인의 도에도 "현명한 인재를 등용하라"(《논어》〈자로〉)라는 말이 있다. 이 역시 아래로부터 인재를 취해야 한다는 뜻이다.

또 역사 속의 각 시대를 돌아보더라도 현명한 재능을 가진 사람은 모두 낮은 신분에서 나왔다. 많은 봉록을 받는 세습 집안에서는 아주 드물게 나타난다. 오늘날 세습으로 많은 봉록을 받고 높은 관직에 임명된 사람이더라도 그 조상은 대개 전국시대에 생사를 건 전쟁을 경험했다. 전쟁으로 인한 여러 가지 어려움이 있었기 때문에 그들의 조상은 재능과 지혜가 발달했고 그 결과 높은 봉록과 관직을 차지할 수 있었던 것이다.

하지만 그 자손은 세습으로 봉록과 관직을 가졌다. 그들은 태어나면서부터 상류 계급인 것이다. 그리고 어떠한 고생도 하지 않았기 때문에 재능과 지혜를 갖추지 못했다. 신분이 높은 이들은 아랫사람의 인정이 어떤 것인지 잘 모른다. 가신의 칭찬만 받으면서 자랐기 때문에 지혜도 없다. 조그마한 지혜에도 자만하고, 주변의 존경도 당연하다고 생각한다. 결국 주군의 은혜에도 그다지 고마워하지 않게 되고, 감명받을 일도 거의 없다. 그러다 보니 저절로 제멋대로인 성격을 갖게 되어 아랫사람을 하찮게 생각한다. 하지만 이것 역시 인정이며, 이렇게 되는 것도 자연의 이치라고 할 수 있다.

신분이 높은 사람은 이처럼 잘못된 생각에서 벗어나기가 매우 어렵다. 재능과 지혜를 선천적으로 지니고 태어났다 하더라도 말이다. 어쩌다 나타나는 총명한 사람도 아랫사람이 사는 곳과는 멀리 떨어져 있어 그들에게 별로 관심을 두지 않는다. 단지 궁 안에서 자기보다 높거나 낮은 자를 대할 때 실수하지 않고 예의에 맞게 행동하는 것에만 숙련돼 있기 때문에 그런 재능과 지혜만이 발달한다. 그리고 그런 눈으로 아랫사람을 본다. 그의 눈에는 궁에서 갖추는 예의에 익숙하지 않은 아랫사람이 매우 어리석어 보인다. 그만큼 스스로를 점점 더 총명한 존재로 인식하고, 결국 자만으로 가득 차게 된다.

이러한 인정은 고대에도 지금도 변함이 없다. 그렇기 때문에 성인의 도에서는 밑에서 현명한 인재를 뽑아 등용하는 것을 첫 번째로 삼았다. 아울러 중요한 관직을 임명할 때 가계에 의지해 세습하는 것을 깊이 경계하도록 했다. 원래 인간은 자꾸 봐서 익숙해진 것에는 안심하게 된다. 주변의 존경을 받아온 가문 사람을 높은 지위에 올리면 아랫사람도 이를 당연하다고 생각해 고분고분한 면이 있는 것은 사실이다. 그래서 《맹자》〈양혜왕〉에도 "천한 신분의 사람을 존귀한 사람 위에 두거나, 소원했던 사람과 친밀해져서 원래부터 친밀했던 사람보다 총애를 하거나 하는 것은 경솔히 해서는 안 될 일이다"라고 했다. 이것은 인재를 등용할 때는 인정에 거슬리지 않도록 해야 한다는 일반적인 주의 사항이다. 하지만 신분이 낮다 해도 현명한 인재를 등용하는 일은 공통된 성현의 가르침임을 알아두어야 한다.

그런데 지금 세상에서 영리한 사람은 이렇게 생각한다. '이치는 그렇다 하더라도 윗사람을 모두 밑으로 쫓아서 떨어뜨리고 아랫사람을 발탁해 입신하게 하여 위와 아래가 완전히 바뀌는 것은 불가능하다. 그것이 가능하다 해도 커다란 혼란이 일어날 것이다. 그것보다는 지금 위에 있는 사람은 그대로 놔두고, 그들로 하여금 아랫사람이 제시한 좋은 의견을 채용하게 한다면 성인이 현명한 인재를 등용하자고 하는 말과 같은 이치가 아닌가?'

하지만 이것은 성인의 가르침을 닮은 나쁜 지혜일 뿐이다. 실제로는 아무런 도움이 되지 않는다. 윗사람은 아랫사람의 사정을 잘 모르기 때문에 현명한 인재의 좋은 의견을 채용했다 해도 받아들이는 쪽에서 커다란 차이가 발생하기 쉽다.

또 현명한 인재라도 낮은 지위에 있을 때는 의견을 말하기 어려운 부분이 있다. 게다가 낮은 지위에 있을 때의 정견은 아직 정치에 전념하지 않을 때의 생각이기 때문에 등용된 후의 생각과는 다르다. 관직에 임명된 후에는 처지가 달라지기 때문이다. 사고력도 밑에 있을 때와 비교해보면 월등하게 향상되는 법이다. 그러므로 고대의 성인도 현명한 인재를 등용하라고는 했지만, 이렇게까지 상세하게는 말하지 않았던 것이다.

그리고 현명한 인재를 등용한다고 해서 지금까지 위에 있었던 모든 사람을 밑으로 떨어뜨리는, 즉 상하를 뒤집어 완전히 교체하는 것은 아니다.《논어》〈안연〉에 "순임금이 많은 사람 가운데 고요皐陶를 등용하고 탕왕이 많은 신하 가운데 이윤伊尹을 등용하자, 어질지 못한 자가 신하 가운데서 없어졌다"라고 했다. 중요한 관직에 단지 한두 사람이라도 발탁해 등용한다면 그 기세에 따라 남아 있는 자도 모두 좋은 사람이 된다는 것이다. 그러면 지금까지 가문만을 중시해온 풍습이 무너지게 된다. 그렇게 되면 만인의 눈이 바라보는 곳이 바뀌고, 그들의 마음속에 격려가 생기며, 누구라도 등용된 인재와 같은 마음이 될 것이다. 마침내 세상은 활력이 넘쳐나 좋아질 것이다.

이것이 군주가 장악하는 '상벌의 권權(저울)'이다. 좋은 사람은 모두 남김없이 포상을 하고, 나쁜 사람은 모두 처벌을 한다는 것이 아니다. 한 사람에게 포상을 하면 1000만 명이 기뻐하고, 한 사람을 처벌하면 1000만 명이 두려워하는 것이다. 그리하여 세상이 되살아나 사람의 마음속에 격려가 생기고, 세간의 풍속도 군주가 생각한 대로 바뀌는 것이다. 남보다 아주 뛰어난 현자와 아주 나쁜 인간을 제외하면, 사람은 누구나 윗사람의 유도에 따라서, 그리고 세상의 풍습에 따라서 선해지기도, 악해지기도 하는 법이다.

한편 '사람을 살려서 사용할 것인가, 아니면 죽여서 사용할 것인가' 하는 문제도 있다. 근년에는 태평한 시대가 오랫동안 계속돼 세상에 변화가 없었기 때문에 풍습도, 가문도 일정하게 유지되고 있다. 같은 막부의 신하 가문이라도 상급에서 중급, 하급에 이르기까지 대체적인 입신출세의 한계도 정해져 있다. 그래서 분발하려는 마음이 없고, 입신출세보다는 가문이 무너지지 않게 노력하는 편이 좋다고 여긴다. 어떤 일이든 대충대충 넘기면서 세상을 살아가려고 한다. 결국 다들 매우 게으르고 뻔뻔해졌다. 이것이 바로 '사람을 죽여서 사용하는' 것이다. 같은 사람이라도 살려서 쓰는 것과 죽여서 쓰는 것은 마치 다른 사람을 사용하는 것과 같다.

쇼군 도쿠가와 쓰나요시는 하타모토 가운데 집안이 좋은 자를 측근으로 두고 잘 살펴보았다. 그들은 정성을 다해 봉사하지 않았는데, 그것은 가문에 등급이 정해져 있어 그들 사이에 활력이 사라졌기 때문이다. 그래서 배우(노야쿠샤能役者)[15]처럼 낮은 신분의 사람을 임용해보았다. 그들은 등용된 것을 감사하게 생각했고, 또 포상에 마음이 끌리기도 하여 열심히 일했다. 마침내 쇼군의 마음에 드는 사람이 있었고, 그중에는 입신출세한 사람도 많았다.

지금은 막부의 방침이 변화하는 중이기 때문에 쓰나요시 쇼군을 위해 정성을 다해 일했던 옛날 사람처럼 반드시 보답을 받는 것은 아니다. 그러나 어쨌든 밑에서 발탁한 인재는 정성을 다해 헌신하기 마련인데, 이것은 인지상정이다.

지금 같은 세상에서는 하타모토 역시 자기 가문의 위상을 굳게 지키려고 한다. 그들은 같은 등급의 하타모토 가문에 양자로 가려고만 하지, 하타모토보다 낮은 오카치나 요리키·간조·유히쓰 등이 되

15 일본의 전통 예능인 노能를 연기하는 배우.

려고 하지는 않는다. 또 아무리 전념으로 일해도 살아생전 높은 관직에는 결코 도달할 수 없다고 여기기 때문에 무엇이든 과감하게 해보려 하지 않는다. 그저 일신의 안전을 구하고 금전을 취해서 좋은 집안의 양자가 되거나 부인을 맞는 일에 만족할 뿐이다. 이런 나쁜 기풍이 퍼진 것은 다들 활력을 잃었기 때문이다.

일부 하타모토는 도쿠가와 쓰나요시 쇼군 대에 등용된 배우 출신 관리를 자신들의 명부에서 제적해야 한다고 주장한다. 하지만 비천한 출신일수록 대개 귀한 사람보다 재능과 지혜가 많다. 단지 제대로 사용하지 않아서 그 재능과 지혜가 재앙을 초래한 것뿐이다. 잘만 쓴다면 그들은 아주 뛰어난 능력을 발휘할 것이다.

그리고 그들은 쇼군이 등용한 사람이다. 그들의 집안은 아무런 잘못도 없다. 비천한 사람이 금전을 써서 몰래 가신이 된 것과는 완전히 다르다. 일단 하타모토로 등용된 이상 지위에 걸맞은 대우를 해야 한다. 비천한 집안 출신이라며 천시하는 것은 쇼군의 위엄과 광채를 무시하는 태도다.

사실 쇼군은 자신의 위엄과 권위로 일반 백성이나 상인 중에서 재능과 지혜가 있는 자를 등용해 얼마든지 가신으로 삼을 수 있다. 이는 국가를 다스리는 도이기에 삼갈 필요가 전혀 없다. 어쨌든 지금은 가문을 중시하는 방침과 현명한 인재를 등용하는 방침이 완전히 대척점에 있다. 국가를 잘 통치할 것인가, 아니면 혼란에 빠뜨릴 것인가가 나눠지는 것도 이 점에 달렸다고 할 수 있다.

분별력을 갖췄다곤 하지만 그것이 살짝 어설픈 사람은 이렇게 말한다. "금전을 쓰면 오카치나 요리키가 될 수 있다. 또 금전을 써서 하타모토도 될 수 있다. 그렇게 돈으로 된 관리는 미천한 신분 출신이지만 재능과 지혜가 있기에 업무를 수행하는 데는 지장이 없다." 이것은 틀린 생각이다. 그리고 돈만 있으면 어떤 일이라도 가능하다고 여기는데, 이는 아주 나쁜 풍조다.

한편 하급 관리인 고후신가타의 데다이, 대관의 데다이 혹은 관청을 상대하는 상인(고요쇼닌御用商人) 등은 일반 농민과 달리 이익과 욕심을 챙기는 면에서는 머리가 아주 비상하다. 또 부끄러움도 모르고 계략으로 물건을 획득하는 것에 익숙하니 무사는 이들과 거리를 두고 기피해야 한다. 물론 미천한 자 가운데 도움이 될 만한 사람을 뽑아서 오카치나 요리키의 조직에서 일하게 하는 데는 큰 문제가 없겠지만, 질 나쁜 사람을 잘 살펴보지 않고 가까이해서는 안 된다.

세상이 이렇게 된 근본적인 이유는 태평한 시절이 오랫동안 계속돼 가문의 위상이 고정돼버렸기 때문이다. 원래 요리키는 전쟁에 나가 앞장서서 일하는 무인 직책이었고, 오카치는 쇼군의 말을 가까운 곳에서 지키는 관직이었다. 이러한 사실을 잊고 그들을 같은 조직원이 아니라 마치 하인처럼 여기는 데서 이런 풍조가 생겨난 것이다.

하타모토의 우두머리도 오만해져서 자기 밑에 있는 조직원을 너무 가볍게 본다. 50~60년 전과 달리 하타모토를 대하는 윗사람의 태도는 확실히 나빠졌다. 아래로부터 올라온 의견 중 이치에 합당한 것은 인정해야 하는데, 그런 태도가 결여돼 있다. 지금의 관리는 쇼군의 권위와 위엄을 빙자해 아랫사람 억누르는 것을 좋아한다. 그들은 쇼군의 위엄이라고 말하지만, 실제로는 오만해진 관리의 호가호위일 뿐이다.

아랫사람이 부끄러워하는 마음, 즉 염치를 알게 하는 것은 고대로부터의 도道다. 그러나 그 도는 아랫사람에게 염치를 가르쳐서 되는 게 아니라 아랫사람이 부끄러운 상황에 처하지 않도록 함으로써 이룰 수 있다.[16] 과거에는 하타모토를 감옥에 가두고 심문하는 일 따위는 없었다. 그런데 최근에는 빈번하게 그런 일이 발생한다고 한다. 사람이란 대우하는 방법에 따라 착해질 수도, 악해질 수도 있는 법이다. 하등의 인간으로 취급하면 하등의 인간이 되는 것이다. 그런데 윗사람은 이런 사실을 모르고 좋지 않은 행동을 한다. 이는 모두 가문의 위상이 고정돼 있기 때문에 세상의 풍속에 따라 자연히 그렇게 된 것이다.

내가 하타모토의 차남이나 삼남을 오카치, 요리키, 간조, 유히쓰 등의 관직에 임명하자고 주장하는 것은 결코 그들을 낮은 신분으로

---

16 '고대로부터의 도'를 가르치는 것은 전통적 유학의 사유방식이다. 반면 소라이는 '염치를 알게 하는 것' 즉 도덕적인 가르침을 무시한다. 그에 따르면 아랫사람을 가르쳐서 염치를 깨닫게 하는 것보다, 처음부터 부끄러운 상황에 처하지 않게 하는 것이 중요하다. 예컨대 사람들이 도둑질할 수밖에 없는 환경을 만들지 않는 것이 정치의 도이지, 범죄를 저지르고 그것을 부끄러워하게 하는 것은 정치의 도가 아니라는 뜻이다.

끌어내리려고 하는 것이 아니다. 가문의 위상이 고정돼 있는 지금의 풍속을 타파하기 위해서다. 중요한 것은 그들에게 일할 기회를 주는 것이다. 동시에 신분이 낮은 사람 가운데 재능과 지혜, 도량이 있는 자를 발탁해 상벌제도 아래 그들을 관리하고 부리면 좋을 것이다. 일단 발탁했다면, 그들로 인해 손해가 좀 있더라도 신경 쓰지 말아야 한다. 신분의 높고 낮음에 상관없이 재능과 지혜, 도량에 따라서 누구나 높은 자리에도 올라가고 많은 봉록도 받을 수 있는 세상이 되면 좋을 것 같다.

지금처럼 가문의 위상이 고정돼 있으면 중등 이하의 신분은 입신 출세의 희망을 가질 수 없다. 주군과 너무 멀리 떨어져 있으면 아랫사람은 행동도, 기풍도 열등해지므로 그들의 재능과 지혜 역시 아무런 쓸모가 없어질 것이다.

관리는 기량 있는 자를
선발해야 한다

요즘 세상에는 기량, 즉 재능과 덕을 갖춘 관리가 없다. 이는 국가를 통치하는 데 크게 우려해야 할 일이다. 사람과 법은 크게 두 가지로 나누어 생각해볼 수 있다.

법이란 정치하는 방법, 즉 정책과 제도다. 사람이란 실제로 법을 취급하는 주체다. 사람만 좋다면 정책이 나쁘더라도 괜찮다. 그 사람에게 덕과 재능이 있으니 그가 잘 운용해 국가를 다스릴 수 있다. 하지만 정책을 아무리 잘 검토해서 정하더라도 그것을 취급하는 사람이 미숙하다면 그 정책은 근본부터 흔들려서 어느새 나쁜 결과에 이르고 만다. 결국 처음에 잘 검토해서 정책을 세워두었어도 아무런 도움이 되지 않는다. 그러므로 나라를 제대로 다스리려면 먼저 사람을 잘 보고 구분하는 것을 가장 중요한 일로 삼아야 한다. 그것이 고대 성인의 도였다.

그렇다면 어떻게 하는 것이 사람을 잘 보고 구분하는 것일까? 사실 어떤 사람을 하루 종일 쳐다본다고 해서 그의 덕과 재능을 알 수 있는 것은 아니다. 하지만 어리석게도 '명장의 안경'이라는 말을 믿는 사람이 있다. 즉 훌륭한 장수는 한 번의 면접만으로도 기량 있는 사람을 찾아낼 수 있다는 뜻이다. 하지만 단지 보는 것만으로는 결코 그런 사람을 찾아낼 수 없다. 점을 치든가, 신통력이라도 발휘한다면 모를까.

그 이유는 다음과 같다. 어떤 사람에게 이렇게 물어보라. "당신의 기량은 어떤 분야에서 뛰어난가? 예를 들어 당신이 사무라이 대장이라면, 옛날 고슈甲州에서 무장으로 유명했던 미노美濃의 수령 바바馬場의 기량과 같은가? 아니면 나이토 슈리內藤修理의 기량과 같은가? 또는 야마가타 마사카게山縣昌景의 기량과 같은가? 아니면 병법가 고사카 단조高坂彈正의 기량과 같은가? 그것도 아니면 중국 한 대에 활약한 이광李廣[17]의 기량과 같은가? 혹은 정불식程不識[18]의 기량과 같은가?"

그러나 이런 질문을 받은 사람도 자기의 기량이 어떤 분야에서 뛰어난지 확실히 알 수는 없다. 왜냐하면 전쟁을 경험해본 일이 없기 때문이다. 자기 자신조차 알 수 없는 것을 다른 사람이 겉으로 봐서 알 리가 있겠는가.

---

17 전한 무제 때 활약한 장군으로, 활쏘기를 잘했다.
18 이광과 같은 시대에 활약한 장수로 '불패장군'이라는 별명이 붙었을 정도로 전투를 잘했다. 이광과 달리 청렴하고 강직한 성격이었다.

'명장의 안경'이란 전쟁터에 나간 무장이 전쟁을 승리로 이끌면서 기량 있는 사람을 많이 보았거나, 그런 사람을 부려보았거나 하여 그 특징으로 사람을 구별해내는 것을 말한다. 하지만 그런 옛날 무장이라 해도 사람을 잘못 보는 일은 자주 있었다. 잘 알 듯 보여도 실제로는 그렇지 않은 것이다. 익숙한 특징에 대해서는 판별할 수 있어도, 한 번도 보지 못한 특징에 대해서는 알 수 없기 때문에 잘못 평가하는 일이 생긴다.

　기량 있는 사람을 구별해내기 위해서는 일을 시켜봐야 한다. 그렇지 않고 눈으로만 보는 것은 그냥 자기 마음에 드는 사람을 뽑고는 그 인상을 기량이라고 착각하는 것이다. 이것은 정말 어리석은 짓이다.

　지위가 높은 사람은 태어날 때부터 신분이 높고 자라면서도 꽤 안정된 생활을 해왔는지라, 어려움이나 고통을 모른다. 그래서 무슨 일이든 제 생각대로만 한다. 사람의 지혜는 어려움이나 고통을 경험함으로써 발달한다. 그런 경험이 없는 이에게 지혜가 있을 리 없다. 난세의 명장은 지혜롭지만, 이는 그가 목숨을 걸고 전쟁을 겪었고 어려움도 수없이 경험했기 때문이다.

　높은 지위에 오른 사람은 아랫사람과는 멀리 떨어져 있기에 그들의 마음을 잘 알지 못한다. 윗사람이 일상적으로 가까이 지내는 사람은 모두 높은 봉록을 받는 이들이다. 또 그들은 높은 지위에 어울리는 생활 태도에만 익숙해져 있다. 말하는 것도 행동하는 것도 신분이 높은 사람의 태도에 익숙해져 훌륭한 사람처럼 행동하고, 또 그렇게 보인다.

이와 달리 아랫사람은 행동도, 말투도 서툴다. 또 신분이 높은 사람의 성격이나 기호가 어떤지도 잘 모른다. 또 신분이 천한 사람은 무슨 일로든 갑자기 불려나와 무언가를 크게 말하려 할 때도 두려움에 마음이 쪼그라들기 쉽다. 자초지종을 충분히 설명하는 것조차 불가능하다. 이는 윗사람의 마음속에 알게 모르게 자리한, 사람을 차별하는 태도가 작용하기 때문일 것이다.

높은 신분에 돈이 많은 사람은 좋게, 가난하고 천한 신분인 사람은 나쁘게 생각하는 것은 '사람을 차별하는' 사고방식이다. 주로 여자나 아이 혹은 신분이 낮은 사람이 그렇게 생각한다. 높은 지위에 있는 사람은 그렇게 생각하지 않았다. 하지만 말세에는 가문이 고정되어버리고, 윗사람과 아랫사람은 각기 따로 살아간다. 결국 지금은 윗사람도 높은 지위에 올라 봉록을 많이 받는 사람을 좋은 사람으로 생각하고 아랫사람은 마치 벌레처럼 여기게 됐다. 이것이 인지상정이다.

한편 벼슬아치라면 누구나 입신출세하고 싶은 욕심을 가지고 있다. 누구든 주군의 마음에 들도록 처신하는 법이다. 아무리 훌륭한 명장이라도 아랫사람은 주군의 마음을 붙잡고자 열심히 노력한다. 그리고 끊임없이 기회를 노린다. 그러니 주군이 좋아하는 것이 무엇인지 모를 리가 없다. 이것 역시 인지상정이다.

이와 같은 여러 가지 이유로 자신의 견식이나 재능과 지혜에만 의존해 다른 사람의 기량을 판단하려 든다면 반드시 실패하게 된다.

이는 자명한 사실이다. 누군가의 기량을 제대로 평가하기 위해서는 그 사람에게 실제로 일을 시켜보는 게 우선이다. 이것이 고대로부터 내려오는 방법이다.

사람을 부리는 방법에는 여러 가지가 있다. 윗사람은 자기 마음 대로 '이렇게 해라, 저렇게 해라' 하고 지시해서는 안 된다. 제 생각 대로 할 수 있도록 환경을 만들어주는 것이 필요하다. 지금 같은 말 세에는 영리한 대장일수록 지시를 내려서 사람 부리는 것을 좋아하는데, 그에 잘 따르면 마음이 통한다고 여겨 그 부하를 총애한다. 이런 사람을 슛토닌出頭人(주군의 총애를 받아 출세한 자) 혹은 네이코佞巧(아첨꾼) 신하라고 하는데, 이들은 진정한 인재가 아니다.

이렇게 지시로 사람을 부리는 경우 아랫사람이 직무를 잘 처리한다고 생각해서는 안 된다. 이는 진짜 기량을 판단할 수 있는 방법이 아니다. 그저 밑에 있는 여러 관리에게 윗사람의 생각을 나누어 시켜본 것일 뿐이다. 말하자면 윗사람 한 명의 지혜를 아랫사람이 나누어 사용한 것에 지나지 않는다.

지시를 받은 아랫사람의 생각이 윗사람과 일치해서 조금의 차이도 나지 않는 경우가 있다. 어찌 됐든 윗사람의 희망대로 일이 처리되니 좋겠지만, 그렇다고 이것이 꼭 올바른 방향은 아니다. 기량이나 지식은 사람에 따라 다른 법이다. 서로 완전히 같은 경우는 세상에 존재하지 않는다.

정鄭나라의 자산子産은 "마음은 얼굴 모양과 마찬가지로 사람마다 다르다"라고 말했다(《춘추좌씨전》). 그런데 주군의 마음을 너무 잘 파악해서 주군의 생각과 조금도 다르지 않게, 마치 그의 분신처럼 일하는 사람은 자신의 기량이나 지혜를 밖으로 드러내지 않고 무리해서라도 주군의 생각에 맞추려 한다. 이는 윗사람의 비위를 맞추고 아첨하는 방식이다. 이런 사람은 몸을 던져서 일하려 하지 않는다. 진정한 충의도 없다. 관리로서는 아주 부적격이라고 할 수 있다. 윗사람은 이것을 잘 알고 있어야 한다.

공자는 "군자는 화하되 동하지 않으며, 소인은 동하되 화하지 않는다"라고 말했다(《논어》〈자로〉). '화한다'는 것은 달고 시고 짜고 쓰고 매운 각기 다른 다섯 가지 맛을 조화시킨다는 말이다. 즉 각자 개성을 잃지 않으면서도 섞였을 때 좋은 맛을 낸다는 뜻이다.

관리는 주군과 재능 혹은 지혜를 달리 활용하는 것이 좋다. 주군에게도 어느 정도 재능과 지혜가 있겠지만, 그래도 잘하는 분야와 그렇지 못한 분야가 있을 것이다. 그러므로 서로 다른 재능과 지혜를 갖춘 신하 여럿을 등용해 주군을 보좌할 필요가 있다.

이에 반해 '동한다'는 것은 단맛 나는 된장에 설탕을 넣고, 그 위에 다시 꿀을 넣는 것과 같다. 즉 주군의 마음에 자신의 마음을 더해 서로가 조금도 다르지 않도록 하는 것이다.

사람은 타고난 소질이 각기 다르다. 재능과 지혜가 발휘되는 분야도 다양하다. 또 사람에 따라 잘하는 일과 못하는 일이 있으며, 그 정도 또한 다르다. 어떤 일에 완전히 적합한 인재란 존재하지 않는다. 능력이 조금 부족해서 약간의 실패가 생기는 것은 어쩔 수 없는 일이다. 실패를 두려워하여 큰 공적을 세우는 일에 도전하지 않는다면 비난받을 일은 없을 것이다. 하지만 거기엔 공적도 없다. 반면 큰 공적을 거둔다면 조그마한 실패는 그다지 문제가 되지 않는다.

사람을 부린다는 것은 이와 같은 것이다. 간혹 이렇게 말하는 사람도 있을 것이다. "지금 세상에 기량 있는 사람은 없는 것 같다. 말세가 돼서 그런 것일까? 기량 있는 사람이 있다면 일을 시켜보고 그 사람을 평가하는 것이 가능하겠지만, 실제로 기량 있는 사람이 없기 때문에 일을 시켜보고 싶어도 그럴 수가 없다."

그러나 이는 크게 잘못된 생각이다. 하늘과 땅은 옛날이나 지금이나 같다. 사람이든 식물이든 옷이든 집이든 천지간에 생겨난 것은 모두 고대에는 고대에 알맞게, 현재는 현재에 알맞게 존재한다. 인재도 마찬가지다. 지금 세상에는 오늘에 알맞게 태어난 사람이 존재한다. 어느 시대건 그 시대에 걸맞은 기량을 가진 사람이 있게 마련이다. 그런 사람이 없다는 것은 이치를 따져볼 때 있을 수 없는 일이다.

역사를 돌아보면 멸망한 왕조에는 기량 있는 사람이 한 명도 없었던 것처럼 보인다. 하지만 그 왕조를 무너뜨리고 새롭게 천하를 장악한 사람을 생각해보라. 그 역시 망해버린 왕조에서 태어났다. 하늘에서 뚝 떨어진 것이 아니다. 외국에서 온 것도 아니다. 단지 그 왕조가 기량 있는 그를 등용하지 않았을 뿐이다. 요컨대 어리석은 자를 등용했기 때문에 멸망한 것이다.

새 시대를 연 사람은 전 왕조 시대에 활용되지 않았던 인재를 등용했고, 그 때문에 천하를 통치하게 됐다. 어찌 보면 당연한 일이다.

역사를 돌아보면 모두 이와 같다. 어느 시대나 기량 있는 사람은 있는 법이다. 단지 그가 사회의 상층에 있느냐, 아니면 하층에 있느냐의 차이다. 상층에 있다면 인재가 있는 것이고, 그렇지 않다면 인재가 없는 것이다. 그런데 기량 있는 사람이 왜 하층에 있는 것일까? 그것은 윗사람에게 인재를 구하려는 마음이 없기 때문이다. 그럴 마음이 있더라도 선발 방법이 나쁘면 마음이 없는 것과 같은 결과가 되고 만다.

나쁜 선발 방법이란 앞서 언급한 대로 주군의 기호에 따라 사람을 뽑는 것이다. 이 말은 주군과 기운이 맞지 않으면 뛰어난 지혜를 갖춘 사람이라도 등용하지 않는다는 뜻이다. 주군과 기가 맞는 사람만 선발하기 때문에 아무리 많은 사람을 뽑아서 일을 시킨다 해도 한 사람이 일하는 것과 같다. 여러 사람을 등용했어도 모두 주군의 분신에 불과할 뿐이다. 이런 상황을 '사람이 없다'고 표현하는 것이다.

게다가 여러 가지 악폐도 영향을 미친다. 그런 까닭에 하층에 있는 사람은 아무리 훌륭해도 점점 더 인정을 받지 못하게 된다. 잠재력이 넉넉한 사람도 점점 퇴보해서 시간이 갈수록 기량 있는 사람이 드물어진다. 악폐는 어떤 일이든 몸을 던져 일할 수 없게 만든다. 현재 시행되는 정책은 사람을 너무 억압한다. 마치 어린아이를 보살피는 것처럼 아랫사람을 도와주고 나쁜 일을 하지 않게 하려고만 한다.

또 근무 방법도 문제다. 일일이 지시가 내려오기 때문에 아랫사람은 무슨 일을 해도 윗사람의 의도를 먼저 물어보게 된다. 자신의 재능과 지혜를 짜낼 필요가 없는 것이다. 이런 세상에서는 누구든 자신의 기량을 발휘하는 대신 다른 사람의 기량을 빌려서 일하려고 한다. 그래서는 개개인의 재능과 지혜가 늘지 않는다.

요즘은 약삭빠르게 처신하고, 윗사람의 뜻에 반하지 않으며, 다양한 상황에서 윗사람의 의향을 잘 묻는 사람이어야 무난하게 근무할 수 있다고 여긴다. 결국 아랫사람은 어떤 일을 맡더라도 윗사람에게 의존하게 된다. 몸을 던져서 자신의 일을 훌륭하게 완수하려는 마음은 결코 생기지 않는다. 재능과 지혜를 발휘할 기회가 없는 것이다. 단지 윗사람의 뜻에 맞추는 데만 자신의 재능과 지혜를 활용할 뿐이다. 그리고 맡은 일에 실패하지 않도록 조심하는 것에만 주의를 기울인다.

실패는 누구나 할 수 있다. 성인聖人이라도 잘못할 수 있다. 보통은 윗사람이 압력을 가하지 않아도 나쁜 일을 하는 사람은 많지 않지만, 만약 윗사람의 압력이 없을 때조차 나쁜 일을 하는 사람이라면 고용하지 말아야 한다. 그런 사람은 아무런 도움도 되지 않는다. 오히려 나쁜 일을 저지르도록 내버려두었다가 파직하는 편이 이롭다. 이런 자를 고용해 영지를 주는 것보다는 차라리 해임해버린 후 다른 좋은 사람을 찾는 것이 상벌의 도에도 어울린다.

일반적으로 아랫사람에게 지시하여 일을 시키는 것은 아주 나쁜 방법이다. 평화로운 시기에는 윗사람이 아랫사람에게 지시를 내려 일을 시키는 것이 세상 사람의 눈에 좋아 보일지도 모른다. 총명한 대장은 부하에게 그렇게 한다. 하지만 사실은 반대다. 아랫사람은 재능과 지혜를 발휘할 수 없기에 모두 멍청해지고 만다. 대장이 살아 있는 동안에는 좋아 보여도 그가 죽으면 밤중에 불이 꺼져버린 방처럼 되고 말 것이다.

가신이 다스리는 영지는 하루나 이틀 혹은 10일이나 20일쯤 걸리는 먼 곳이므로 특히 난세에는 일일이 지시를 내릴 수가 없다. 군사적 이변은 생각지도 못한 데서 일어나는 경우가 많으므로 먼 곳에서 지시를 내려서는 도저히 일을 해결할 수 없다.

그럼에도 불구하고 늘 지시하는 것으로 사람을 부린다면 아랫사람은 그것이 습관이 되어 자신의 재능과 지혜를 활용하지 않게 된다. 그래서 일반적으로 난세가 시작되는 때에는 난을 일으킨 무리가 반드시 이기게 된다. 이것은 역사적인 사실이다. 평화로운 시기에 윗사람은 자신의 기호에 따라 사람을 부리고 싶어 한다. 이는 옛날이나 지금이나 마찬가지다. 결국 지시에 따라 움직이는 나쁜 습관이 붙게 된 아랫사람은 군사적 이변과 같은 일이 일어났을 때 그것을 이겨내지 못하고 만다.

또 지금 시대에는 어떠한 이치도 논리적으로 통하는 일이 적다. 이 역시 사람들이 제 기량을 충분히 발휘하지 못하면서 생긴 악폐다. 일반적으로 아랫사람은 윗사람에게 말하고 싶은 것이 열 개가 있다 하더라도 그중 한두 개만 이야기한다. 과거에는 아랫사람이 제시한 의견이 이치에 맞을 경우 아랫사람이 충분히 예의를 갖추지 않았더라도 칭찬해주는 풍습이 있었다.

그러나 최근 로주나 와카도시요리 그리고 반토番頭(우두머리 무사) 등은 아랫사람의 논리적인 의견을 듣고 그것이 아주 좋다는 생각이 들어도 마음에 들지 않은 표정을 하고 변변찮은 의견인 양 취급한다. 또 아랫사람이 자기주장을 관철하려고 강하게 나올 때는 다른 쪽에서 그를 공격해 억압하려고 꾀를 부린다.

이런 식이기 때문에 아랫사람은 어찌 됐든 그저 묵묵히 있는 것이 좋다고, 윗사람의 마음을 거슬러서는 안 된다고 생각하게 된다. 지금은 이런 풍습이 널리 퍼져 있다. 게다가 지금 세상에는 그저 가만히 있는 것을 넘어 아첨과 아부까지 횡행하고 있다.

아랫사람이 윗사람에게 의견을 내기는 어려운 법이다. 그래도 이치를 깨달은 사람은 자기 의견을 말하기도 한다. 또 주군에게 도움이 되도록 맡은 일을 진지하게 생각해 의견을 제시하기도 한다. 아니면 언젠가 주군에게 칭찬받았던 것을 마음속에 감사히 간직했다가 진언하기도 한다. 하지만 어렵게 말을 꺼냈어도 그날 밤 잠을 이루지 못하고 '그런데 오늘은 도움이 되지 않는 의견을 제시했다. 꾸지람을 받을지도 모르겠구나. 주군의 마음을 상하게 했으니 어쩌면 신변에 좋지 않은 일이 생길지도 모르겠네' 등의 생각을 하며 후회하는 것이 사람의 마음이다. 이런 후회가 반복되다 보면 결국은 아무 의견도 말하지 않게 되는 것이다.

가토 기요마사加藤淸正(1562~1611)의 가신으로 무공을 세운 이다 가쿠베飯田覺兵衛라고 하는 사람이 있었다. 그는 처음에 뿔 각角 자를 써서 이름을 표기했다. 그런데 도요토미 히데요시가 깨달을 각覺

자로 바꿔서 이름을 쓰도록 했다. 그 정도로 무공에서 평판이 좋은 사람이었다. 그가 이런 말을 했다고 한다.

내 일생은 기요마사에게 속임을 당한 것과 같다. 처음 무공을 세웠을 때였다. 전쟁터를 떠나서 둘러보니 동료는 모두 총에 맞거나 화살에 맞아서 죽었다. 정말 그때는 위험했다. 그래서 이제 무사로 봉사는 일은 그만두자고 생각했다. 하지만 귀환하자마자 기요마사는 기회를 놓치지 않고 "오늘 너의 움직임은 정말 멋있었다. 칭찬할 수 있는 말이 없을 정도였다"라고 하며 칼을 상품으로 주었다. 나는 이렇게 언제나 전투가 끝날 때는 후회를 했지만, 기요마사는 그때마다 때를 놓치지 않고 진바오리陣羽織[19]를 주거나 상장을 주었다. 동료도 모두 이것을 부러워하고 찬탄했기 때문에 그것에 이끌려서 그만두지 못했다. 지휘봉을 든 사무라이 대장侍大將이라고 불릴 정도로 높이 지위가 올라간 것도 기요마사에게 속아서 그런 것이다. 원래 본심이 아닌데도 전쟁터를 누비도록 만든 결과였다.

이다 가쿠베는 가토 가문이 몰락한 뒤 교토에서 은퇴하여 두 번 다시 무가 집안에 봉사를 하지 않고 안락하게 살았다. 앞의 글은 어떤 노인이 당시 가쿠베의 회고라며 들려준 것이다.

19 옛날 진중에서 갑옷 위에 입던 소매 없는 겉옷.

이것은 전쟁 이야기이기 때문에 특별한 경우라고 할 수 있지만, 태평한 때에도 아랫사람이 윗사람에게 의견을 제시하는 것은 호랑이에게 가까이 다가가는 것과 마찬가지로 어려운 일이다. 자신의 몸을 위험하게 만드는 일이기도 하다. 이러한 기분은 아랫사람의 처지가 돼보지 않으면 알 수 없다.

병법서인 《삼략三略》에는 "훌륭한 장수는 부하 가운데서 뛰어난 자의 마음을 빼앗도록 노력해야 한다"라는 말이 나온다. 옛날에 호조 소운北條早雲(1432~1519)은 칠서七書(일곱 종류의 병서)에 대한 강의를 들으려고 했다가 처음에 위와 같은 말을 듣고 "이것으로 잘 알았다. 칠서를 전부 들을 필요는 없다"라며 그 뒤의 강의는 듣지 않았다고 한다. 너무 성급한 성격이라고 할 수도 있으나, 훌륭한 장수는 이해력도 탁월해서 사람을 감별하는 것 외에 다른 병법은 필요 없음을 분명히 간파한 것이다.

그러므로 아랫사람이 제시한 의견이 이치에 맞다면 조금 부족하더라도 신경 쓰지 말고 칭찬해주어야 한다. 어리석은 윗사람은 도량이 좁고 경쟁심도 크기 때문에 '그 정도는 누구나 알고 있다'는 식으로 말하면서 아랫사람과도 경쟁을 하려고 한다. 반면 훌륭한 장수는 그렇지 않다. "아랫사람이지만 의견을 아주 잘 제시했다"라며 진언한 것만으로도 칭찬을 한다. 영웅의 마음이란 바로 이런 것을 말한다. 윗사람이 이러한 태도를 보이면 아랫사람의 마음속에는 분명 분발하려는 마음이 생길 것이다. 또 자신을 알아줬다는 사실에 감사해하며 맡은 일에 전념하고자 할 것이다.

하지만 학문을 깊이 있게 공부하지 못해 성현의 가르침을 제대로 체득하지 못한 사람은 아랫사람의 말이 조금이라도 틀리면 금방 가르치려고 든다. 또 아랫사람이 낸 의견은 반쯤만 인정하고 나머지는 억누르려 한다. 참으로 바람직하지 않은 행동이다.

또 "아랫사람에게 의견을 제시하게 하면 상하의 구별이 없어지기 때문에 멋대로 자기 의견을 말하지 않도록 하는 것이 좋다"라고 말하는 사람도 있다. 이는 정말로 나쁜 생각이다. 막부의 정무를 살피는 것은 쇼군 개인의 일이 아니다. 하늘이 쇼군에게 명을 내린 임무다.

하물며 로주나 반토는 쇼군의 명을 받은 관리다. 아랫사람이라도 정무에 관한 의견을 제시했다면 그것에 관한 한 쇼군과 동등한 위치에 있다고 봐야 한다. 로주를 비롯한 여러 관리 역시 마찬가지라고 할 수 있으니, 아랫사람이라고 너무 조심할 필요는 없다. 하지만 아랫사람은 윗사람의 위엄에 억눌리면 마음이 졸아들어 의견을 말하기 힘든 것이 사실이다. 그러니 윗사람은 아랫사람으로 하여금 말을 하게 해야 한다. 그러지 못하게 하는 것은 천도天道를 두려워해야 하는 일이다.

이는 또 사람을 부리는 법도를 모르는 것이기도 하다. 인재를 감별하는 것이 로주나 반토 같은 높은 지위에 오른 사람이 해야 하는 가장 중요한 직무다. 이 일에 실패하면 직무를 다하지 않고 녹봉을 받는 죄를 짓는 것이다. 그런데도 그들은 단지 자신의 재능과 지혜를 발휘하는 것만을 직무라고 생각한다. 윗사람은 재능과 지혜를 발휘하고, 아랫사람은 그에 따라야 한다고 여긴다. 윗사람이 아랫사람과 능력을 비교하고 경쟁하려고 드는 것은 그가 어리거나 미숙하기 때문이다.

윗사람이 자신을 억누르고 아랫사람의 의견을 들어주는 것은 지혜가 없기 때문이 아니다. 무릇 작은 일에 재능과 지혜를 발휘하는 것은 대신의 직무가 아니라, 관리의 직무다. 《대학》에 인용된 《서경》〈진서〉에는 대신의 직무에 대해 "다른 기술은 없고 그 마음을 여유롭게 허용하는 일이다"라고 했다. 즉 특별한 기능은 없고 마음이 관대해서 포용력이 있어야 한다는 것이다.

이 말은 단지 온화한 인품이라면 다 좋다는 의미는 아니다. 사람을 부리는 도를 잘 체득해 재능과 지혜가 있는 자를 선발하는 것이 대신의 임무이기 때문이다. 아랫사람의 의견을 듣고 이치가 맞는다면 받아들이는 것이 대신이 할 일이다. '다른 기술은 없다'는 것은 사람을 선발하는 일에 능숙하고 그 외에는 재능과 지혜가 없다는 의미다. 그러므로 대신이 자신의 재능과 지혜를 아랫사람과 경쟁하려하는 것은 매우 잘못된 일이다.

윗사람에게는 잘하는 분야가 있는 것조차 바람직스럽지 않다. 잘하는 분야가 있다는 것은 그 분야에 대해서는 너무 잘 알아서 다른 사람의 의견을 잘 받아들이게 되지 않기 때문이다. 이는 인지상정이다. 그래서 '다른 기술은 없다'라고 한 것이다.

앞에서 이미 언급했지만, 아랫사람이 제출한 의견이 논리적이라면 불충분한 점이 있더라도 우선 칭찬을 하고 시간이 지난 후 때를 보아 "지난번에 제시한 의견은 정말 좋았다. 하지만 이런저런 점에서 문제가 있다. 이것은 어떻게 하면 좋은가?" 하고 물어야 한다. 이런 식으로 한다면 이치에 적합한 점을 칭찬하는 것이 주가 되어 아랫사람의 마음을 위축시킬 일이 없다.

하지만 의견을 들은 즉시 반쯤은 인정을 하면서도 반쯤은 억압하려고 한다면 아랫사람은 아무래도 자신의 의견이 열등하다고 생각해 두 번 다시 의견을 제시하지 않게 된다. 자기가 옳다고 생각해도 더 이상 말하지 않는다. 따라서 반 정도라도 인정해주는 태도는 좋지만 아랫사람의 마음을 위축시켰다는 점에서는 완전히 억압해버린 것과 같은 결과를 가져올 뿐이다. 이러한 것을 맹자는 "오십보백보의 차이"라고 했다(《맹자》〈양혜왕〉).

한편 아랫사람을 잘 부리고 그의 직무를 계속 격려해주다 보면 곧 현명하고 재능 있는 사람이 눈에 띌 것이다. 보통 사람의 재능과 지혜가 항상 똑같이 발휘된다고 생각하는 것은 이치를 잘 몰라서 하는 말이다. 재능과 지혜가 어느 날 갑자기 생기는 것은 아니지만, 어떤 일이든 전념을 다하다 보면 어느 순간 충분히 발휘된다. 성인이 충신忠信, 충서忠恕를 가르치면서 충忠을 중시한 것은 이 때문이다.

'충'이란 어떤 일에 몸을 던지는 것인데, 이때 재능과 지혜가 잘 발휘되기 때문에 성인이 충을 중시한 것이다. 단지 충실하다고 해서 칭찬하는 게 아니다. 성현의 가르침은 어떠한 일도 모두 '치국평천하治國平天下'에 이롭도록 구성되어 있다.

무릇 검술이나 마술馬術도 혼신을 다해 행할 때 영험한 작용이 나타난다. 적이 내려치는 큰 칼 밑에 있게 되어 몸이 완전히 둘로 쪼개질 절체절명의 순간에도 적을 이기게 되는 영험이 바로 그런 것이다. 나는 어릴 때부터 문장을 즐겨 썼는데, 옛날에 쓴 문장을 보다가 "내가 쓴 것이지만 정말 잘 썼다. 어떻게 이렇게 잘 썼을까?" 하고 생각하는 때가 있다. 이는 당시 내가 혼신을 다해서 그 글을 썼기 때문일 것이다. 어떤 일에든 몰입하지 않으면 온전한 재능과 지혜가 발휘되지 않는다. 즉 여간해서는 사람이 가진 재능과 지혜의 전부가 충분히 발휘되지 않는 것이다. 하지만 몰입을 하면 다르다. 이는 미묘한 차이이기 때문에 실제로 경험해보지 않으면 알 수가 없다.

따라서 사람의 기량을 판별하기 위한 가장 좋은 방법은 역시 일을 시켜보는 것이다. 용인술이 좋다고 없던 재능과 지혜가 갑자기 생기는 것은 결코 아니다. 과거의 역사를 돌아보면 좋은 사람이 갑자기 나쁜 사람으로 변하기도 한다. 반대로 재능이나 지혜가 없을 것 같지만 나중에 충분히 발휘된 사례도 아주 많다. 대장이 해야 할 일은 그저 아랫사람이 재능과 지혜를 온전히 발휘할 수 있도록 하는 것이다.

사람의 기량을 감별하기 위한 수단이 또 있는데, '성질'이 있는 사람인지 잘 살펴보는 것이다. 성질이 있다고 전부 우수한 사람이라는 뜻은 아니다. 하지만 성질이 있는 사람 가운데 뛰어난 사람이 많은 법이다. 다부진 표정의 사람을 성질이 있다고 여겨 많은 사람이 소중히 생각하는 것도 그런 이유 때문이다. 성현은 이것을 '기器'라고 표현했다.

기란 예를 들면 이런 것이다. 창이라면 찌르는 일만 할 뿐, 자르는 일은 하지 못한다. 칼이라면 자르는 일만 가능하고, 찌르는 것에는 어울리지 않는다. 송곳은 날카로워서 망치의 역할은 하지 못한다. 망치는 뭉뚝하기 때문에 송곳의 역할은 하지 못한다. 그런데 칼은 날카로워서 칼집에 넣어두지 않으면 상처를 입기 쉽다. 즉 칼의 성질은 날카로운 것이다. 칼집이 없어도 상처를 입히지 않는 칼이나 끝에 손이 닿아도 상처를 내지 않는 송곳은 모두 성질이 없는 것이다. 그런 것은 아무런 도움도 되지 않는다. 이렇게 각 물건이 가진 고유의 성질이 바로 '기'다.

그러므로 성질이 있는 물건이 아니라면 기가 있다고 말하지 않는다. 그리고 기가 없다면 생활에 도움이 되지 않는다. 마찬가지로 사람마다 다른 재능이나 지혜도 기라고 한다. 사람을 평가할 때 기준이 되는 기량을 말할 때도 같은 '기器' 자를 쓴다. 이것은 사람의 재능과 지혜가 다르니 각 방면에 활용해서 도움이 되도록 하자는 의미이며, 앞에서 언급한 공자의 "화하되 동하지 않는다"라는 이치에도 합치된다.

하지만 말세가 되니 윗사람의 기량이 작아져서 무언가 불안해하고 소심한 마음이 커졌다. 성질이 있는 사람 가운데 재능과 지혜가 있는 사람을 뽑는 것이 자신의 직분임을 알지 못하고, 독도 약도 되지 않는 사람을 좋아한다. 혹은 만병통치약처럼 두루 만능인 사람이야말로 진정한 인재라고 생각해 그러한 사람을 찾는다.

그러나 만사에 능력 있는 훌륭한 인재는 과거에도 지금도 실재하

부열의 초상화. 은나라의 중흥을 이끈 그는 중국 최초의 성인으로 불린다.

지 않는다. 게다가 만병통치약과 같다고 평가되는 사람은 낮은 신분의 천한 인물이기 십상이다. 이런 사람은 비위를 잘 맞추어서 누구에게나 좋은 사람이라는 평가를 받는다. 공자가 향원鄕愿(《논어》〈양화陽貨〉)[20]이라고 칭한 사람과 비슷하다. 결국 그런 사람은 어떠한 도움도 되지 않는다는 사실을 알아둬야 한다.

현명한 인재는 뛰어난 기량을 갖춘 사람이다. 이런 사람은 성질이 있는 사람 가운데 많으며, 윗사람이라면 그가 전념해서 맡은 일을 해낼 수 있도록 환경을 조성해주어야 한다. 그러면 진정한 인재를 찾을 수 있을 것이다.

로주나 반토 이상의 고위직 관리는 인재 발굴을 가장 중요한 업무로 생각해야 한다. 밤이든 낮이든 항상 그것을 마음에 두고 있어야 한다. 은나라 고종高宗은 현인賢人을 찾고자 하는 마음이 간절해 어느 날 꿈속에서 본 현인의 모습을 그리게 했다. 그리고 그 사람을 찾았는데, 결국 부열傳說이라는 인물을 발견할 수 있었다.

20 공자는 "향원은 덕의 도적이다"라고 말했다. 맹자의 제자가 공자가 말한 향원은 어떤 사람이냐고 묻자, 맹자는 "음흉하게 세상에 아첨하는 자가 바로 향원"이라고 대답했다. 즉 그때그때 시류에 아첨하는 비굴한 인물, 혹은 위선을 일삼는 자로 향원을 규정했다.

윗사람의 정성이 하늘에 통하면 천도天道가 도와주는데, 그것을 결코 의심해서는 안 된다. 말하자면 인재를 얻고 싶다는 마음이 없기 때문에 좋은 사람이 나타나지 않는 것이다. 그런 마음이 들지 않는다는 것은 윗사람에게 학문이 없기 때문이며, 또 윗사람이 아랫사람의 상황이나 실무를 제대로 모르기 때문이다. 게다가 윗사람은 태어나면서부터 지배자의 위치에 있기 때문에 알게 모르게 자만심으로 가득해지기 쉽다. 그리고 자신과 생각이 같은 사람만을 구하고, 자신의 재능과 지혜만으로도 충분히 문제를 해결할 수 있다고 믿기 때문에 인재를 구하고자 하는 마음이 일어나지 않는 것이다.

그런데 요즘 사람이 직무에 헌신하려고 하지 않는 데는 윗사람과 아랫사람의 사이가 매우 동떨어져 있다는 점도 작용한다. 최근 아랫사람에게는 윗사람과 친하게 지내려고 하는 마음이 거의 없다. 쇼군 도쿠가와 이에야스나 도쿠가와 히데타다德川秀忠 시기는 말할 것도 없고 도쿠가와 이에미쓰 시기까지는 쇼군이 가끔 무사가 가득 모여 있는 방에 직접 들르기도 하고, 그곳에서 함께 대화를 나누기도 했다고 한다.

도쿠가와 이에쓰나德川家綱는 어릴 때 쇼군 자리에 올랐다. 이에쓰나 쇼군 자체도 아랫사람에게 관심이 없었지만, 당시의 로주 역시 쇼군이 아랫사람을 많이 알면 오히려 어려움이 커질 거라고 생각했던 것 같다. 그래서 오로지 쇼군을 위엄 있어 보이게 하려고만 노력했는데, 그런 풍습이 전해져 지금은 윗사람과 아랫사람의 구별이 너무나 엄격해졌다. 그래서 하타모토와 쇼군의 거리가 아주 멀어졌고,

그에 따라 아랫사람이 주군과 친하게 지내려 하는 마음도 엷어지고 말았다.

　그뿐만이 아니다. 로주, 와카도시요리, 반토 역시 권위를 매우 의식하게 됐다. 옛날에는 로주나 와카도시요리도 친척이나 가까운 지인과는 머리를 맞대고 가볍게 이야기를 나누곤 했다. 반토는 평소 아랫사람과도 친하게 지내고 같은 조직원의 집을 자주 방문하곤 했다. 그러나 지금은 로주도 와카도시요리도 스스로 대단한 듯 태도를 취하면서 다른 사람을 잘 만나려고 하지 않는다. 단지 손님맞이라고 하여 아침 일찍 자택으로 찾아오는 사람을 면회할 뿐이다. 또 반토는 조직원과 직접적으로는 거의 말을 주고받지 않는다. 조직의 우두머리를 통해 조직원과 대면하는 식이다.

　하타모토도 아침 일찍 외출하는 것을 가장 중요한 일로 생각한다. 날이 새기 전에 로주나 와카도시요리의 집을 방문해 "안녕하신지요?" 하며 인사를 주고받은 후 곧바로 돌아온다. 왜 이러한 일을 하느냐고 물어보면 로주나 와카도시요리에게 관심을 받기 위해서라고 답한다.

　신처럼 뛰어난 기량이 있더라도 손님으로 몇 번 대면하는 것만으로는 그 사람을 제대로 알 수가 없다. 그러므로 사람을 감별하기 위해서는 그 사람을 잘 아는 자의 추천에 따르지 않으면 안 된다. 옛날에 로주나 와카도시요리가 친척이나 지인을 때때로 만나서 이야기를 들었던 것은 그런 이유에서다. 아랫사람의 결점이나 인품이나 기량을 이런 식으로 알게 되는 것은 개인의 좁은 견문에 의지한 듯 보이지만, 그들에게 어떡하든 좋은 인물을 발견하고 싶은 마음이 있었던 것은 사실이다. 이것은 공자가 "자네가 아는 훌륭한 인재를 우선 등용하라"(《논어》〈자로〉)라고 말한 것과도 합치한다. 많은 기량 있는 인물이 이러한 방법으로 세상에 나왔다.

하지만 말세가 되면서 친척이나 지인의 추천으로 인재를 찾아내는 방식이 불공평하다며 그것을 꺼리는 풍조가 생겼다. 또 로주의 직책은 자질구레한 사무를 처리하는 것이 아닌데, 그것도 바뀌었다. 지금은 밑에 있는 관리가 처리해야 할 너저분하고 번거로운 일까지도 로주가 처리하는 것이 윗사람을 위한 봉사요 정성이라고 생각하는 분위기가 생겼다. 게다가 위엄 있는 태도를 지녀야 한다는 인식도 덧붙여졌다. 결국 에도성에서 퇴근한 로주는 너무나 피곤한 나머지 저택에 머물면서 휴식을 취하고 친척이나 지인 만나는 일을 꺼리게 됐다. 그리고 아침이 되면 의무처럼 돼버린, 무의미한 손님맞이를 하는 것이다.

이렇게 된 것은 인재 수급이 윗사람의 직무임을 모르기 때문이다. 반토도 마찬가지다. 조직원과 마음 편하게 어울리지 않는다면 어떻게 그들의 기량이나 인품을 알 수 있겠는가.

하타모토도 로주나 와카도시요리의 집을 방문해서 잠시 얼굴을 보이는 것만으로는 불안하다고 생각한다. 그래서 로주의 가신과 인연을 맺거나 혹은 로주의 부인과 연결된 사람에게 아첨을 한다. 손님맞이를 할 때마다 오는 사람이나 부인을 통해 추천을 받은 사람에게는 무의식적으로 후원하고자 하는 마음이 드는 것이 사실이기 때문이다.

하타모토는 반토와 멀리 떨어져 있고, 로주나 와카도시요리와는 더 멀리 떨어진 곳에서 근무한다. 쇼군과는 한층 더 떨어져 있다. 아랫사람의 마음이 윗사람으로부터 떨어져 있으면 중간을 묶어주는 것이 바람직하다.

로주·와카도시요리·반토 등은 권한은 강력한 반면, 아랫사람이 의견을 제출해도 그것을 채택할 가능성이 없고, 어떤 일이든 지시를 내려 움직이게 하며, 더구나 재능과 지혜를 발휘할 기회도 주지 않는다. 결국 무사의 기풍은 모두 가라앉아버리고 의욕도 솟아나지 않는다. 제 한 몸의 안전만을 꾀하려 하게 된다. 현재 아랫사람은 아랫사람끼리 단결해 일반적으로 매우 태만해졌다. 윗사람이 한마디라도 말을 걸어준다면 아랫사람은 감격해서 목숨을 버릴 각오로 직무에 정성을 다한다. 이것이 인지상정인데, 윗사람은 그것을 모르고 좋지 않은 행동만 고집해 무사 간의 선한 경쟁심을 말려버리고 말았다.

지금은 기량 있는 사람이 없는데, 이 역시 윗사람이 사람을 부리는 방법이 나빠서다. 즉 가문만 보고 로주나 와카도시요리를 임명하여 윗사람과 아랫사람의 차별을 명확히 했기 때문이다. 자연히 고위직 관리는 오만해지게 됐고, 결국 이런 결과를 초래했다. 로주나 와카도시요리는 진심으로 인재를 찾아야 하며, 그것을 제일 과제로 삼아야 한다. 아랫사람을 억누르거나 지시하려 들지 말고, 말을 건네며, 작은 실패는 꾸짖지 말고 받아들이는 편이 좋다. 또 공적이 있으면 칭찬하고 추천해서 등용케 한다면 훌륭한 인물을 충분히 찾을 수 있을 것이다.

관리 중에 기량 있는 사람이 나타나면 정무는 쇼군이 생각한 대로 운영될 것이다. 반대로 윗사람이 지시를 내리는 방식으로 사람을 부린다면 인재는 차츰 사라지고 말 것이다. 또 몸을 던져서 직분에 충실한 사람이 있다면 윗사람은 그에게 위엄과 권위를 주어야 한다. 그러지 않으면 동료의 시기나 질투 그리고 윗사람의 간섭이 생긴다. 이 또한 인지상정으로, 이런 일이 벌어지면 격려를 하려는 사람도 중도에 그만두는 일이 많다.

쇼군 도쿠가와 이에야스는 노能 공연 배우였던 오쿠보 나가야스 大久保長安를 등용해 이와미의 수령으로 삼았다. 오쿠보는 후에 영주의 지위에까지 올랐으나, 나중에 좋지 않은 일에 엮여 멸족의 화를 입었다. 이 일을 도쿠가와 이에야스의 실패라고 말하는 사람도 있지만, 나는 이에야스 쇼군의 생각에 특별히 감탄을 금할 수 없다.

쇼군은 오쿠보 나가야스의 뛰어난 기량을 보고 그를 발탁했던 것이다. 그리고 그 기량을 자연스럽게 활용했는데, 이는 이에야스 쇼군이 사람을 사용하는 방도를 잘 알고 있었기 때문이다. 사정을 잘 모르는 사람은 오쿠보 나가야스가 쇼군의 측근에서 일했기 때문에 나쁜 일을 저질러도 쇼군이 눈감아주었다고 말하기도 한다. 하지만 이것은 정확한 말이 아니다. 작은 잘못도 용서하지 않는다면 사람의 기량은 늘지 않는다. 그래서 쇼군이 보고도 모른 척한 것이다. 그가 나중에 큰 잘못을 저지른 것은 또 다른 문제다. 이에야스 쇼군의 사람을 부리는 방법은 후세에 이르기까지 모범이 되며, 이는 작은 일이 아니다. 만세의 모범으로 삼아야 한다. 후세로 오면서 쇼군이 자질구질한 일에 마음을 쓰고, 커다란 이익에는 오히려 방관하는 경향이 강해지고 있다. 이 점에서 요즘 쇼군은 이에야스 쇼군과 매우 다르다.

더 말할 필요도 없지만, 도쿠가와 이에야스 쇼군의 사적事蹟에는 감명을 받을 만한 점이 많다. 사람을 불러들일 때도 로주나 반토는 물론이고, 모노가시라物頭(활·총 등을 관리하는 부대의 우두머리)를 비롯한 여러 직위의 다양한 관리를 망라했다. 또 낮은 신분의 무사인 반슈도 불시에 불러 정무에 관해서는 물론이고, 때로는 그의 조상에 대해서도 이야기를 나누었다. 혹은 술을 내리기도 하고, 아니면 정원에 놓인 돌을 들게 하여 살펴보게 하기도 했다. 가끔은 쇼군의 장난으로 놀림만 받고 물러난 사람도 있었다. 이렇게 정해진 규칙 없이 그냥 아무렇게나 관리를 불러들여 만났다고 한다.

이를 두고 어떤 사람은 도쿠가와 이에야스 쇼군이 "처음에는 낮은 신분의 영주였다가 천하를 지배하게 됐기에 예의범절을 잘 알지 못했다"라고 비평하지만, 나는 단지 그가 사려 깊었다는 점에 감탄할 뿐이다.

사실 고위 관리만 불러서 정무에 필요한 용무를 말하게 하는 것으로 끝날 수도 있는 일이다. 하지만 만약 쇼군 앞에 서는 사람이 정해져 있다면 쇼군이 알지 못하는 분야에 대해서 명령을 내리는 경우, 누가 건의한 내용이라는 것이 대략 알려지게 되므로 그렇게 지위 고하에 상관없이 많은 관리를 만났던 것이라고 추측해본다.

그 외에 하타모토 무사를 비롯해 하급 관리에 이르기까지 도쿠가와 이에야스 쇼군과 친숙해질 수 있었던 것도 모두 쇼군의 평민적인 태도 덕분이라고 생각한다.

근무 시간은
여유가 있어야 한다

관리의 근무 시간에는 여유가 있어야 한다. 특히 책임이 무거운 고위직일수록 그렇다. 로주나 와카도시요리 등은 정무를 전체적으로 관리하는 큰 임무를 맡고 있다. 따라서 세상의 전 분야를 아우르지 못하면 직무에서 놓치는 부분이 생기고 만다. 여유가 있어야 여러 가지를 생각할 수 있다. 또 때로는 그 시간에 학문도 연마해야 한다.

현재는 고위직일수록 매일 조정에 나가 시간 여유가 없음을 자랑하는 게 일이다. 하루 일과가 끝나더라도 바로 퇴근하지 않는다. 같은 직급의 관리가 많이 있다면 교대로 일처리가 가능할 텐데, 전원이 얼굴을 모두 모아서, 즉 행동을 함께하여 출근한다. 일이 없어도 마치 있는 것 같은 표정을 하는데, 이것이 요즘의 경향이다. 이는 모두 자신의 직무에 전념하지 않기 때문이다. 맡은 일을 잘 처리하고 조정에 봉사한다는 진실한 마음만 있다면 다른 사람의 눈에 어떻게 보일지 신경 쓸 필요가 없는데도 말이다.

옛날 교토에서 쇼시다이所司代[21]로 근무하던 스오周防 수령 이타쿠라板倉가 에도에 갔을 때 이즈 수령 마쓰다이라가 이렇게 말했다.

"쇼군께서도 드디어 정무에 마음을 쏟게 되셨습니다. 궁정의 일도 상세하게 듣고 싶다고 하시므로 앞으로는 우리에게 보내는 서찰을 좀 더 정중하게 써서 교토 궁중의 정세를 쇼군께서 아실 수 있게 했으면 좋겠습니다."

그러자 스오 수령이 이렇게 말했다.

"120리나 떨어진 먼 곳의 일이기 때문에 쇼군께서 아무리 총명하시더라도 도저히 아실 수 있는 것이 없습니다. 그 때문에 내가 파견돼 있는 것이니 어떤 것도 말씀을 드릴 필요가 없습니다."

쇼군이 이 말을 전해 듣고 이렇게 말했다.

"역시 스오 수령은 전념을 다해 근무를 하고 있는 자다."

그러고는 아주 기뻐했다고 한다. 스오 수령이 보내온 보고서에는 언제나 쇼군의 안부를 물은 후 다음과 같은 말만 적혀 있었다.

"한편 교토 조정 쪽에는 아무것도 변함이 없습니다."

그리고 "황송하옵니다만, 삼가 말씀을 올립니다"라고 맺음말을 쓴 다음 아무것도 알려주지 않았다고 한다. 지금 고위직들이 스오 수령이 가진 기량의 반 정도만이라도 가지고 있다면 그 기풍이 세상 사람에게도 전해져 널리 이로울 텐데 말이다.

요즘의 관리는 로주를 비롯해 누구나 밑에서 요청하는 일만을 처

---

21 교토의 조정에서 근무하는 관리. 조정과 궁정귀족에 관한 일을 담당했다.

리하려 한다. '백성을 다스린다'고 하는 일은 꿈에도 생각하지 않는 것 같다. 하지만 이런 사람을 직무에 배치한 뒤 시간 여유를 준다면 자연적으로 생각도 깊어지고 '통치'에 대해서도 잘 이해할 수 있게 될 것이다.

로주, 와카도시요리, 모노가시라, 사찰 및 사원 담당 관리, 행정 담당 관리, 재정 담당 관리, 대관 등은 모두 하위직 관리를 다스리는 위치에 있다. 그렇다고 이들의 직무가 아랫사람이 올린 요청이나 윗사람이 명령한 일만 처리하는 것이 전부는 아니다.

지배하는 영역이나 데리고 있는 조직원 가운데 나쁜 사람이 많아서 그로 인해 풍속이 나빠졌다면 그것은 모두 관리자의 책임이다. 영지를 받은 하타모토의 직무 역시 농민에게서 연공을 취하는 것만이 다는 아니다. 그 영지를 다스리는 것이 본분이다.

다스린다는 것은 아랫사람이 법규를 위반하지 않도록 감독·관리할 뿐 아니라, 그들을 가르치고 훈련해 나쁜 사람이 되지 않도록 하는 것, 그리고 나아가 풍속이 좋아지게 하는 것이다. 단순히 일을 처리하거나 윗사람에게 보고하는 것만을 직무로 생각한다면 아랫사람을 타인처럼 여기는 것이나 마찬가지다. 그러므로 그것만으로 직무에 전념했다고 말할 수는 없다.

또 아랫사람의 법규 위반을 관리하는 것만으로 잘 다스린다고 생각한다면 아랫사람을 적으로 보는 것이며, 그들에게 대항하려는 마음을 갖고 있는 것이다. 이는 우두머리가 되거나 사람을 지배하는 도道의 이치에 반하는 것이라고 할 수 있다.

진정으로 다스린다는 것은 주군으로부터 받은 지배 영역이나 조직의 부하를 끝까지 잃거나 버리지 않는 것이다. 그러므로 아랫사람의 생활을 항상 신경 쓰며 도와주어야 한다. 이것을 성인은 '백성의 부모' 혹은 '인의 도'라고 말한다. 여기서 '인'은 주자학을 공부하는 유학자가 말하는 의미, 즉 단지 아랫사람을 불쌍히 여겨 자비를 베푼다는 뜻만은 아니다. 혹은 아랫사람에게 신의를 지키고 이치 그대로 일을 처리한다는 뜻만도 아니다.

부모가 아이를 키울 때는 때리기도 하고 엄격하게 꾸짖기도 하며 가끔 속이기도 한다. 그것과 마찬가지로 아랫사람을 처벌하거나 속이는 일도 있지만, 어찌 됐든 그들을 잘 보살피고 마음을 써서 도움을 주는 등 생활이 잘 돌아갈 수 있도록 하는 것이 '인'이다.

그러므로 다스리는 일을 잘 실행하고 있느냐 아니냐는 것은, 윗사람에게도 밖에 있는 사람에게도 겉으로는 보이지 않는다. 단지 세월이 흐른 뒤에 그 통치 방법이 옳았음을 알게 되는 것이다. 따라서 높은 지위에 있는 관리는 몸을 던져 직무를 수행하면서 누가 보든 혹은 듣든 개의치 않는 마음을 가져야 한다.

앞서 언급한 스오 수령 이타쿠라는 직무에 전념한 사람이었는데, 그는 '다스리는' 일에도 관심이 많았다고 한다. 그는 언제나 교토 주민 각자가 맡은 직무를 다하기만 하면 교토 거리는 잘 다스려진다는 말을 했다. 궁정귀족이 노래(와카和歌)를 부르고 학문을 연구하면 조금 나쁜 일을 했더라도 용서했다. 의사가 치료를 잘 하고, 기술자가 자기 가문의 직업을 잘 수행하면 역시 그들의 작은 과실은 무시했다.

어느 날 스오 수령이 교토 근교의 시골에 갔다. 그때 오래된 신사를 찾는데, 건물이 부서져 있었다. 신관이 낡은 옷을 입고 신전에서 책을 읽고 있었다. 스오 수령이 "무슨 책인가?" 하고 묻자, 그는 "신도 책입니다"라고 답했다. 그 후 1년쯤 지나서 스오 수령이 다시 가서 보니 그 신관은 이전과 똑같이 하고 있었다. 스오 수령은 크게 감탄해 "이 신사의 수리비는 막부의 예산을 받는 것이 곤란하기 때문에 내가 직접 수리해주겠다"라고 말하고, 정말로 신사의 무너진 건물을 수리해주었다. 스오 수령은 신관이 가업인 신도의 학문을 소중하게 여기는 태도를 칭찬한 것이다. 스오 수령이 당시 교토를 다스리는 일에 몸을 던져 전념하고 있었기 때문에 가능한 일이었다.

지금도 이타쿠라 가문이 비용을 내서 이 신사의 수리를 맡고 있다 한다. 그러나 이런 일을 세상에 자주 있는 관례와 같은 것쯤으로 여겨 후임 신관도 당연히 수리비를 요청하고, 이타쿠라의 후손 역시 조상의 본래 의도를 알지 못하고 단지 조상이 그 신사의 신을 믿고 받들었다고만 생각하는 것은 유감스러운 일이다.

세상도 마찬가지다. 스오 수령이라고 하면 유명한 재판관이라고만 알고, 또 그렇게 전한다. 이는 지금 세상 사람이 정말로 인물을 보는 눈도 없고 귀도 없음을 보여주는 것이 아닌가 싶다.

관직은 문무의
구별이 있어야 한다

지금 우리는 관직에 문과 무의 구별이 있음을 잊고 있다. 오사카성의 조다이城代(경비 담당 관리)나 반토, 모노가시라, 후나테船手(뱃사공) 등은 무관이다. 그 밖의 관리는 로주 이하 모두 문관이다. 하지만 지금 이들은 모두 무관으로 불린다. 그리하여 학문을 닦으려 하지 않는다. 또 무사라고 하면서도 무사의 분위기를 풍기는 것은 좋지 않다고 말한다. 결국 무관은 신분이 높은 궁정귀족처럼 돼버렸다. 억지로라도 문무의 구별 정도는 해두는 것이 좋을 것이다.

4

· 학문 · 유학자 · 의사

· 농지 매매 · 막부 서고의 서적

· 도박 · 강도

· 밀고 · 싸움 당사자의 쌍방 처벌 · 천주교도 문제

· 첩을 부인으로 삼는 일 · 첩을 숨기는 일

· 귀천에 상관없는 여자의 일 · 첩에 대한 호칭

· 결혼한 여자는 남편의 가풍에 따라야 한다

· 규모가 큰 영지는 분할해야 한다

· 몰락한 영주의 가신은 향사로 삼아야 한다

· 법령을 통일해야 한다 · 양자

· 경비병의 행동에 대한 제약

사회질서에 관하여

경비병의 행동에 대한
제약

경비병(반슈)의 임무는 성안에 있는 중요한 방을 지키는 것이다. 그 건물 밖에서 무슨 일이 일어나더라도 관여해서는 안 된다. 이는 규정이다. 그러나 나는 그런 규정이 있는 이유를 도통 알 수가 없다.

도쿠가와 이에야스 쇼군이 가이甲斐 지방에 진출했을 때다. 어떤 미친 자가 칼을 빼들고 많은 사람을 죽인 사건이 일어났다. 그때 범인을 체포한 것은 경비병이었다. 또 도쿠가와 히데타다 쇼군 때인가, 이노우에 마사나리井上正就가 칼에 맞아 죽은 사건이 일어났다. 그때도 고주닌小十人[1] 초소 뒤의 복도에서 경비병 여럿이 달려들어 범인을 체포했다.

옛날에는 이렇게 건물 밖에서 사건이 발생했을 때 관여하지 않고 방치하는 일은 없었다. 지금은 건물 밖에서 사건이 일어나면 메쓰케

---

[1] 막부에서 경비, 군사 업무를 담당하던 병사 혹은 조직을 말함.

目付[2]가 처리한다. 하지만 이런 제도는 개선이 필요하다.

경비병은 성안 경비가 주 업무이기 때문에 많은 방을 담당하는데, 때로는 정원도 순시한다. 그들의 직무는 이런 장소를 굳게 지키는 것이다. 의례 등의 행사가 있을 때는 복도에 함께 모여서 경비를 선다. 고대 일본에서도, 중국에서도 큰 의식을 행할 때는 이렇게 경비병이 도열해 있었다. 이것은 옛 법제이며, 여기에는 그 나름의 유래가 있다. 공자는 노나라의 정공을 모실 때 협곡夾谷 모임[3]에 참석한 적이 있다. 그때 위험에 대비해 무관을 대동한 데서 역사적 연원을 찾을 수 있다.

원래 경비병은 미카와三河[4] 이래 세습하는 하타모토 무사였다. 나중에 그들은 에도에서 근무하게 됐는데, 예의범절을 잘 모르는 그들이 몸가짐을 삼가도록 이런 명령을 내려 활동 범위를 제한했던 것이다. 그런데 그 후 그것이 정해진 규칙처럼 돼버렸다. 결국 현재는 예의범절에 너무 구속돼 경비병을 건물 안쪽에만 머물게 하고, 허수아비처럼 나란히 세워두고만 있다. 하지만 이렇게 해서야 어떤 도움이 되겠는가?

지난 교호享保 10년 미즈노 하야토노쇼水野隼人正가 성안에서 모리 몬도毛利主水를 베려고 달려들었을 때 모리의 다음 자리에 있던

---

2 첩자나 밀정 혹은 감시관을 말한다.
3 노나라의 정공과 제나라의 경공이 회견한 일을 말한다. 이때 공자는 정공을 모시고 참석했다.
4 에도 막부를 연 도쿠가와 이에야스의 고향으로, 에도 막부 세력의 발상지다.

사람은 난부南部씨였다. 난부씨는 당시 어렸기 때문에 가신 세 명이 수행하고 있었다. 만약 미즈노가 난부를 베려고 달려들었다면 난부의 가신 셋도 칼을 빼들고 저항했을 것이다. 상황이 그렇게 됐다면 메쓰케만으로는 수습하기가 힘들었을 것이다. 앞으로도 이런 사건이 일어나지 않는다는 보장이 없으니 미리 방안을 생각해두어야 한다.

말하자면 요즘 경비병은 어디까지나 경비를 담당하는 관리임을 망각한 채 예절을 지키는 데만 열중하기 때문에 마치 스스로 궁정 귀족이나 되는 것처럼 행동한다. 따져보자면 윗사람이 그렇게 하도록 시킨 셈이다. 경비가 직무임을 미리 분명히 해두었다면 윗사람의 재촉을 받지 않아도, 또 제 몸을 스스로 지키기 위해서라도 검술이나 체포 기술 훈련을 소홀히 하지 않을 것이다.

법령을 통일해야 한다

도쿠가와 이에야스 쇼군이 관동 지역으로 이동한 후, 즉 1590년(덴쇼 18년) 이래 현재까지 막부가 공포한 법령은 수십 내지 수백 건이나 되는 방대한 분량이다. 하타모토와 가신에 대한 것도 있고, 농촌에 대한 것도 있다. 물론 에도 시가지에 대한 것도 있다. 그런데 그 모든 법령을 기억하기는 불가능하다.

법령의 취지에 반하는 내용이 공표된 경우도 있었다. 그래서 어떤 법령은 지키지 않아도 괜찮은 반면, 어떤 법령은 꼭 지켜야 해서 혼란스러웠다. 특히 아랫사람이 더욱 혼란스러워했다. 막부 역시 최근 법령이 아니라 그보다 훨씬 이전, 즉 수십 년도 더 전의 법령에 근거해 처벌을 내리기도 했다. 말하자면 법규가 너무 많아서 혼란스러운 결과가 초래된 것이다.

따라서 예전에 공포한 법규의 취지를 조사·검토한 다음, 지킬 필요가 없는 법규는 없애고 지켜야 할 법규만 선택하면 좋을 것 같다.

과거의 도에 따르면 법규는 적을수록 좋다. 법규 수가 많으면 그것을 기억하기도 준수하기도 어렵기 때문이다.

상황이 이렇게 된 것은 로주를 비롯한 막부 관리의 직무 분담, 즉 책임 소재가 일정하지 않기 때문이다. 또한 월번제 때문이기도 하다. 월번제를 실시하면 매월 담당자가 바뀌는데, 일단 담당자가 되는 달에는 모든 정무를 혼자 처리해야 해서 너무 바쁘기 때문이다. 또 월번 근무를 하게 되면 앞의 담당자와 뒤의 담당자 간에 방침이 다른 경우도 생긴다. 그래서 법규 운영상 혼란이 발생한다.

게다가 최근 법령의 문장이 어려워진 것도 한 원인이다. 쇼토쿠 연간(1711~1716) 즈음부터 너무 에둘러서 법령의 문구를 표현하는 바람에 내용을 이해하기가 어려워졌다.[5] 아랫사람에 대한 명령을 담은 법령은 그들이 잘 이해할 수 있게 써야 한다. 별것 아니라고 생각할 수도 있지만, 법령이란 영주에게도 전해야 하고, 먼 지방에 파견된 관리에게도 전해야 하기 때문에 문장이 나쁘면 반드시 혼란이 생긴다.

---

5 당시에는 아라이 하쿠세키(1657~1725)가 활동한 시기여서 하쿠세키가 집필한 문장이 많았다. 그 이전에는 법령이 대개 간결하고 관습적인 표현으로 이루어져 있었는데, 하쿠세키는 좀 더 정성스럽게 설명하는 형식으로 법령문을 썼다. 소라이의 지적도 어느 정도 사실이나, 소라이와 하쿠세키가 정치적으로 미묘한 경쟁 관계에 있었음을 상기할 필요가 있다. 하쿠세키는 소라이에 이어서 막부에서 중요한 학문적·정치적 고문으로 활약했는데, 1716년 소라이로부터 정치적 조언을 들은 도쿠가와 요시무네가 집권하자 하쿠세키는 곧바로 실각했으며, 그 뒤 매우 불우한 말년을 보냈다.

결국 막부의 관리가 너무도 변변찮다는 사실을 천하 만민에게 알리는 결과가 되고 만다. 그러니 반드시 주의해야 한다. 《역경》에서는 법령을 관괘觀卦라고 설명하는데, '볼 관觀' 자는 '나타낸다'는 뜻이다. 말하자면 사람들에게 보여서 알린다는 의미다. 즉 옛날 법도에 따르면 법령은 천하에 알리는 것이고, 그 문장도 천하 만민에게 보이는 것이니 주의해서 작성해야 마땅하다.

양자

고대에는 다른 성씨의 사람을 양자나 서양자婿養子[6]로 삼는 일이 없었다. 가마쿠라 막부 때 집권한 호조씨北條氏 시기에 영지를 여성에게 상속하는 것이 인정됐기 때문에 그 후 다른 성씨를 가진 자에게도 상속이 가능해졌다. 말하자면 이 제도는 미나모토노 요리토모源賴朝(1147~1199) 쇼군의 뒤를 섭가攝家[7] 쇼군인 후지와라씨藤原氏에게 계승시킴으로써 천하의 실권을 호조씨가 장악하기 위한 책략으

---

6 외손에게 가문의 성씨를 부여하기 위해 데릴사위가 될 사람을 양자로 삼는 일, 또는 그 양자.

7 '섭가攝家'는 '섭정하는 가문'을 뜻하는 말이다. 섭정에 의한 정치, 즉 '섭관정치攝關政治'가 주로 행해졌던 가마쿠라 시대에 대표적인 섭가는 '오섭가(고셋케五攝家)'라고 하여 고노에近衛, 구조九条, 니조二条, 이치조一条, 다카쓰카사鷹司 등 다섯 가문이 있었다. 이들 집안은 모두 헤이안 말기 천황의 섭정이었던 후지와라노 다다미치藤原忠通의 후손이다. 가마쿠라 시대의 제4대, 제5대 쇼군이 바로 이 후지와라씨 가문 출신이다.

로 만들어진 것이라고 할 수 있다.[8]

그 뒤 서양자 제도는 전국시대에 다른 사람의 영지를 빼앗기 위한 계책으로 활용됐다. 다른 집안에 자기 자식을 양자로 보내 그 집안의 가신들과 친해지게 만든 뒤 영지의 계승권을 빼앗는 식이다. 이것이 세상의 풍속이 되어 타성을 가진 양자나 서양자를 허용하지 않으면 안 되는 시대가 됐다. 하지만 이는 옛날의 법도에 어긋나는 일이므로 금지해야 한다.

결국 분명한 혈통이 없는 상인이나 데다이 혹은 자토座頭(맹인 집단) 출신이 다른 가문의 후계자 지위를 매수해서 하타모토 무사 집단에 끼어드는 경우가 수없이 많아졌다. 하타모토의 영지는 조상이 공적을 세워 주군에게 받은 땅인데, 그것을 타인에게 양도하는 것은 문제라고 하지 않을 수 없다.

원래 서양자는 한 사람 몫을 할 수 있는 남자라면 할 일이 아니다. 무사의 부인이 품행이 좋지 않은 경우도 서양자를 받아들인 집안에 자주 있는 일이다. 다만 주군에게 등용돼 출세한 무사 중에 아들도 없고 같은 성을 가진 친척도 없는 처지라면 주군의 뜻에 따라서 다른 성씨를 가진 자를 양자로 들여도 문제없다. 이 경우 고대의 관례에 따라서 가문의 이름(묘지苗字)은 양아버지의 것을 사용하고, 씨족

8 가마쿠라 시대(1185~1333)에는 천황이 권위를 상실하고 쇼군이 막부를 열어 일본을 통치했다. 이 시대는 미나모토씨 가문 출신의 쇼군이 3대, 그 뒤를 이어 후지와라씨 가문 출신의 쇼군이 2대에 걸쳐 통치했다. 후지와라 쇼군 시대에 실권은 외척인 호조씨 가문이 장악하였다.

의 이름(우지나氏名)은 자기 본래의 것을 사용하는 것이 좋다.[9] 다른 성씨에게 상속을 허용하지 않는 것은 고대 성인의 법이니, 이는 의미가 깊은 일이다. 국가 정치에서 이러한 점이 매우 중요하다는 것을 문장으로 이루 다 표현할 수 없다.

---

9 일본에서 성씨를 가리키는 용어는 두 가지다. 가문의 이름을 묘지, 씨족의 이름을 우지나라고 한다. 씨족이 가문보다 넓은 의미로, 전통 씨족의 성씨에서 파생되어 특정 지역·출신과 관련된 성씨를 묘지라고 한다.

몰락한 영주의 가신은
향사로 삼아야 한다

영주의 가문이 모반을 꾀하거나 영주가 막부의 처벌을 받으면 그 집안에서 일하던 가신도 녹봉을 잃고 유랑하게 된다. 그런데 자손이 없어서 가문이 단절되는 경우에도 마찬가지다. 가신에게는 아무런 죄가 없지만, 영주의 집안이 몰락하면 어쩔 수가 없다. 참으로 안타까운 일이다.

원래 무사였던지라 딱히 생계를 꾸려 나갈 다른 방법이 없기 때문에 결국 범죄에 빠지는 이도 많다. 물론 범죄를 저지른 것은 잘못이지만, 자세히 들여다보면 막부의 정치적 결함이 이런 결과를 낳았다고 할 수 있다. 그래서 막부도 후손이 없는 영주에게는 양자나 사위를 들여서 가업을 이을 수 있도록 조처한다.

이 제도는 사회 불안을 방지하기 위한 것이다. 그러나 가문을 유지할 아들이 없다는 것 자체도 하늘의 뜻이므로, 이를 인위적으로 조작해서 가계를 잇는 일은 천도天道에 반하는 것이라고 할 수 있으며, 따라서 이에 대한 비난 역시 어쩌면 당연하다.

도자마外樣 영주는 처음에 독자적으로 한 지방을 다스리다가 도쿠가와 가문에 귀의해 가신이 된 경우다. 그 공으로 지금까지 한 지방의 영주로서 백성을 다스리고 있다. 반면 후다이譜代 영주는 일찍부터 도쿠가와 가문에 봉사를 다해 영주가 됐다. 도자마든 후다이든 영주의 지위에 오르게 된 것은 영주 스스로의 힘뿐 아니라, 그 집안에 소속된 가신의 공도 크다. 그렇다면 후다이 영주나 도자마 영주의 가신이 막부에 전혀 봉사하지 않았다고는 말할 수 없다.

고대 군현제 사회에서는 영주-가신 제도가 없었기 때문에 쇼군에게 소속된 가신도 모두 한 사람 한 사람 천자로부터 직접 공전功田을 받았다. 이 땅은 영구적으로 세습할 수 있었다. 말하자면 쇼군 가문과 별개로 가신 역시 자기 가문을 유지할 수 있었다. 하지만 지금은 봉건제도가 확립된 세상이기 때문에 주인인 영주 한 사람에게만 영지가 내려질 뿐이다. 그리고 가신에게는 공적에 따라 영주의 영지를 배분한다.

그러므로 주인 가문이 몰락하면 그 집안의 가신은 어쩔 수 없이 유랑하게 되는데, 이런 상황에 대해 막부를 원망하는 사람은 없다. 모두 어쩔 수 없는 일이라고 여긴다. 하지만 요즘은 시대가 바뀌어 나중에 어떤 사태가 발생할지는 아무도 예측할 수가 없다. 따라서 미리 대책을 강구해두어야 한다.

아무 죄 없이 영주의 집안이 무너진 경우, 그 가문에 소속된 무사 중 100석 이상인 자에게는 예컨대 일률적으로 영지를 50석씩 제공하고, 그 토지에 거주할 수 있도록 허락해 향사鄕士[10]로 삼는 것이 좋다. 즉 10만 석 영주의 가문이 무너졌을 경우 막부에 8만 석 정도만 반환하고 남은 2만 석을 배분해 그 영주 가문의 향사에게 영지로 하사하는 것이다. 50석이 부족하다고 생각해 다른 곳으로 가려는 무사는 자유롭게 놓아주면 된다. 그러면 영주 가문이 무너지더라도 유랑하는 무사는 적어질 것이다. 이런 조치는 유랑하게 되는 무사를 불쌍히 여겨 실시하는 것이므로 쇼군의 큰 인덕을 보여주는 셈이다.

또 그 땅은 나중에 다스릴 때도 유리하다. 무너진 영주 집안의 성을 막부에서 관리하게 될 때 부하가 많지 않은 낮은 신분의 하타모토를 파견하더라도 큰 문제가 없다. 앞서 말한 향사를 활용하면 경비병이 부족할 일은 없기 때문이다. 또 그 성을 다른 영주에게 제공할 때도 앞서 말한 향사를 활용할 수 있다. 새 영주는 마음에 드는 향사를 등용해 쓸 수 있고, 죄 지은 향사를 처형할 수 있으며, 자신이 원래 거느리던 가신과 다름없이 향사를 다룰 수 있다는 규정을 두면, 영주 집안의 몰락을 두려워해 소속 가신이 나쁜 일에 협력하는 일은 영원히 없어질 것이다. 즉 영주가 막부에 모반을 꾀하는 일에 소속 무사가 협력할 걱정은 사라지는 것이다.

게다가 센다이번의 가타쿠라씨片倉氏나 조슈번長州藩의 깃가와씨吉川氏, 히젠번의 이사하야씨諫早氏, 아와번阿波藩의 이나다씨稲田氏 등과 같이 영주의 가신이지만 격이 높은 무사에게는 때때로 에

---

10   농촌에 거주하는 토착 무사를 말한다.

도에 와서 참근교대의 의무를 이행할 것을 명한다. 그리고 특별히 쇼군을 알현케 하거나 막부를 위해 할 일을 명하거나 한다. 만약 영주의 집안이 무너지는 경우, 이전부터 막부에 행한 봉사에 보답한다는 이유로 그 영지의 반쯤을 내주고라도 가신의 존속을 가능케 하여 막부의 하타모토나 후다이 영주로 발탁하면 좋을 것이다. 미리 그런 식으로 손을 써둔다면 세력이 큰 도자마 영주를 무너뜨리는 일도 어렵지 않다.

이렇게 말은 하지만, 이 모든 것이 영주를 쉽게 무너뜨리고자 하는 책략은 아니다. 다만 일본 전체적으로는 쇼군이 생각한 대로 자연스럽게 흘러가는 게 좋다. 그렇게 하지 않으면 경우에 따라서는 막부의 정치에 지장을 초래하는 일도 생길 수 있기 때문에 이상과 같이 사견으로서 생각해본 것이다.

규모가 큰 영지는
분할해야 한다

소속 무사에 대한 조치가 나쁘거나 농민 소동이 일어나서 영주의
가문이 무너지는 것은 인과응보다. 하지만 상속 문제로 한 가문이
두 파로 나뉘어 대립할 경우 그 가문을 몰락시키는 것에는 다소 문
제가 있다.

일본과 같은 소국에서 영주의 땅이 40만~50만 석에서 100만 석
이상이라니, 너무 크다. 고대의 제도와 비교해보자. 하·은·주 삼대
에는 공·후·백·자·남이라는 5등급의 작위가 있었다. 공과 후의 나라
는 지금의 300만 석 정도에 해당한다. 백의 나라는 요즘의 50만 석
정도이며, 자와 남의 나라는 25만 석 정도다.

삼대의 5등급에 해당하는 직위가 지금 일본과 같은 작은 나라에
모두 있다. 이것은 "동물의 꼬리가 너무 커서 그것을 휘두를 수 없
다"(《춘추좌씨전》)라는 옛말과 같은 상황이다. 즉 지배자보다 아랫
사람의 세력이 너무 강한 것이다. 따라서 한 가문이 두 파로 나뉘어

대립하는 문제가 발생하면 오히려 그것을 다행으로 생각하는 것이 좋다. 즉 그 영주의 가문을 둘로 나누어 쌍방 모두를 존립시키는 것이다.

타성他姓의 집안에 양자로 가는 것을 금지한 뒤에 이러한 관례가 생긴다면, 부모는 사랑하는 막내에게도 상속하기 위해 자기 영지를 둘로 나누고 싶어질 것이다. 그러한 일로 막부에 청원하는 영주도 생길 것이다. 이때 막부는 그 청원을 받아서 가문을 나누도록 하는 게 좋다. 이는 아주 좋은 결과로 이어질 것이다. 궁극적으로 영주의 영지는 30만 석을 한도로 정하는 것이 합당하다고 본다.

결혼한 여자는 남편의
가풍에 따라야 한다

여자는 남편을 따르는 것이 도이며, 예다. 그러나 요즘 세상의 풍속은 변했다. 부인이 된 여성 집안의 격식을 남자 집안으로 가져가 사치스러운 생활을 즐기는 풍조가 됐다. 이것은 아주 좋지 못한 풍속이다.

고대에는 천자의 딸이라도 신하의 집안으로 시집갈 때는 신분을 내렸다. 즉 천자의 가문을 친정으로 삼지 않고, 같은 성씨를 가진 제후를 부모 대신 세워서 천자 가문의 예식이 아닌 제후의 예식을 따랐다. 또 제후의 딸이 가신에게 시집가는 경우에도 제후인 아버지의 가문을 친정으로 삼지 않고, 같은 성씨를 가진 가신을 아버지 대신으로 삼아 제후의 예식을 버리고 대부의 예식을 따랐다.

당시 천자의 딸을 '공주'라고 부른 것은 제후의 집안을 친정으로 삼았기 때문이다. 제후의 딸을 '옹주'라고 부른 것은 대부를 친정으로 삼았기 때문이다. 이것이 고대 성인의 법이었다.

후세가 되어 이러한 예법이 사라지고 '공주를 숭상하는' 풍습이 일어났다. "공주를 숭상한다"라는 말은 《한서》〈왕길전〉에 나오는데, 천자의 딸을 아내로 맞이한다는 뜻이다. 신랑이 높은 가문의 딸을 아내로 삼아 마치 주군처럼 대하고 만사에 격식을 아주 높여 분에 넘치는 생활을 한다는 것이다. 그 때문에 여러 가지 좋지 않은 일이 생겼는데, 이는 중국의 역대 왕조에서도 많이 볼 수 있다.

지금 일본은 중국 후대의 사례와 같이 폐해가 크다. 신랑 가문의 법식을 무너뜨리고 경비는 막대하게 든다. 따라서 신랑 집안의 재정이 아주 힘들어진다. 궁정귀족의 딸이 영주에게 시집가거나, 영주의 딸이 그 아래 하타모토의 집안 또는 가신의 집안으로 시집갈 때도 모두 이렇게 하는 것이 풍속처럼 됐다. 막으려고 해도 어찌할 수가 없다. 이것은 쇼군이 직접 제도를 세우지 않으면 개혁할 수 없는 일이다.

귀천에 상관없는
여자의 일

영주의 부인처럼 황당하고 미덥지 못한 경우는 없다. 여성의 첫 번째 일이라고 할 수 있는 재봉을 못할 뿐만 아니라, 평소에는 샤미센 연주를 오락으로 삼는다. 밤에 제때 잠들지도 않아서 대개 오전 10시나 낮 12시 정도에 일어난다.

고대에는 천자의 부인이라도 궁중에서 누에를 길렀다. 천자가 하늘에 제사를 지낼 때 착용하는 관冠에 다는 담紞이라는 귀막이 끈을 천자의 부인이 스스로 짜서 만들었다. 그것이 고대의 예법이었다.

제후의 부인은 그 외에도 광연纊綖, 즉 관의 끈과 관을 덮는 천을 짰다. 경의 부인은 대대大帶라고 하는 제복祭服의 혁대를 추가로 짰다. 대부의 부인은 제복을 직접 짰다. 또 무사의 부인은 남편의 제복이나 조복朝服까지 짰다. 제복은 제사 지낼 때 입는 옷이며, 조복은 조정에 나갈 때 입는 옷이다. 일반 서민의 부인은 남편의 모든 의복을 스스로 짰다.

이는 모두 옛날 성인이 정한 것으로, 부인의 사치를 억누르고 남편을 모시는 도리를 가르치려고 한 것이었다.

가즈사 지방 농민의 풍속에는 다음과 같은 것이 있다. 여자가 시집을 가서 20일 정도 지나면 친정에 돌아와 30일 정도 묵는데, 이때 베 한 단 정도 짤 수 있는 면을 남편의 집에서 받아서 온다. 친정에 있는 동안 그것으로 실을 만들어 베 한 단을 짜서 다시 신랑의 집으로 갈 때 가져간다. 신랑에게 입히기 위한 것이다.

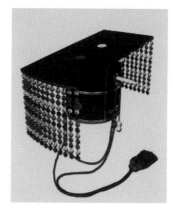

천자의 면류관. 드리운 구슬을 잇는 끈이 착용자의 눈 또는 귀를 가리는 담纊이다.

여자라면 누구라도 그렇게 한다. 농민에게는 이러한 옛날의 법도가 남아 있다. 감탄할 만한 일이다. 그런데 영주의 집안이나 무가에는 무엇 하나 고대의 법도가 남아 있지 않다. 농민과 비교해볼 때 참으로 부끄러운 일이 아닌가.

첩에 대한 호칭

아들을 낳은 첩을 존칭해서 '오헤야御部屋'로 부르는 것은 좋지 않다. 첩을 주인의 동료나 친척과 교제하게 하고, 가신에게도 '사마樣(님)'를 붙여서 부르게 하며, 첩의 하녀를 비롯해 여러 가지 일의 격식을 본처와 그다지 차이 나지 않게 하는 것도 좋지 않다. 지금으로부터 50~60년 전까지는 그런 일이 없었는데, 제5대 쇼군인 도쿠가와 쓰나요시(재위 1680~1709) 때부터 이런 일이 시작돼 지금은 통례처럼 되고 말았다.

"어머니는 아이를 낳아서 귀해진다"(《춘추공양전》)라는 말이 있다. 자녀의 신분에 따라 어머니의 신분도 달라진다는 뜻이다. 하지만 그것은 그 자식의 대가 되고 나서의 일이다. 도쿠가와 쓰나요시가 아직 쇼군에 오르기 전 막부의 로주가 쓰나요시의 생모, 즉 도쿠가와 이에미쓰(제3대 쇼군)의 측실인 게이쇼인桂昌院에게 에도성에 들어가도록 건의하자, 그녀가 이렇게 물었다.

"어떤 신분으로 에도성에 들어가면 좋겠소? 이에미쓰 쇼군의 하인이라고 할까요, 아니면 그 아들 쓰나요시의 어머니라고 할까요? 어떻게 부르든지 두 사람에게는 명예롭지 않을 것이오."

결국 그녀는 한 번도 에도성에 들어가지 않았다. 이 말을 나는 어렸을 때 들었다. 그 시대에는 여성이라도 저렇게 사물의 이치를 꿰고 있었는데, 지금은 그러한 이치를 아는 사람이 없다.

오헤야로 불리는 사람 중 대다수는 유곽에서 일하는 기생이다. 그러니까 첩을 오헤야라고 부를 만큼 학문도 지혜도 없는 사람이 많아서 지금은 그것이 풍속처럼 돼버린 셈이다. 또 영주는 1년마다 에도에 있는 본처를 떠나 영지에 와서 살아야 한다. 최근에는 궁정 귀족의 딸 등을 몰래 불러 영지에 살게 하면서 본처와 마찬가지로 대우하는 경우가 많다고 한다. 이것도 첩을 중하게 대우하는 풍습에서 생겨난 일이다.

따라서 분명히 제도를 만들어야 한다. 장남을 낳은 첩은 본처가 아니라 가신과 동격으로 대우하고, 또 집안의 하녀 가운데 높은 신분을 주며, 첩의 하녀에서 의복과 기물과 집에 이르기까지 세세한 규정을 두어야 한다. 그러지 않으면 이런 나쁜 풍습을 없앨 수가 없다.

이에야스 쇼군의 첩은 모두 일곱 명이었다. 이에야스 쇼군이 매년 슨푸駿府[11]에서 매사냥을 하러 도가네東金[12]에 올 때는 첩과 동행

---

11 지금의 시즈오카시静岡市.
12 지금의 지바현千葉縣.

했다. 하지만 하녀는 데리고 오지 않았다. 모두 각자 말을 타고 수행하며 왔기 때문에 에도에 잠시 머물 때는 내 증조할머니 집에 그 첩들이 하녀를 빌리러 왔다. 그러면 증조할머니가 하녀를 빌려주기도하고, 아니면 직접 그 첩들의 방에 가서 자면서 도왔다. 그때 이에야스 쇼군을 보기도 했다고 한다. 그런 이야기를 아버지와 할머니에게서 들은 적이 있다. 첩 가운데는 고산케 조상의 어머니 되는 분도 있을 만큼 매우 고귀한 신분을 지닌 이들이었는데도 당시에는 그토록간소한 생활을 했다.

첩을 부인으로
삼는 일

첩을 부인으로 삼는 것은 좋지 않는 일이다. 마음에 드는 여자라고 해서 가신에게까지 존경하도록 시키는 것은 이치에 어긋나지만 이해는 할 수 있다. 하지만 동료나 친척까지도 '오쿠사마奧樣'라 부르게 하고 존경하도록 강제하는 것은 예의에 매우 어긋나는 일이다. 어째서 이런 뻔뻔한 일이 생기는 것일까?

어떤 일이든 세간의 풍습이 되면 사람들은 당연한 것으로 생각한다. 예법이 없어도 말이다. 사람들은 단지 주위 사람의 행실을 보고 다른 사람도 하는 일이니 상관없을 것이라고 여기는데, 이것이 요즘 세상의 기풍이다.

첩을 부인으로 삼는다는 것은 유곽의 창녀까지도 생각 없이 부인으로 삼을 수 있다는 말이다. 그러면 그 가문의 기풍이 흐려지고, 무사다운 정신도 잃게 되며, 아이의 교육에도 악영향을 미친다. 그 밖에도 여러 가지 나쁜 일이 일어나게 된다.

우선 본처는 남편과 동격의 신분을 가진 사람의 딸로 혼례 시 여러 가지 도구를 갖추어서 오지만, 첩은 하인의 신분이므로 아무것도 가져오지 않는다. 오히려 갑자기 부인으로 삼았기 때문에 새 부인에게 어울리는 여러 가지 물건을 새로 장만해야 한다. 이는 재산을 잃는 것과 같다. 신분의 고하에 상관없이 마찬가지다.

또 첩의 친척 중 미천한 신분의 자를 높은 지위에 올리기 위해 번의 정치를 혼란스럽게 만드는 일도 많다. 첩을 부인으로 삼는 것은 대개 말을 잘 듣지 않는 여자에게 본처로 삼겠다는 약속을 함으로써 자기 말을 잘 따르게 하기 위한 경우가 많다. 첩을 부인으로 삼아서는 안 된다는 법이 없기 때문에 이런 약속도 할 수 있는 것이다. 어찌 됐든 예법이 없다는 것은 참으로 슬픈 일이다.

첩을
숨기는 일

첩이란 없어서는 안 되는 존재다. 요즘은 첩을 숨겨둔 사람처럼 생각하는데, 이것은 풍습이 나쁘기 때문이다. 고대에는 천자나 제후 모두 "일취구녀一娶九女"《백호통白虎通》)라고 하여 한 여자를 들이면 여덟 여자가 따라온다고 했다. 말하자면 부인을 맞을 때 그 질제 姪娣 [13]로서 여덟 명의 여자가 함께 온다는 것이다. 이들은 모두 첩이며, 부인의 친척이자 가신의 딸이기도 하다.

경卿이나 대부大夫 이하의 첩에 대해서는 기록이 없다. 고대에는 경·대부 이하의 관직은 세습직이 아니었기 때문일 것이다. 하지만 경·대부 이하라도 부인에게 자식이 없다면 첩을 두는 것은 보통 행하던 일이었다. 다만 요즘은 신분의 고하를 따지지 않고 표면적으로 부인은 하나라고 정해져 있다. 그래서 첩은 숨기는 사람처럼 됐는

---

13 제후의 부인이 친정에서 함께 데리고 온 여자.

데, 이 때문에 오히려 문제가 발생한다.

당나라의 법률을 조사해보면 부인 다음에 '몸종(잉첩媵妻)'이 온다. 몸종이라고 해서 천한 신분이 아니다. 부인과 그다지 차이가 나지 않는 가문의 사람이다. 일본 법률에는 이 부분이 빠져 있다. 잘 알지는 못하지만 일본 고대의 법제는 대개 당의 법률을 모방했기 때문에 큰 차이는 없었을 것이다. 이 몸종이 바로 고대의 질제에 해당한다. 이런 사람을 미리 첩 역할을 하도록 정해서 혼례 때부터 데리고 가는 게 풍습이 된다면 본처도 첩을 질투하는 마음이 적어질 것이다.

이는 본처의 친척이며 가신의 딸을 첩으로 삼는 것이기 때문에 첩 역시 나쁜 일은 꾸미지 않을 것이다. 물론 사람의 마음은 여러 가지라 단정할 수는 없지만 말이다. 이렇게 미리 많은 첩을 둔다면, 물론 여색을 밝히는 사람은 별도로 치더라도 대개의 남자는 그 정도에서 만족할 것이다.

고대의 성인은 사람의 마음, 즉 인정을 잘 살펴본 후 남녀 사이의 밀고 당기기를 최소화하기 위해서 이런 예법을 정한 것이다. 현재 영주의 집안에 '귀부인(조로上﨟)'이라고 불리는 지체 높은 하녀가 있는데, 이 귀부인이 고대의 몸종에 해당하는 듯하다. 단지 본처가 질투하기 때문에 요즘은 남편을 직접 모시지는 않는 것 같다.

나의 장모로부터 비젠국備前國 오카야마번岡山藩의 번주인 마쓰다이라 이요伊予 수령의 가문은 가정 내 풍습이 좋다는 이야기를 들은 적이 있다. 장모는 젊었을 때 마쓰다이라 가문을 모셨기 때문에 잘 알고 있었다. 아들을 낳은 첩 역시 하인으로서 그 집안의 부인을 모셨다. 다른 하인과 마찬가지로 어떤 구별도 없었다. 단지 급료가 좀 더 많은 점과 일이 편하다는 것뿐이었다. 이요 수령의 부인은 현명했는데, 아들을 낳은 첩에게는 특히 정중히 대했다고 한다. 또 그 부인의 여흥은 관현악기를 연주하는 것과 글씨를 쓰는 것까지이고, 샤미센이나 쓰쿠시고토筑紫琴[14] 등은 할 일이 아니라고 말하며 결코 연주하지 않았다고 한다.

14 가야금과 비슷한 현악기.

밀고

마루바시 주야丸橋忠彌(?~1651)의 음모[15]를 밀고한 사람에게 아직도 벼슬을 내리지 않은 것은 바람직하지 않다. 무사의 풍습에서 밀고는 매우 비겁한 일로 여겨진다. 왜냐하면 원한이 있는 당사자 간에 직접 결투를 벌여서 승부를 보기에는 목숨이 아까우므로, 몰래 상대를 고발해서 윗사람으로 하여금 그의 목숨을 빼앗게 하려는 것이 밀고이기 때문이다. 이런 행위는 비겁자나 하는 일이라고 생각했다. 하지만 윗사람에게 충절을 다하기 위해서 밀고하는 것은 이와 다르므로 혼동해서는 안 된다.

어리석은 풍습이 퍼져서 어떤 구별도 없이 밀고는 무조건 비겁한

---

15 에도 막부를 전복하기 위한 반란 음모를 말한다. 제4대 쇼군 도쿠가와 이에쓰나德川家綱(재위 1651~1680)가 11세에 쇼군에 올랐을 때 마루바시 주야 등 낭인 무사가 반란을 계획했다가 내부자의 밀고로 발각돼 실패했다. 이 사건으로 반란 음모자들은 처형됐다.

일이라고 단정하는 것이 문제다. 지금 세상에서는 무사뿐 아니라 농민이나 상인도 밀고는 해서는 안 되는 일이라고 굳게 믿고 있다.

마루바시 주야의 음모 사건 당시에는 자부심이 큰 무사가 많았기 때문에 밀고자와 칼은 같은 곳에 두지 않는다는 말처럼 밀고자가 배제됐다. 또 무사끼리 서로 싸울 가능성도 있었기 때문에 당시의 로주가 명령을 내려 지금에 이르기까지 밀고자는 막부에 등용할 수 없게 한 것이다.

일반적으로 밀고를 비겁하다고 하는 것은 개인 간의 도덕 문제에 얽혀 있을 경우다. 이와 달리 반란 기도 사건을 밀고한 것은 막부에 대한 커다란 충절이다. 전국시대에는 이러한 사람이 많았다. 모두 주군에게 충절을 다한 것으로 인정받아 영주나 하타모토로 발탁됐으며, 그 자손은 지금도 계속 그 관직을 계승하고 있다.

무릇 사적인 도덕과 공적인 도덕 혹은 충절은 서로 다른 것이다. 정치를 할 때 물론 사적인 도덕이라고 무시해서는 안 되지만, 공적인 지배 관계와 모순되어 국가에 손해를 끼치는 일일 경우 사적인 도덕은 무시될 수 있다. 마루바시 주야의 음모 사건과 같은 일이 이후 결코 일어나지 않는다고 할 수 없기 때문이다. 이 사건을 잘 조사한 후 밀고자에게 관직을 허락했으면 한다.

싸움 당사자의
쌍방 처벌

'싸우면 양쪽을 모두 처벌한다'는 것은 요즘 시대에 정한 법이다. 이는 성인의 도에도 합치된다. 다만 성인의 법에서는 죄의 유무를 따져서 가해자에게 죄가 없으면 피해자의 자식을 사방의 변경에 있는 오랑캐 지역으로 이주하게 한다. 상대에게 복수하지 못하게 하는 것이다. 이것은 "부모의 원수와는 같은 하늘을 함께 이지 않는다"(《예기》)는 뜻이다.

오랑캐 지역은 천자의 지배 영역에서 멀리 떨어져 있다. 그곳은 천하의 바깥 지방이니 그곳으로 이주하게 되면 '한 하늘을 함께 이지 않는' 것이 되는 셈이다. 즉 오륜의 도덕을 중시해 상대에 대한 복수를 허락한다는 원칙은 세워져 있지만, 실제로는 상대에게 복수하지 않도록 하기 위해 그렇게 세심한 주의를 기울인 것이다.

지금 일본에서 '양쪽을 모두 처벌한다'고 정한 것은 싸움에 가담한 한쪽을 살려두면 복수가 끊이지 않을 터이기 때문이다. 이 역시 오륜의 도덕을 중시해 복수를 허락함을 전제로 한 것이기 때문에 성인의 도에 어울린다고 할 수 있겠다.

중국에서도, 일본에서도 이런 법률에 기초해 처벌을 행할 때는 개인의 복수가 인정되지 않는다. 사람을 죽이면 나라에서 범인을 처형해주기 때문에 따로 복수할 필요가 없기 때문이다. 그런데 가해자에게 죄가 있는지 조사한 다음 사형에 처하지 않고 풀어주는 경우도 있다. 이때 나라가 풀어준 자를 적으로 여겨 죽이는 사람이 있다면 그는 보통의 일반 사람을 살해한 것이나 마찬가지이므로 복수를 한 그 사람이 오히려 죽을죄에 처해지게 된다.

이는 공적인 법제를 확립하기 위해서인데, 즉 오륜의 도덕과 관계없이 사적 살인은 엄하게 금지한다는 방침에 따른 것이다. 군현제 시대의 정치는 이렇게 행해졌다. 하지만 지금은 봉건제 시대다. 전국을 막부가 통일적으로 지배하는 것이 아니라, 여러 영주가 각각의 지역에서 독립적으로 정치를 한다. 오륜의 도덕을 중시하지 않으면 사회 질서가 성립되지 않는 구조이기에 군현제의 법률에 따른 방법은 현재 사회에는 적합하지 않다.

따라서 싸움을 벌여 상대방을 죽인 경우 살인자가 할복을 하면 양쪽을 처벌하는 결과가 되는 셈이다. 그런데 쌍방이 부상을 입은 상태에서 제삼자가 싸움을 말려 중재를 한다면 어떻게 해야 할까? 장소가 궁전 내부라면 싸움을 말린 후 쌍방이 모두 할복하도록 해야 한다. 개인의 저택이라면 쌍방을 말리는 대신 계속 싸우게 해서 살아난 한쪽을 할복하게 하면 된다. 살아남은 자가 그곳을 떠나려

한다면 급히 그를 체포해 묶은 다음에 베어 죽여야 한다. 단지 말싸움을 할 뿐 아직 칼을 빼들지 않은 상태라면 그들을 말려서 화해하도록 하는 것이 당연하다.

싸우면 양쪽을 모두 처벌한다는 법을 세워두었기 때문에 다친 자를 살려두어 사정을 따져볼 필요는 없다. 죄의 유무를 조사하는 것은 시비를 분명히 하는 방법이지만, 양쪽을 처벌하는 것은 시비를 따질 필요가 없는 방법으로 그 원칙이 다르다.

또 무사는 싸워서 다친 뒤에 염치도 없이 살 수 있는 존재가 아니다. 지금도 사쓰마薩摩의 시마즈島津 가문이나 히젠의 나베시마鍋島 가문 등에서는 이미 칼을 빼든 다음이라면 누구도 말리지 않고 두 사람이 충분히 싸우게 한다고 한다. 아주 훌륭한 방법이다.

그런데 무가의 풍습에서는 상대의 공격을 받고도 도망쳐서 상대하지 않는 사람을 겁쟁이(오쿠보모노臆病者)라고 하는데, 이것은 어떻게 봐야 할까? 원래 전쟁터에서는 병사가 도망가면 전쟁에 지기 때문에 도망을 비겁하다고 말하는데, 그 영향으로 평시에도 도망을 비겁하게 여기게 된 것이다. 하지만 이것은 지위가 아주 낮은 무사(하무샤葉武者)를 전쟁터에서 도망가지 않게 하려고 대장이 꾸며낸 말에 불과하다. 말하자면 그렇게 버릇을 들이려고 한 것일 뿐이다. 그것이 사회의 풍습이 된 셈이다. 전쟁에 나가 싸우는 것은 공적으로 충의를 다하는 일이다. 그러나 싸움은 사적인 투쟁으로, 서로 경우가 다르다.

그 외에 큰 희망을 품은 사람이나 주군을 위해 도움이 되겠다고 생각하는 사람에게 싸움의 상대 따위는 상관이 없다. 한신이 사람들의 가랑이 사이를 무릎을 꿇고 지나갔다는 말도 있지 않은가. 기무라 시게나리木村重成 나가토長門 수령이 차를 끓이는 벼슬아치(차보즈茶坊主)에게 머리를 맞으면서도 참거나, 센다이 번주 다테 마사무네伊達政宗가 가네마쓰 마사요시兼松正吉, 又四郎에게 머리를 얻어맞은 것은 비겁하다고 할 수 없다. 실제로 싸우다가 비겁하게 도망가는 자가 없지는 않겠으나, 거기까지 조사하는 것은 힘든 일이다.

말하자면 사적 싸움은 공적으로 녹봉을 받는 자의 처지에서 볼 때 대의를 망각하는 일이다. 그러므로 칭찬할 만한 일은 아니다. 중요한 전쟁에서도 도망의 필요성이 있는 경우가 있다. 군사 용어로 후퇴한다는 뜻인 '히쿠引く'라는 말은 '도망간다'고 표현하기 싫어서 대신한 표현이다. 물론 표현을 바꾼 것뿐, 결국은 도망가는 것이다.

도박

바쿠치우치博奕打는 도박꾼을 뜻하는데, 도박꾼 처벌은 중국의 법률을 적용하기 힘들다. 요즘 도박판에는 도리모노通者라고 하는 전문 꾼이 끼여 있다. 그들은 강도와 같은 자로, 여러 명이 일을 꾸며서 속임수로 사람들의 금전을 빼앗는다. 도박판에서 돈을 딴 사람을 죽이기도 한다. 요즘은 '버린 물건(스테모노捨物)'이라고 해서 누가 죽였는지 모를 시체가 발견되기도 하는데, 대개는 이들 전문 꾼의 짓이다. 특히 농촌에 그런 일이 많다.

그들은 막부가 조사를 시작하면 농촌으로 도망가고, 잠잠해지면 다시 에도로 돌아온다. 도박꾼은 먼 지방에도 있어 서로 통하며 단결하고, 얼굴을 몰라도 같은 업자라면 보호해준다. 그들끼리는 임협의 기풍을 제일 중시한다지만, 강도의 소행이나 다름없다. 법률적으로 흉악범에 해당하기 때문에 죽을죄를 면하는 것은 불가능하다.

그들에게 속아서 도박을 하는 자는 법률에 따라 처벌되는데, 매

100대 정도가 적당하다. 현재는 벌금을 부과하는데, 이는 매우 잘못된 것이다. 금전이 많은 자에게 벌금을 매긴다면 도박을 허용하고 세금을 갈취하는 것이나 마찬가지다.

도박 행위가 세간에 알려지기 어려운 것은 그들이 숙박비를 멋지게 지불하기 때문이다. 또 그들을 은밀히 숨겨주지 않으면 보복을 당하기 때문이기도 하다. 그래서 사람들은 한편으로는 그들이 무서워서 숨겨주고, 다른 한편으로는 돈 때문에 기꺼이 숨겨주는 것이다. 이런 사정을 모르면 안 된다.

또 아사쿠사淺草의 구라마에藏前나 니혼바시日本橋 오다와라초小田原町의 우오가시魚河岸에는 '기오이구미競い組'라 불리는 결투 조직이 있어 폭력을 휘두르고 다닌다. 자신들이 지면 보복을 하기 때문에 보통 사람들은 무서워서 관청에 신고도 하지 못한다. 이들 폭도도 법률에 따라 무겁게 처벌해야 한다.

강도

요치夜討, 쓰지기리辻斬, 오이하기追剝[16]는 모두 강도를 일컫는 말이다. 강도죄는 옛날부터 법률에서 모반과 반역 다음의 무거운 범죄로 꼽았다. 강도에서 시작해 반란으로 번져 나간 사례가 중국 역사에 많았기 때문이다.

지금의 관리는 너무 무지해서 고금의 사실을 잘 모른다. 그래서 강도 행위가 아주 무거운 죄라는 것도 모른 채 수사를 소홀히 한다. 법률에 따라 강도는 우두머리와 추종자를 구별하지 않고 모두 머리를 자르는 참형에 처한다. 성인의 법에서도 재산을 빼앗기 위해 사람을 죽인 자는 사형에 처했다.

---

16   요치는 밤에 다른 사람의 집을 습격해 재물을 훔치는 '밤도둑'을 말한다. 쓰지기리는 칼을 시험하거나 무술을 훈련하기 위해 길을 지나가는 사람을 베는 자, 다시 말해 '묻지 마 폭도'를 말한다. 이들은 대개 무사다. 오이하기는 행인을 협박해 금품을 뜯는 강도를 말한다.

천주교도 문제

기리시탄吉利支丹(천주교 또는 그 신도)이 아직까지 일본에 존재할 리가 없다. 그런데도 그들을 조사한다면서 신자였던 이들의 일가친척을 여전히 감시하는 것은 무의미한 일이다.

막부의 하타모토를 대상으로 그 친족에 대한 조사는 하지 않는다. 천주교도였던 오토모 요시시게大友宗麟나 다케나카竹中 지쿠고筑後 수령의 자손 등이 하타모토 밑에 소속된 것이 한 예다. 조상의 은택은 군자든, 소인이든 5대째의 자손에서 끝난다(《맹자》〈이루〉). 그러므로 천주교의 가르침을 버린 자로부터 5대가 지났다면 보통 사람이나 마찬가지로 취급해야 한다.

또 지금은 천주교 서적을 읽는 이가 없기 때문에 그 가르침을 아는 자도 없다. 유교나 불교, 신도도 설교가 그르다면 기리시탄과 다를 바 없다. 따라서 막부의 서고에 있는 천주교 서적을 유학자가 검토해서 사악한 종파인지 여부를 조사하게 하면 좋겠다.

농지 매매

도쿠가와 이에야스 쇼군은 농지 매매를 금지했다고 한다. 왜 그랬을까? 농민이 농지를 팔아서 상인이 되는 것을 억누르려고 한 걸까, 아니면 당시의 학자들이 고대의 구분전口分田과 혼동해서 그런 주장을 한 것일까?

옛날 법에 따르면 논밭이나 대지, 가재 그리고 노비는 매매할 수 있었다. 농지와 택지 그리고 노비는 가문의 재산이기에 살림이 기울면 팔지 않을 수 없기 때문이다.

구분전은 고대의 법령 규정에 따라 남자 나이 21세가 되면 받는데, 61세에 반납해야 한다. 구분전은 정부에 반환해야 하는 땅이므로 매매가 불가능하다.

이와 달리 영업전永業田은 오랫동안 그 집안에 대대로 내려오는 농지다. 영업전은 정부로부터 하사받은 경우라도 매매가 가능하다. 이러한 규정에 따르면 농지는 농민이 돈을 내서 매입한 땅이므로 그것을 파는 것도 당연한 권리다.

　그런데도 그것을 팔지 못하게 한다면 이치에 어긋난다. 이치에 맞지 않는 법규를 유지하려고 하기 때문에 많은 허위가 생겨나고 있다. 예컨대 양보했다는 명목을 만들기도 하고, 돈을 빌렸다는 허위 증서를 작성해 빌린 돈의 담보로 농지를 이전하기도 한다. 관리도 그것이 거짓임을 알지만, 법규를 유지하기 위해서 용인하고 있으니 결국 백성에게 거짓을 가르치는 셈이다.

막부 서고의 서적

막부의 서고에 소장된 서적은 유학자의 희망에 따라 대출을 해주면 좋을 것 같다. 서적은 다른 물건과 달리 미리 읽어두지 않으면 급한 때 도움이 되지 않는 법이다.

서고에 모아두더라도 읽는 사람이 없다면 휴지를 쌓아두는 것과 같다. 서적을 벌레가 먹도록 방치하는 것은 매우 아까운 일이다. 무기 같은 다른 물건은 꺼내주는 즉시 도움이 되겠지만, 서적은 그렇지 않다.

학문

쇼군 도쿠가와 요시무네가 학문 연마에 도움을 주어 쇼헤이자카昌平坂의 문묘文廟나 다카쿠라高倉 저택에서 열리는 강석에 여러 유학자가 참여하고 있다. 그런데 하타모토 무사 가운데 강석에 참여하는 자는 한 사람도 없다. 단지 몇몇 영주의 가신이나 의사, 상인 등 소수의 사람만 들을 뿐이다. 막부의 도움이 그들만을 위해서 쓰이는 것은 의미가 없는 일이다. 쇼군의 생각만큼 많은 이들이 강석에 참여하지 않는 것은 무엇 때문일까? 이는 방법이 좋지 않기 때문이다.

원래 배움이라는 것은 의무적으로는 좀처럼 하고 싶은 마음이 들지 않는 법이다. 다른 번에서도 마찬가지인데, 나는 실제 그런 예를 여럿 보았다. 그 이유는 배우는 동안에는 다시 물어볼 수가 없는데다, 친절하게 가르쳐주지도 않기 때문이다. 신뢰할 만한 선생이 있다면 사례비가 좀 들더라도 스스로 배우려는 마음이 생기는 것이 인정이다. 아무래도 그렇게 된다. 그러나 선생은 귀하고 학생은 미천하다는 식의 사고방식을 가진 권위 없는 선생이라면 가르침은 이루어지지 않는다. 또한 강석에 나가는 것을 직무로 여겨 억지로 강의를 해서는 선생의 권위가 서지 않는다. 이 역시 이치에 반하는 것이므로 교육 효과도 없다.

쇼헤이자카나 다카쿠라 저택은 강석 장소로도 좋지 않다. 오히려 에도 곳곳에 유학자를 배치하고 사람들이 자유롭게 강의를 들으러 가게 하는 편이 좋다. 가르치는 사람도, 배우는 사람도 편리한 방식이다. 학문을 배우는 것은 관리가 직무를 처리하는 것과는 다르다. 사적인 일이기 때문이다. 불편한 구석이 있으면 잘 배우려 하지 않는다.

오카야마번의 번주인 신타로新太郎 소장小將은 영지 내에 학교를 세 곳이나 설립했다. 먼 곳에 사는 학생이 학교에 오기에 불편하기 때문이다. 당면한 과제는 분명히 학교만큼의 규모는 아니더라도 유학자의 집 정도에 막부가 땅을 제공해 학습장을 열고 제자를 많이 받도록 하는 것이다. 막부의 공무 중 하나인 서적 필사도 수당을 지급해서 제자에게 시킨다면 학문을 연구하는 자로서 문자도 정확하고 교정도 잘할 것이다.

유학자의 저택에 학생이 많이 모이면 학문을 태만히 여기는 일은 저절로 없어질 것이다. 근처의 하타모토 가문에 제자를 지도하러 파견을 나가거나 혹은 하타모토가 직접 공부하러 오거나 할 때도 편리할 것이다.

또 최근에는 관판官版[17]을 하도록 열심히 명하고 있으나, 판목板

木[18]을 수납할 수 있는 장소가 없어서 상인에게 비용을 주고 출판하게 한다. 그러므로 이익은 상인의 몫이 되고 이름만 관판으로 남게 됐다. 결국 시민이 경비를 내서 출판하고, 그 일도 일반 시민의 일이 되어버렸다.

중국에는 감본監本[19]이라는 것이 있는데, 그 판목을 학교에서 보관한다. 그것으로 인쇄한 책을 팔아서 학교의 경비로 사용한다. 일본에서도 관판으로 찍어야 하는 서적은 막부가 자금을 빌려주어 판목을 만들게 한 뒤, 그 판목을 유학자의 집 등에 마련한 학습장에 두고 인쇄해 팔도록 하는 것이 좋겠다. 그렇게 한다면 2~3년 안에 빌린 자금의 상환이 가능할 것이다. 또 그 후에는 학습장의 수리나 학생의 숙사도 막부에 의존하지 않고 운영해 나갈 수 있을 것이다. 이렇게 하다 보면 담당 유학자의 기량에 따라 학교 수준으로 발전할 수도 있다.

이렇게 체제를 갖추게 되면 하타모토 가운데 학문적 교양이 있는 무사를 근처에 사는 유학자가 와카도시요리나 반토에게 추천한다. 학식이 얕은 자를 허위로 추천하는 일도 있겠지만, 어쨌든 학문이나 기예 분야는 전문가의 추천에 의존하지 않으면 잘 알 수 없기 때문이다. 그런 식으로 학문이 가능한 사람을 선발해 관리로 등용한다면

17 막부의 관청에서 담당하는 출판, 또는 그 서적.
18 글씨를 새긴 목판.
19 국자감이 출판한 서적.

가르치고 배우는 일이 유행하게 될 것이다. 지금의 무사는 단지 집안이 좋거나 봉록이 높은 것만으로 관리가 될 수 있다고 생각한다. 그래서 귀찮은 학문 따위는 배우려고 하지 않는다.

주자학자는 시詩 따위는 무익한 것이라고 말한다. 일반 시민은 정말로 그렇게 생각할지도 모른다. 하지만 한자를 자유롭게 사용할 수 있으면 한시도 쓸 수 있고, 자연히 경서나 역사서도 읽을 수 있다. 그래서 일본 고대에 사도四道, 즉 기전도紀傳道, 명경도明經道, 명법도明法道, 산도算道의 학자를 둘 때도 시나 문장 같은 학문을 다루는 기전도를 경학經學을 다루는 명경도보다 상위에 두었다.

학문을 매우 즐겼던 도쿠가와 쓰나요시 쇼군 덕에 세상에 배움이 유행했다. 하지만 그의 학문은 강석 위주의 주자학이었다. 시나 문장은 유행하지 않았기에 한자를 자유롭게 사용하지 못해 아무런 도움도 되지 않았다. 그 후에도 막부의 유학자는 모두 공부를 열심히 하지 않았다. 따라서 쇼군이 시 모임 등을 주최한다면 이전에 쓰나요시 쇼군이 경서를 강론하게 한 것보다 훨씬 더 뛰어난 업적이 될 것이다.

일본은 각 지역끼리 서로 돕고 돕는 관계다. 그런 이치로 영주의 집안에서 학문이 유행하게 되면 일자리가 생기기 때문에 좋은 학자가 많이 양성되고, 막부의 유학자들도 자연스럽게 열심히 공부하게 될 것이다. 그러므로 10만 석 이상의 영주는 자신의 영지에 학교와 같은 시설을 설립하는 것이 좋다. 대략 500석 정도면 학교를 세울 수 있다.

조슈번長州藩 번주인 마쓰다이라는 영지인 하기萩에 학교 시설을 만들어 공자를 기리는 석전제를 거행했다. 그리고 직원 수당 등의 비용 500석에, 서적 구입비로 500석을 더해 한 해에 모두 1000석 정도를 준비했다. 그것을 경비로 삼아 가신들에게 학문을 장려했다. 그래서 지금 그 가문에서 학자가 많이 나온 것이다. 그러나 조슈 번주가 서쪽 지방의 도자마 영주인 까닭에 막부를 꺼려하여 이들을 깊이 숨기고 있다.

10만 석 이상의 영주라면 1000석 정도의 경비는 부담 없이 지출할 수 있다. 쇼군이 명령을 내린다면 어떤 번이라도 가능할 것이다. 또 명령하지 않더라도 막부의 방침에 따라서 스스로 설립할 수도 있다. 어쨌든 오랫동안 정체돼 있던 학문을 부흥시키기 위해서는 특별한 노력이 필요하다.

유학자

막부의 유학자는 생각하는 방식이 틀렸다. 그 때문에 모두 학문을 게을리 하고 있어 정치에 아무 도움이 되지 않는 자가 많다. 예전에 하야시 노부아쓰林信篤[20]의 아버지 하야시 슌사이林春齋에게 히토미 유겐人見友元[21]이 이렇게 충고했다.

"하야시 가문의 학자는 경학 실력이 변변찮아 누구나 강석이 서툽니다. 그러니 신경을 쓰셔야 할 것입니다."

슌사이는 이 말을 듣고 매우 화가 나서 이렇게 말했다.

"우리 집안은 하야시 도슌林道春[22] 이래 막부에 도움이 되는 것을

---

20 1645~1732. 에도 시대의 유학자로, 호는 호코鳳岡이며, 직책은 장관에 해당하는 다이가쿠노카미大學頭였다. 마찬가지로 유학자였던 아버지 하야시 슌사이의 이름은 가호鵞峰다.

21 1638~1696. 유학자로, 하야시 가호의 제자다.

22 에도 시대 초기의 주자학파 유학자인 하야시 라잔林羅山을 말한다. 본명

첫 번째로 삼았다. 제자에게도 널리 학문을 하게 하여 가에몬嘉右衛門[23]처럼 강석을 전문으로 삼지 않는 것이 우리 집안의 가풍이 됐다. 자네의 충고대로 한다면 우리 집안의 학문은 곧바로 쓸모없이 돼버릴 것이다."

순사이는 당시 우에노上野에 있는 별장에 거주하면서 그곳에 학당을 세웠는데, 제자 30명과 함께 살고 있었다. 그는 5과科와 10등等으로 구분해 교육을 실시했다.

5과는 경학과經學科, 독서과讀書科, 문과文科, 시과詩科, 화학과和學科다. 누구나 잘하는 분야와 못하는 분야가 있기 때문에 대략 5과로 나누어서 잘할 수 있는 방면을 선택해 나가도록 한 것이다. 10등은 10단계를 말하는데, 5과와 함께 학문이 진척되는 정도에 따라서 등급을 올려주며 칭찬했다. 또한 막부가 내려준 90인분의 녹봉을 1.5인분부터 7.5인분까지 등급에 따라 제자에게 나누어주었다. 이를 통해 학문적으로 격려하고 동시에 가난한 학생에게는 생활비에 보태도록 했다.

은 하야시 노부카쓰林信勝, 도슌은 법명이다. 처음에는 불교를 공부했지만, 나중에 주자학을 접하고 헌신적으로 신봉하면서 불교를 반대했다. 일본의 민족 종교인 신도를 주자학적으로 해석해 유교화한 신도의 기초를 마련했다. 도쿠가와 막부의 초대 쇼군에서 4대 쇼군에 이르기까지 주자학을 가르쳤다. 3대 쇼군은 그에게 에도에 있는 영지를 하사했는데, 하야시 라잔은 이곳에 서원과 공자를 모시는 문묘를 지었다.

23 에도 시대의 주자학파 유학자인 야마자키 안사이山崎闇齋(1619~1682)를 말한다.

당시까지는 전체적으로 일본의 학문이 그다지 발전하지 않은 상태였다. 하야시 가문은 하야시 라잔 이후 전통을 지켜왔는데, 그 나름대로 좋은 방법이었다. 하지만 도쿠가와 쓰나요시 쇼군이 강석을 중요한 일로 삼은 이후 유학자는 다른 학문은 소홀히 한 채 강석만을 직무로 생각하게 됐다. 그래서 지금은 무식한 유학자가 많아져서 정치에 아무런 도움이 되지 않는다. 게다가 하야시 가문에만 학문적 봉사를 명하고 특별히 높은 신분을 부여했기 때문에 다른 유학자는 저절로 할 일이 없어져버렸다. 그래서 학문을 제대로 하지 않게 된 사정도 있다.

무릇 성인의 도는 치국평천하, 즉 나라를 다스리고 천하를 평화롭게 하기 위한 정치적 도다. 이 때문에 정치 업무에 도움이 되는 것을 주안점으로 삼았다. 이것은 고대 이래 마찬가지다. 그 밖에 사람은 잘하는 일과 못하는 일이 있기 마련인지라 한 사람이 모든 업무에 능할 수는 없다. 또 신분이 낮은 사람은 국가 전체를 통할하는 일에 힘을 쏟을 수 없기 때문에 일본 고대에는 사도四道의 학문을 두어 분업을 꾀했다.

첫째는 기전도다. 역사서를 널리 읽고, 시문 짓는 것을 전문으로 한다. 중국과의 외교 임무도 맡는 등 명예로운 직무이기 때문에 기전도를 첫 번째로 삼았다. 스가와라씨菅原氏와 오에씨大江氏가 기전도를 하는 가문이다. 두 번째는 명경도다. 13경經 연구를 가업으로 삼는다. 기요하라씨清原氏와 나카하라씨中原氏가 대대로 명경도를 한다.

세 번째는 명법도다. 율령이나 격식 등 법제를 전문으로 한다. 사카노우에씨坂上氏와 나카하라씨가 잘한다. 네 번째는 산도다. 산수의 술術과 역학, 천문학을 전문으로 한다. 오즈키씨小槻氏와 아베씨安部氏가 이를 잘했다. 이외에도 병학兵學은 오에씨의 가문에 전래됐는데, 하치만타로八幡太郎[24]도 오에 마사후사大江匡房로부터 이를 전수받았다.

현재도 시, 문장, 역사, 법률, 화학和學, 병학, 수학, 서도書道의 약 여덟 종류로 구분해 막부에 봉사하는 유학자에게 각각의 희망에 따라서 그중 한 분야를 담당케 하고, 제자를 교육하면서 동시에 막부의 용무에 도움이 되도록 하라는 명령을 내리면 좋을 것 같다. 경학은 유학자다운 사람이 가업으로 하는 것이기 때문에 전문 분야를 따로 정해서 요구할 필요는 없다.

한편 각 전문 분야 담당자의 요구에 응해서 막부의 서고에 있는 서적을 빌려주고 그 분야의 전문 학문을 잘 성취해 실무에도 도움이 되도록 한다면 좋을 것 같다. 그 전문 학예學藝에 보수도 지급하고 명예를 누릴 수 있게 한다면 모든 사람이 도움이 되도록 노력할 것이다. 학자 외에 일반 사람의 학문도 그에 따라서 실용적이 될 것이다. 현재 행해지는 아무런 도움도 되지 않는 추상적인 '마음 씀씀

---

24 미나모토 요시이에源義家를 말하는데, 헤이안 시대 후기의 장수다. 나중에 가마쿠라 막부를 연 미나모토 요리토모와 무로마치 막부를 연 아시카가 다카우지足利尊氏의 조상이다.

이'[25]에 대한 논의나 도덕적 시비에 대한 논의 따위는 쓸모없는 학문이라고 할 수 있다.

---

25 여기서 '마음 씀씀이'란 마음이 취해야 할 본연의 자세 혹은 바람직한 상태를 말한다. 오규 소라이는 에도 시대 학문의 주류가 된 주자학의 추상적인 공리공론을 비판하고 도덕을 강조하는 수양론을 비판했다. 경학을 전문 분야에서 빼자는 것도 그러한 취지에서 나온 발상이다.

의사

막부에 종사하고자 하는 의사의 자녀는 많지만, 2대부터는 대개 도움이 되지 않는다. 이들은 아무런 도움도 되지 않으면서 막부의 예산을 소비한다. 부모는 환자 진료에 바쁘기 때문에 자녀 교육을 할 틈이 없다. 게다가 학문을 배우러 다니려면 비용이 많이 드는데, 부모의 녹봉은 적다. 결국 대충 이것저것 하다가 아무것도 배우지 못하게 된다.[26]

　교육을 받지 않으면 진료에 숙달되지 않는다. 가끔은 선천적인

26　오규 소라이 자신의 경험에서 나온 말이다. 소라이는 의사 집안의 아들로 태어났다. 부친은 궁정 의사였는데, 당시 쇼군 도쿠가와 쓰나요시에게 문책을 받고 소라이 어머니의 고향인 가즈사上總國(현재 지바현)로 유배돼 그곳에서 칩거했다. 소라이도 당시 가족을 따라 함께 지방으로 내려가 어린 시절을 보냈다. 에도에 있을 때는 일곱 살 때부터 하야시 가문의 학자에게 수업을 듣기도 했으나, 시골에 내려가 생활하면서 그런 기회도 갖기 어려워지자 혼자서 이 책 저 책을 읽으면서 독학을 했다.

소질 덕분에 능숙한 진료 솜씨를 보이는 사람도 있다. 그런 이도 재능만 믿고 배우지 않는다면 치료의 중요한 고비에서 결국 실패하고 만다. 한편 의학을 충실히 익혀 이론에는 밝지만 의술에는 재능이 없어 서툰 이도 있다. 그런 사람은 의학을 가르치는 학당을 설립해 교사로 임명하는 것이 좋다. 그리고 의사의 자녀를 그곳에 보내 배우게 하면 좋을 것 같다. 어느 정도 익혔을 때 농촌에 파견해 진료 실습을 시킨다면 누구든지 자기 몫은 하게 될 것이다. 이러한 일도 쇼군이 직접 관리하고 보살피지 않으면 안 된다. 그렇게 하지 않으면 아무래도 쓸모없는 사람만 많아질 것이다.

이상 4부로 나누어 정치에 관한 이야기를 서술했다. 여기서 이렇게
상세히 기술한 것은 현재의 막부가 법을 세우는 방법이 미숙하여
나라 전체적으로 법을 세우지 못했기 때문이다. 지엽적이고 말단적
인 부분에만 법이 세워져 있기 때문에 세상이 제대로 관리되지 않
으며, 풍습도 점차 변해가고 있다. 요즘은 법이 법으로 세워질 때뿐
이고, 아랫사람의 실정은 또 다르다. 현실에서 법은 별로 도움이 되
지 않는다. 이러한 사실을 알리기 위해서 이 글을 쓴 것이다. 지금 세
상의 여러 가지 사정에 대해 내가 보고 들은 범위 내에서 부족한 대
로 써보았다. 그중에는 반드시 틀린 것도 있을 것이다. 또 내 생각에
잘못된 부분도 있을 것이다.

　정치의 도란 하나하나 독립해서 존재하는 것이 아니다. 그러므로
세상의 추이나 사회 전체를 둘러보는 것이 중요하다. 가장 중요한
것은 지금 많은 사람이 여행자와 같은 생활을 하고 있다는 점과 만

사에 예법제도가 없다는 점, 이 두 가지로 귀착된다.

이 문제를 개선하기 위해서는 우선 호적을 만들고, 백성을 거주지에 밀착시켜야 한다. 또 상인과 농민과 무사 사이에 예법상의 차별을 두어야 하고, 영주 가문의 생활에도 예법이 있어야 한다.

대개 이러한 점을 개선하면 세상은 질서정연하게 돌아가게 되어 풍요로워질 것이다. 다른 일은 여기에 따라서 저절로 잘될 것이다. 쇼군이 절약하고 막부 재정이 다시 건전하게 회복되더라도 백성이 빈곤하다면 바람직하지 않다. 윗사람이나 아랫사람 모두가 풍요로워지고 지금 쇼군의 치세가 오랫동안 계속되기를 바란다.

한편 3부에 기록한 관직의 내용이나 사람을 다루는 방법도 성인의 도에 담긴 깊은 뜻에 따른 것이다. 아무리 좋게 법을 세워도 그 법을 제대로 다루는 사람이 없어서는 무익할 뿐이다. 이것이 이 책 전체의 큰 뜻이다.

《역경》〈계사전〉에는 "기밀에 속한 사항은 비밀로 해두지 않으면 해로움이 생긴다"라는 말이 나온다. 막부의 정치적 기밀은 분명히 다른 사람에게 말할 수 있는 것이 아니다. 그러므로 이 이야기는 제자에게도 대신 쓰게 하지 않고, 나 스스로 노안과 싸우면서 악필로 직접 쓴 것이다. 쇼군에게 이 글을 올리니, 다 읽은 다음에는 바로 소각해주기를 바란다.

모노노베 시게노리物部茂卿 삼가 기록함